노령 장애인의 취업 욕구에 관하여

노령 장애인의 취업 욕구에 관하여

박 혜 전 지음

한국학술정보㈜

***

본 저서 제1부는 2006년도 정부(교육인적자원부)의 재원으로
한국학술진흥재단의 지원을 받아 수행된 연구임.
(KFR-2006-551-B00039)

머리말

　노령 장애인에 대한 연구는 아직까지도 생소하게 생각하는 사람들이 많은 것이 사실이지만, 최근에는 인구고령화에 대한 관심이 커지면서 노인과 장애인분야의 전문가들에 의해서 많은 관심을 받고 있다. 아마도 많은 사람들이 접해보지 못했다고 할지라도 이에 대한 연구가 필요하다는 것을 부인할 수는 없을 것이다.

　21세기 인구고령화 사회에서 고령화의 물결이 우리 사회를 구성하고 변화시키는 가운데 학문분야에도 많은 영향을 끼칠 것으로 전망된다. 몇 년 전부터 대학원에서 직업재활을 공부하면서 재활과학 분야에서도 쉽게 접할 수 없는 노령 장애인에 대한 연구가 없다는 것에 이 연구가 시작되었다. 또한 노인집단에서도 장애인집단에서도 소외되어 이중적인 차별을 받고 있는 노령 장애인의 문제에 접근하기 위해 본 연구가 실시되었다. 늙고 동시에 장애를 지닌 사람들의 재활욕구에 대해, 또한 계속되는 인구고령화에서 증가되는 노인과 장애인의 비율을 생각하면서 이들에 대한 관심과 문제점을 인식하는 데에 일조하기를 바라는 마음으로 시작되었다.

　책을 만들기에는 많은 분의 도움이 있었다. 특히 이 책의 출간을 맡아주셨던 한국학술정보(주)의 도움이 가장 컸다. 이제 책으로 발간되게 하려는 이 시점에서 그러나 가장 크게 떠오르는 것은 "정말 감사하다"는 마음이다. 부족하고 많은 내용이 다루어지지 않은 가운데에서도 책을 만들었지만, 결국은 내게 능력주시는 분 안에서 해냈다는 마음으로 가득 차오른다. 더불어 교육과 임상의 현장에서 커다란 도움으로 사용될 수 있게 되기를 바라면서 다시 한 번 감사의 마음을 가져본다.

2008년 4월 저자

목 차

노령 장애인의 취업 및 재취업 욕구에 영향을 미치는 요인연구

Ⅰ 서 론

1. 연구의 필요성

평균수명이 점차 길어지고 있는 현대사회에서 인간이 당면한 중요한 문제 중 하나는 생애주기(life-cycle)의 변화에 대한 적응문제이다. 통계청은 2005년 현재 65세 이상 노인인구가 우리나라 전체 인구의 9.1%를 차지하여 고령화 사회에 진입하였으며, 2018년에는 65세 이상의 노인이 14.3%에 달하여 고령사회로 진입하게 되고, 2026년에는 20.8%가 되어 초고령사회에 도달할 것으로 전망하고 있다. 그와 함께 우리나라의 평균수명은 1960년에 52.4세에 불과하였으나 2005년에는 77.9세로 증가하여 40년간 평균수명이 25.5세나 늘어났다. 향후 평균수명의 연장은 계속될 전망으로 2010년에는 79.1세, 2030년 81.9세로, 그리고 2050년에는 83.3세로 추계된다(보건복지부, 2005). 그리고 연령에 동반한 장애발생률이 높아지고 있는 상황에서 이에 따른 노령 장애인의 수도 크게 많아질 것으로 예측된다.

이와 같이 지속적인 인구비율의 성장과 다양성은 노인그룹을 나타내는 가장 적절한 두 개의 용어이다. 대부분의 사람들은 죽을 때까지 노동력을 발휘하며 자신의 일을 지속하기를 원하고, 반면 어떤 다른 사람들은 여유 있는 라이프스타일을 즐기려 하기도 할 것이다. 이런 노인들은 보다 안정적이며 건강하게 살 수 있도록 되어야 하지만 대다수가 심각한 재정적 문제와 건강의 문제를 지니고 있다.

성인사회화의 가장 중요한 측면은 사회적 역할들의 취득이다. 사람들은 성인기에서 노년기로 이행하면서 새로운 역할이나 변화된 역할들을 끊임없이 학습해야 하며 과거의 역할들을 포기해야 한다. 노년기를 특징지어 주는 주요 역할의 상실은 퇴직, 배우자 사망, 친구와 친지들의 죽음, 감소하는 운동성, 수입의 제한 등에서 일어난다. 역할상실은 노인의 사회참여를 방해하고 자아정체감 및 자존심을 감소시킨다. 노인들은 무가치함을 느낀 나머지 사회로부터 소외되기 시작한다. 사회 역시 경제적인 유용성에 기초하여 보상을 주는 사회이고, 노인은 경제적 그리고 사회적 효용성이 결여되었다는 사실 때문에 노인들을 신임하지 않게 되는 것이다.

우리 사회가 장애인과 노인을 어떻게 바라보느냐에 따라 그들에 대한 지원서비스는 상당한 차이를 보일 수 있다. 우리나라는 1970년대 이후 급격한 압축적 경제성장과는 대조적으로 한국노인들은 경제성장의 혜택에서 소외되어 왔음이 지적되고 있다. 결과적으로 앞으로의 우리 사회는 적절한 서비스와 재정적인 자원을 노인에게 지원하여야 할 것이며 노령 장애인에게 있어서도 그러하다.

노인들의 취업 및 재취업은 노년기 사회화에 있어 소득보장과 역할 확보를 제공하여 자아존중감과 자아정체감의 유지라는 주관적 안녕감을 가질 수 있도록 한다. 또한 다양한 사회활동은 가정에서의 고립된 생활보다 지역주민들과의 교류를 통해 삶의 보람을 찾게 하고 사회발전에 생산적인 일원으로 참여하게 한다. 그러나 현재 노인들의 역할에 대한 사회적 규범이 제대로 정립되어 있지 않고, 노인자신들도 바람직한 행동양식을 배우는 기회가 매우 제한되어 있기 때문에 노인에 대한 사회적 편견과 지원체계의 미비로 재취업과 적극적 사회활동의 기회를 충분히 향유하지 못하고 있다.

장애의 발생 또한 고용이나 대인관계, 그리고 경제적 독립의 측면에서 이전 활동을 잠재적으로 방해할 수 있고, 이로 인해 좌절과 절망의 느낌에 이를 수 있다. 생애후기에 발생한 장애나 노령 장애인은 연령에 수반되는 신체적 변화와 역할 변화에서 이중적인 도전에 직면하고 있다.

미국의 몇몇 법률에서 노령 장애인에 대한 지원내용을 살펴볼 수가 있다. 노인의 활동을 돕고, 장애를 지닌 사람들에게도 기회와 독립을 제공하고 있는 것으로 개정된 1992년 재활법과 1998년 재활법에서 구체적으로 보인다. 그리고 1990년의 미국장애인법(the Americans with Disabilities Act: ADA)은 주-연방 직업재활 프로그램에서 이러한 형식의 잠재적인 문제를 구체적으로 다루었다. 조지 부시 대통령은 1992년 10월 29일 개정된 재활법에 사인을 하였다. 1992년 재활법 개정에서는 기본적으로 내담자가 되는 장애노인에 대한 확장된 재활상담사의 실제적인 함의와 많은 철학적인 내용을 다루고 있다(Larkin, 2003).

이미 여러 나라에서는 중고령층 인구집단의 노동에 강한 관심을 지니고 있다. 이웃 일본에서도 사회의 고령화, 직장의 정보화가 급격하게 진전되고 있는 상황이며, 중고령 장애인을 대상으로 한 직무능력을 평가하기 위한 도구 「Workability」가 개발되어 있다. 1981년에는 직무능력지침(Work Ability Index: WAI)이 개발되어 직무능력의 규범으로 사용되고 있으며, 고용에서의 잘못된 배치를 줄이기 위한 중요한 노력으로 평가를 받고 있다(일본장애자직업종합센터, 1999).

현대의 의료기술과 재활의 발전은 장애인의 삶을 재구상하고 직업 가능성을 새로이 열어 주었다. 따라서 장애를 지닌 노인은 재활에서는 새롭고 중요한 소비자 계층이며 강력한 욕구집단의 일부로 묘사되고 있다(Rancho Los Amigos National Rehabilitation Center, 2001). 생애후기에 장애가 발생한 사람들과 노령 장애인 삶의 영역에서 최대한의 성취를 촉진시키는 재활전문성은 더욱 재고되어야 할 것이다.

재활의 목표는 장애인의 완전한 통합을 촉진하는 것이다. 사실상 최선의 경제적 자급자족을 이룩하는 것을 의미한다. 그와 더불어 또 다른 중요한 목표는 장애인들의 삶의 질을 향상시키는 경험을 보장하는 것이다. 즉, 적절한 수입, 독립생활, 직업만족과 같은 것은 삶의 질을 구성하는 중요한 가치로 정의되기도 한다. 여기에 노령 장애인의 욕구도 포함되어야만 하는 것이다.

한국보건사회연구원의 2005년 장애인 실태조사에 의하면 전국의 장애인은 2,148.7천 명으로 추정되고 있으며, 이 중 50세 이상의 경우는 1,330.6천 명으로 그 비중은 61.9%이며, 45세 이상 장애인은 1,554.2천 명으로 전체 장애인의 72.3%를 차지하고 있다. 그러나 지금까지 직업재활에 있어 노령 장애인의 참여에 대한 연구나 실험적인 자료가 거의 수립되어 있지 않고 어떻게 노령 장애인들이 직업에 참여할 수 있을지에 대한 내용도 다루어지지 않았다.

따라서 본 연구는 인구 고령화와 중도장애 발생이 증가되고 있는 현실에서 노년기 사회화 역할에서 중심이 되는 노령 장애인의 고용과 취업문제에 체계적으로 접근하기 위한 노령 장애인의 취업 및 재취업 욕구를 살펴보기로 하였다. 취업 및 재취업 욕구는 개인을 둘러싼 개인 내적 요인과 개인 외적 요인들로 구성될 수 있지만 본 연구에서는 개인의 건강수준, 심리·사회적 지지, 노동의욕, 직업준비라는 개인을 둘러싼 개인 내적 변인들을 고찰하였다. 왜냐하면 노령 장애인 개인의 취업욕구에 영향을 미치는 변인들에 초점을 둔 연구가 전무한 실정이며, 직업재활서비스를 전달함에 있어 우선적으로 고려되어야 할 부분으로서 노령 장애인 각 개인의 내적부분에 초점이 두어져야만 하지만 그렇지 못함으로 인해 노령 장애인들이 원하는 실질적인 취업욕구를 측정하는 데에는 부족함이 있기 때문이다.

본 연구는 이러한 문제제기에 바탕을 두어 여러 가지 취약성을 지닌 노령 장애인의 신체적, 정신적, 사회적인 변화의 성공적인 적용을 위해서 건강, 심리·사회적 지지, 노동의욕, 직업준비를 구축으로 한 취업 및 재취업 욕구 검증을 살피고자 하였다. 그리고 이러한 연구는 향후 노령 장애인의 취업과 정책적 제안 수립에 참고자료가 되어 노령 장애인의 독립과 재활 및 복지 발전에 기여할 수 있을 것이다.

2. 연구의 목적

본 연구에서는 노령 장애인의 취업 및 재취업 욕구의 영향요인이 무엇인가를 구체적으로 살펴보고, 각 요인에서 어떠한 차이를 보이는지 파악하며, 각각의 요인 간의 관련성을 파악하는 데 목적을 두고 다음과 같은 구체적인 목적을 설정하였다.

첫째, 노령 장애인의 취업 및 재취업 욕구에 영향을 미치는 독립변수를 구명하여 가설적 이론모형을 확정하고,

둘째, 노령 장애인의 취업 및 재취업 욕구 요인(건강요인, 노동의욕 요인, 심리·사회적 지지 요인, 직업준비 요인, 취업욕구 요인) 수준을 분석하며,

셋째, 노령 장애인과 비교집단 간의 각각의 요인(건강요인, 노동의욕 요인, 심리·사회적 지지 요인, 직업준비 요인, 취업욕구 요인)에서의 차이를 밝히며,

넷째, 일반적 특성에 따른 각 변인들의 차이를 분석하여,

마지막으로, 가설 검증을 통한 취업욕구 변인들 간의 관계와 경로를 파악하는 데에 연구의 목적을 두었다.

3. 용어의 정의

1) 노령 장애인

한평생 동안 생의 대부분을 장애인으로 노령에 이르는 사람들로 노령화된 장애인(life-long disabled elderly), 장기 장애인이라고 부른다(한국뇌성마비복지회, 1995). 본 연구에서는 출산 전·출생 시 장애 혹은 중도장애 등으로, 노인이 되기 전에 젊어서 장애가 발생하여 장애인으로 현재 노령에 이른 사람들을 노령 장애인으로 정의한다.

한편 장애노인이라는 용어는 노인성 장애인(late-long disabled elderly)으로 부르기도 하며 이들은 노인이 된 후 처음으로 장애를 경험하고 장애의 결과와 싸워야 하는 특수한 문제들을 경험한다. 노령이 되어서 비로소 장애가 발생한 사람들을 장애노인으로 정의한다.

법률에서의 정의를 보면 '고령자'에 대한 정의는 "고령자고용촉진법" 제2조 및 동법 시행령 제2조의 규정에 '55세 이상인 자'를 고령자로 정의하고 있으며, '50세 이상 55세 미만인자'를 준고령자로 정하고 있다.

학계에서의 정의는 시대와 학계에 따라 다를 뿐만 아니라 학자에 따라 각기 다르게 하고 있으나 공통적으로 인식되고 있는 바는 연령과 기능상태를 기준으로 하여 노인여부가 결정된다고 보고 있다. 그러나 노인에 대한 정의를 내림에 있어 실제로 무엇을 기준으로 할 것이냐에 대하여는 사회과학적 조사 연구상의 편의나 행정적, 정책적 편의를 위해 조작적으로 규정하고 있는 것으로서는 ① 개인의 자각에 의한 노인, ② 사회적 역할 상실에 의한 노인, ③ 역연령(歷年齡)에 의한 노인, ④ 기능적 연령에 의한 노인 등으로 하고 있으나 입법적, 행정적인 면에서의 편의성 때문에 역연령(歷年齡)에 의한 정의가 가장 보편적이다(2006, 장창엽).

용어와 관련된 제한점으로 본 연구에서는 'aging'에 대한 정의를 노령화와 고령화로 표기하고 있으며 본 연구에서는 동일한 개념으로 사용하고 있는 제한점이 있다. 사실 노령화와 고령화에 대한 명확한 구분기준이 없고, 현재 우리 사회에서도 노령화와 고령화를 동일시한 개념으로 사용하고 있기 때문이다. 그와 더불어 노령 장애인으로 구분 지을 수 있는 연령에 대한 총체적인 기준도 파악되지 못하여 본 연구에서는 노령 장애인의 기준을 현행 우리나라 고령자고용촉진법에 의거해서 50세 이상으로 조사한 한계점이 있다.

2) 취업 및 재취업 욕구

본 연구에서의 취업욕구는 삶 전반에 걸친 전반적이고 포괄적인 삶의 질로서 인식되고 정의될 수 있다. 삶의 질은 일반적으로 인식된 웰빙(Murphy & Williams, 1999, Zaura, Beier, & Cappel, 1977)으로 사용되어 왔지만 거기에는 수많은 방법이 존재한다(Dijkers, 1997, Felce & Perry, 1995, Zhan, 1992). 삶의 질의 폭넓은 정의는 활동의 자유, 삶의 목적의 의미, 자아존중감에 대한 자기본능적(self – preservation) 또는 통합, 혹은 일의 성취, 사회적 / 레크리에이션 삶, 가족, 신체적 물질적 웰빙을 포함한다(Felce & Perry, 1996, Flanagan, 1978, Murphy & Williams, 1999).

본 연구에서의 취업 및 재취업 욕구에 대한 조작적 정의는 Flanagan이 사용한 삶의 질의 개념을 사용하였다. ① 신체적 그리고 물질적 웰빙, ② 다른 사람과의 관계, ③ 사회, 지역사회, 그리고 시민활동, 그리고 ④ 개인적 발달로 두었다.

4. 연구의 제한점

본 연구는 다음과 같은 제한점을 지닌다.

첫째, 본 연구에서는 노령 장애인(life-long disabled elderly)과 노인성 장애인(late-life disabled elderly)을 구별하지 않고 한 범주에 포함시켜 조사한 한계점을 지닌다.

둘째, 취업요인은 개인의 노동 공급적 측면과 수요 측 요인으로 나누어서 인적 자본 요인, 노동시장 요인, 제도적 요인(실업급여)으로 나누어 취업 및 재취업 가능성을 분석하겠지만, 본 연구에서는 취업 및 재취업에 관계되는 개인 외적 측면(노동시장, 제도적 요인)을 고려하지 못한 제한점을 지닌다.

셋째, 본 연구에서는 시설을 이용하고 있는 노령 장애인과 비장애 노인을 대상으로 연구를 실시함으로서 기관을 이용하지 않고 있는 집단에게로까지 일반화시킬 수 없는 제한점을 지니고 있다.

Ⅱ 이론적 배경 및 선행연구의 고찰

1. 노령화(aging)

1986년 미국 노년사회학회의 주제로 소개된 "Successful Aging"이 우리나라의 학자들 사이에서는 성공적 노화 또는 성공적 노후로 번역되어 사용되고 있다(김미혜, 신경림, 2005). "Aging"은 사전적 의미로는 "나이를 먹는 것"이고 "노화"로 번역된다. Aging은 본래 감퇴(decline), 변화(change), 발달(development)의 세 차원의 의미를 지니고 있다(Vaillant & Mukamal, 2001). 생물학적 관점에서 쓰이는 노화란 성장과 반대되는 개념으로 유기체의 세포, 조직, 기관 등이 쇠퇴하기 시작하여 불가피하게 죽음에 이르는 과정 즉, 성숙기 이후의 생체기관이 감퇴하는 변화를 의미한다. 그러나 발달학적 관점에서는 정자와 난자가 수정되는 순간부터 죽음에 이르기까지의 시기 동안 인간의 발달은 지속되고 있으며, 노화는 인간발달의 각 단계에서 일어나는 획득(gains)과 손실(losses), 인간발달 과정에서 나타나는 긍정적인 변화와 부정적인 변화를 모두 포함한다고 본다(Sigelman & Shaffer, 1995).

노화를 생물학적 변화에 국한하여 이해하기보다는 인간발달 과정으로 이해하는 것이 타당하다. 그럼에도 불구하고 인간발달학적 관점에서의 '노화' 또는 '노화과정'에 대한 교육을 제대로 받지 않은 대중에게 '노화'라는 단어는 여전히 신체적인 변화와 관련된 감퇴로만 인식되고 있다. 그러나 인간발달 주기에 있어서 후반기, 즉 '노년기 삶'의 의미 그리고 나이가 들어감에 따라 경험하는 변화에 대한 적응과정의 맥락에서 이해되어야 한다는 주장들(Schulz & Jutta, 1996, Wong, 1989)을 바탕으로 '노화'에 접근해야 한다.

노인 혹은 노령 근로자의 나이를 얼마로 볼 것인가 하는 시각은 아주 다양하다. WHO는 인간의 수명이 증가함에 따라 산업화된 사회에서는 65세를 그 시작점으로 하였다. 미국의 고용상 연령차별금지법(The Age Discrimination in Employment Act: ADEA)에서는 40세나 그 이상의 연령으로부터 연령차별을 보호하도록 하고 있다. 미국 인구조사 표본을 세울 때에 미국 인구센서스(US Census Bureau)에서는 55세를 고령자(the elder) 인구집단의 기준으로 삼고 있으며, 65세 이상을 노인(the older)으로 보고 있다.

미국 장애인법(The Americans with Disabilities Act: ADA)에서는 40세를 고령자로 고려하고 있으며, 이 또한 연대적 연령(chronological age)에 의거하여 접근한 것이다. 직업훈련파트너십법(Job Training Partnership Act: JTPA)에서는 55세를 고령 근로자로 표시하고 있다. 지역중심 프로그램은 45세에서부터 그리고 60세 그리고 그 이상의 집단으로 제공하고 있다. 사회보장퇴직연금(Social Security Retirement benefits)은 61세부터 시작하며, 미국 ADA에서는 퇴직연령은 70세로 정하고 있다(Norman, 2003).

Myers(1998)에 의하면 연령주의 현상은 연령에 기초한 노인에 대한 부적절한 편견이다. 연령주의는 본질상 인종적 차별주의, 남성상위주의, 무능주의와 거의 유사하다. 연대적 연령으로 노령 근로자를 정의하는 방법이 필요하기는 하지만 이는 많은 제한점을 지니고 있다. 신체적, 인지적, 사회적 능력에 의해 '노령 근로자'를 정의하는 것은 더욱 어렵다. 그러나 연령은 사회적 규준, 행동과 태도, 그리고 개인의 가능성에 의해 영향을 받는 중요한 상황적 의미를 지닌다. 이러한 개념에서 연령은 상호교환적인 과정이며, 다른 개인들, 환경, 조직 간의 역할을 통해서 정의된다. 그리고 개인과 단체의 태도와 신념에 의해 정의된다. 전통적인 이해는 연령에 의존해서 상대적으로 획일적이며, 보편적이며, 신체적, 인지적, 감각적, 사회적 그리고 정서적 능력에서 쇠퇴를 보이게 된다. 그러나 연령과 관련해서 분명한 변화들이 있지만 그것은 노령 근로자 사이의 개인적 차이는 연대적 연령보다는 개인이나 상황적 요인에 더 밀접하게 관련되어 작업 수행력 연령에 영향을 미친다는 것이다.

노령화의 연령을 구분 짓는 것과 더불어 현재 우리나라 노인들은 성공적인 노후를 강력하게 소원하고 있음에도 불구하고 노인들의 실제 상태를 파악하지 못하고 있는 실정이다.

Rosow(1974)에 의하면, 사회화는 사회적 역할규범이 있으므로 쉽게 이루어질 수 있는데 노년기에 있어서는 역할에 대한 사회적 규범이 정립되지 않아 노인의 사회화는 어려움이 많고 불안과 무규범의 상태에 빠지게 되는 수가 많다는 것이다.

결국 사회화에 있어서 노년기의 사회화에는 여러 가지 측면에서 문제가 있을 수 있다(장인협, 최성재, 1990). 첫째, 사회적 입장에서 사회는 젊은 새로운 사람에게 새로운 지식과 기술을 습득하게 하여 사회적 역할을 수행토록 하는 데 관심을 두고 있고, 중년기 이후의 사람들의 사회화에는 관심을 거의 두지 못하므로 중년기 이후에 새로운 지식과 기술을 배울 수 있는 기회나 여건이 부족하여 사회에 통합되어 유능한 참여자로 노년기까지 남아 있기에 어려움이 많다. 둘째, 성인기 이후의 사회화는 자발적이고 자기주도적인 면이 강하여 개인적인 특별한 노력이 없이 새로운 기술을 배우기 힘듦으로 노년기까지의 사회화가 어려워진다는 것이다. 셋째, 특히 노년기에 기대되는 역할이나 사회적으로 바람직스러운 역할이 일반적으로 확립되어 있지 않으므로 새로운 지위와 역할을 알아서 미리 준비하는 예기적 사회화(anticipatory socialization)가 어려워지고 따라서 노년기에로의 전환이 어려워진다(허정무, 1998).

2. 노령화의 노동시장에서의 인식

생애과정의 다른 단계들과 비교할 때, 일반적으로 노년기는 노동시장에의 제한적인 참여 혹은 완전한 이탈이라는 속성을 보인다. 노년기의 경제적 지위에서의 차이를 설명하는 시각들은 일반적으로 노동시장에서 갖는 중요성에 대한 인식에 있어서 커다란 차이를 보인다. 또한 이런 시각들은 노년기에 사회계층과 세대 간의 소득 재분배 과정에서 국가가 수행하는 역할의 효과성에 대해서도 차이를 보인다(Pampel & Hardy, 1994: 우해봉, 윤인진, 2005에서 재인용). 잘 알려진 바와 같이 노년기의 경제적 지위는 노동시장으로부터의 탈퇴 이후 시장기제에 기반을 둔 경제적 불평등을 상쇄하는 사회보장 프로그램의 역할에 의존하는 바가 크다.

고령자들은 대체로 노동시장에서 생산성 경쟁의 지체자들로 보는 사회적 시각과 정보기술과 정보노동에 대한 적응력이 떨어지는 경향이 있기 때문에 이러한 변화들은 일단 위기로 볼 수 있다.

인간은 노동하는 동물이다. 인간은 노동을 통해 자신의 인격을 드러낼 수 있으며, 인간은 노동을 통해 자신의 생존에 대한 보존을 할 수 있을 뿐만 아니라 동시에 노동을 통해 주변의 환경을 바꿀 수 있다. 여러 학자들도 언급한 대로, 인간의 노동은 단순한 생산요소 이상이다. 노동을 통하여 자신의 가치를 발견하는 것은 경제적으로 의미 있고, 인류학적으로 피할 수 없으며, 도덕적으로 바람직한 것이다

(고병헌, 2004). 따라서 노동은 물질적인 복지만이 아니라 자아실현의 핵심적인 요소가 된다.

고령노동에 대한 안정성과 관련하여 핀란드 정부의 고령노동정책의 모델은 우리에게 여러 가지 점을 시사해 주고 있다. 핀란드 정부는 1998~2002년 기간 동안 고령근로자를 위한 프로그램(Finish National Program for Ageing Worker: FNPAM)을 추진하였는데, 유럽 국가들이 실시했던 고령화 프로그램 가운데 가장 활동적 고령화 전략에 충실한 프로그램으로 평가받고 있다. 핀란드의 고령근로자를 위한 프로그램은 45세 이상 중고령 근로자의 고용 가능성을 촉진하기 위한 통합적인 정책프로그램으로, 이 프로그램은 "경험이야말로 국가적 자본"이라는 슬로건을 내세워 고령근로자가 지속적인 경제성장에 기여하는 자원임을 강조한다. 이 야심에 찬 프로그램의 정책목표는 중고령 근로자들이 보다 우호적인 환경에서 근로에 참여할 수 있도록 하는 데에 있으며, 근로 가능성이라는 핵심적인 개념에 바탕을 두고 있다(Arnkil, 2004).

노인 노동력은 개인과 국가 경제적 맥락에서 이처럼 점차 중요해지고 건강증진의 과제와 더불어 이 연령층의 많은 사람들은 파트타임 활동과 전일제로 계속해서 일하기를 원하고 있다. 이처럼 노동은 개인의 정체성의 자원으로서 그리고 직업의 가치는 노인들의 삶의 강력한 구성요소로서 여전히 중요하게 자리 잡고 있다(Szymanski et al., 1996).

생애후반기에 장애를 지닌 노인을 John Finch와 Mona Robinson은 노동력에서 주요한 영향을 미치는 사람으로 연구하고 있다. 노인이 직면한 중요한 문제를 확인하고 재활전문가들이 고용이나 다른 삶의 영역에서의 최대한의 조정을 촉진하도록 계속해서 이야기하고 있다. 그는 또 생의 후반기에 장애가 발생한 장애노인의 연구가 권고되어야 하지만 여전히 제한점을 지니고 있다고 주장하고 있다(Harley, 2003).

우리나라에서 노인 집단은 유급활동 생산성과 거리가 먼 집단으로 보는 인식이 팽배해 왔다. 그러나 좀더 포괄적인 생산성 개념을 고려해서 무급 활동의 생산성을 발굴한다면 더 다양한 일자리에서 노령인구가 생산성에 기여하는 바가 있으리라 여겨진다. 은퇴 후나 직업전이에서의 노인의 시간사용 추세는 국내총생산의 순감소라기보다는 유급활동에서 무급 활동으로의 중심이동이라는 생산소재(location of production)의 이동으로 인식될 수 있어야 할 것이다. 이와 관련하여, 유철규의 말을 인용해 보면 "상업적으로 가치가 없으나 사회적으로 유용한 노동을 인정하는 순간 복지와 고용의 딜레마를 풀 수 있다." 고 그는 주장하고 있다. 예를 들어, 자녀양육이나 병간호, 노약자를 돌보는 노동 등은 상업적 가치를 낳지는 못하지만 사회적 가치를 가질 수 있기 때문에, 그러한 노동을 하는 사람들에게는 사기업의 임금이 아닌 '사회적 임금'이 주어져야 한다는 것이며, 이것이 바로 일자리 창출의 근본이라고 말할 수 있다(유철규, 2004: 이가옥, 이지영, 2005에서 재인용). 그 하나의 예로, 상담직에 노령 장애인을 활용하여 볼 수 있을 것이다. 멘토의 역할로서 젊은 장애인들에게 그들의 노하우와 경험을 함께 공유하며 서로 간의 상호협력을 이루어 나가는 것이 하나의 방법이 될 것으로 여겨진다.

노령 장애의 접근은 고용기회와 더불어 인접한 삶의 영역문제로 적응에 필요한 심리사회적 요소와 환경 사이의 복잡한 상호관계를 포함한다(Keany & Glueckauf, 1999). 이런 맥락에서 Livneh(2001)는 생태학적 적응의 관점을 권장했고, 또 다른 전문가들은 적응기술의 훈련과 직업적 상실감의 심리적 극복을 도와주고, 직업상실의 인식을 도와주고, 작업장기술이나 변경을 위한 보조나 환경적 장벽의 제거를 권고하고 있다.

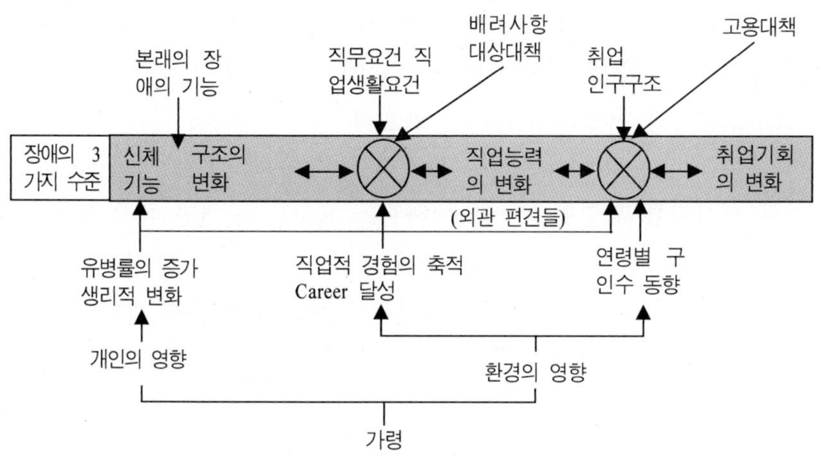

日本障害者雇用促進協會, 2001.

그림 1. 연령증가(加齡)에 따른 직업적 장애발생의 구조모델

3. 노령 장애인의 욕구에 관한 선행연구 고찰

1) 장애인의 욕구

욕구란 개인이나 집단이 인간의 생존과 성장발전을 위해 필요하여 구하는 것을 의미한다. 욕구 또한 해결되어야 할 문제라는 의미를 내포하고 있으며 연구자에 따라 욕구의 개념은 다르게 나타난다(신승연, 1999).

Folder(1974)는 개별 인간의 문화적, 도덕적 차이와 관계없이 존재하는 욕구를 기본적 욕구(무조건적 욕구 또는 인간적 욕구)라고 규정하고, 이러한 기본적 욕구에는 생존성(survivor)과 자발성(autonomy)이 있고 또한 기본적 욕구는 모든 도덕적, 정치적 입장에서 우선하므로 사회성원은 이러한 욕구를 충족시키기 위한 의무가 있다고 본다.

Bradshaw(1972)는 욕구 인식의 기준에 따라 규범적 욕구(normative need), 감지적 욕구(felt need), 표현적 욕구(expressed need), 비교적 욕구(comparative need)로 구분하였다. 이 중 공적 사회복지서비스의 대상자를 확인할 수 있게 해주는 욕구는 잠재적 대상자로서의 감지적 욕구와 직접적 대상자로서의 표현적 욕구라고 할 수 있다. 여기서 감지적 욕구란 욕구상태에 있는 당사자의 느낌에 의하여 인식되는 욕구로서 이는 사람들이 어떤 욕구의 상태에 있는지 물어보아서 파악하는 욕구라고 할 수 있으며, 표현적 욕구란 개인의 욕구가 현재화한 것으로 이는 특히 개인의 환경적 속성에 의해 크게 달라진다(김성희, 고선정, 2004).

이상에서 언급한 욕구 기준과 밀접한 연관이 있는 것은 욕구의 범주이다. 욕구범주 또한 연구자마다 다양한 의견을 제시하였는데, 김영모(1991)는 사회적 욕구를 기본적 욕구와 2차적 욕구로 구분하고, 기본적 욕구에는 소득, 보건, 교육, 주택 등이 포함되며, 2차적 욕구에는 스포츠, 예술, 문화, 레크리에이션, 교통, 환경 욕구 등이 포함된다고 하였다.

일본 경제기획청은 욕구범주를 기초적 욕구범주에 건강, 안전 및 생존에 관한 욕구를, 정신문화 욕구범주에 지역사회 생활의 질과 여가 및 교육 문화에 관한 욕구를, 환경관련 욕구범주에 자연환경, 거주환경, 고용과 노동환경에 관한 욕구를 포함하였다(김종천, 1997).

박재국, 이미숙(2001)은 장애인의 삶의 질에 관한 선행연구들을 고찰한 결과, 장애인의 경우 이동성, 공동체 접근성, 지역사회 적응, 독립생활 기술, 정상화, 사회통합이라는 장애인만의 욕구가 있다고 보았고, 장애인 욕구범주는 비장애인들의 의, 식, 주와 의료 및 교통, 교육, 소득 등에 대한 추가적 욕구를 가지고 있다고 보고하고 있다. 결과적으로 장애인의 욕구는 장애로 인한 특수성이 욕구에 반영된다

하더라도 그 욕구는 넓은 의미의 사회구성원으로서의 욕구로 볼 수 있겠다.

이러한 기존 연구들을 정리해 보면, 우리나라 장애인들은 경제적 지원을 통한 생활안정을 가장 많이 희망하고 있고, 그 외 이동권 확보를 위한 편의시설 설치확대, 취업보장 등의 욕구를 가지고 있다고 하겠다.

2) 노령 장애인의 욕구

노령 장애인은 특별한 욕구를 지닌다. 의료적 기준으로부터 직업적인 것은 물론이며, 직무수정이나 재훈련이라는 용어를 포함하는 것까지다. 이외에도 50세 이상의 노령 장애인은 직업생활 스트레스(work-life stresses)라는 그들의 생산성에 따르는 욕구를 가지고 있다. 따라서 우리는 노령 장애인들의 직업과 관련된 취업욕구나 직업전이욕구의 문제를 다루어야만 한다.

회사는 회사를 위한 위기-관리인식에서부터 잠재적인 비용을 확인하고, 건강과 장애프로그램을 포함한 노인의 노동력을 실제로 다루어야 할 것이다. 종합적이고 전략중심적인 정책과 프로그램을 세우고 고용주는 노령 근로자의 독특한 건강과 장애, 직업적 그리고 직업-생활 이슈를 다루는 방법을 찾을 수 있다. 여기에서 노령 근로자들은 오래된 경험을 지닌 숙련되고 성실한 종업원으로서 접근이 가능하게 될 것이다(Stevens, 2005).

또 다른 연구에서도 노인 소비자 인구문제를 다루고 있다. 예를 들어 미국의 노인문제에 직면한 기사에서, Charlotte Dixon, Michael Richard, 그리고 Carolyn Rollins는 재정적 불안정과 고용관심, 장기보호(long-term care)문제, 손자 돌보기(grand-parenting), 고통과 학대, 그리고 정신건강의 문제를 포함한 복잡하고 다양한 문제를 다루었다. 이외의 연구자들의 기사에서도 이러한 문제에 관련된 사항을 다루고 있다. 이처럼 재활영역은 더 오랜 기간 노동력에 남겨지게 되고, 다른 이슈와 교차되어서 더욱 많은 서비스를 요구하는 노인 소비자 인구문제에 직면하게 되었다. 노인 소비자 인구는 공적, 사적 재활기관에 새롭고 독특한 도전을 제시하고 있다.

우리나라에서 노인들의 욕구란 여러 가지 정부서비스를 받기 위해 필요한 노인들의 건강, 심리, 사회적 상황을 말한다. 이러한 정의의 관점에서 우리나라 노인의 기본적인 욕구는 '사중고'로 표현될 수 있다. 즉 빈곤문제, 건강보호문제, 역할이 없는 것에 대한 문제, 소외문제 등으로 나타낼 수 있다. 이를 다시 표현하면 노인의 신체적 문제, 경제적 문제, 심리적 문제, 사회적 문제로 파악될 수 있으며, 대체로 이러한 분류에 따라 일반노인에 대한 욕구파악(김수춘, 1995, 이가옥, 1994, 이혜원, 1996)이 이루어지고 있다.

노령 장애인에 대한 욕구조사에서는 장애유형별로 욕구가 다르게 나타남을 알 수 있다. 윤경아, 이윤화, 이익섭(2000)의 연구에 따르면 지체장애 노인의 경우는 건강문제를 가장 심각한 문제로 꼽았고, 다음으로 경제적 어려움, 불편한 공공시설, 치료의 어려움, 외로움 등의 문제를 심각하다고 느끼고 있는 반면, 청각장애노인의 경우는 경제적 어려움을 가장 심각하다고 응답하였고, 건강, 외로움, 불편한 공공시설, 장애와 관련된 치료의 순으로 나타났으며, 시각장애인의 경우에는 불편한 공공시설물의 문제가 가장 심각하고 다음으로 경제적 어려움, 사회의 편견을 들고 있다.

대부분의 노인관련 기관들은 노인에 대한 서비스를 제공하기 위해 체계적인 욕구사정보다는 직관적으로 노인에게 필요하다고 믿고 있는 기본적 욕구를 가정하고 이에 따라 서비스를 제공하고 있는 실정이다. 욕구사정의 문제는 기관의 문제일 뿐 아니라 노인들 자신의 문제에서도 나타난다. 연령이 증가함에 따라 의사소통이 저하된 노인들이 자신의 욕구를 제대로 밝히지 못하는 경우도 빈번해진다. 이러한 어려움에도 불구하고 노인을 대상으로 한 욕구를 사정할 수 있는 표준화된 도구가 없는 실정에 놓여 있다. 이를 위해 정순돌(2003)은 캠버웰 욕구사정(Camberwell Assessment of Need: CAN)을 이용해서 욕구를 측정한 결과, 다음과 같은 네 가지의 욕구로 나타났다. 첫 번째 요인은 자기 자신의 보호에 대한 욕구, 둘째는 건강에 대한 욕구, 셋째는 복지혜택에 대한 욕구, 넷째는 경제에 대한 욕구이다.

이러한 결과를 통해 노후생활을 독립적으로 유지할 수 있는 능력은 사회적, 신체적, 인지적 여가뿐만 아니라 생산적인 활동에 지속적으로 참여함을 통해서 강화된다는 것을 알 수 있다.

3) 노령 장애인의 취업 및 재취업 효과

(1) 취업과 삶의 질

취업이 삶에 미치는 영향에 관한 연구는 미국에서 경제공황 이후 1970년대 후반부터 1980년대에 걸쳐 활발하게 진행되었다. 이 시기에 미국에서 수행된 연구에서는 주로 취업자와 실직자를 대상으로 신체건강, 정신건강을 비교하여 취업이 삶에 어떠한 영향을 주는지 살펴보는 연구가 대부분이었다. 이러한 연구들은 실직자들이 실직에 대처하는 과정을 이해하기 위한 노력으로 이어지게 되었다.

그러나 국내에서는 취업이 삶에 미치는 영향 등에 대한 연구는 미비하며 취업한 근로자만을 대상으로 이들의 건강상태를 파악하거나, 건강에 영향을 주는 요인들을 조사한 연구에 국한되었다. 더욱이 이러한 국내외에서의 연구들은 주로 비장애인을 대상으로 이루어졌지 장애인에 대해서 초점을 맞추지는 않았다. 따라서 장애인의 취업과 삶의 질의 관계에 대한 이해를 높이는 데는 한계가 있다. 장애인에 대한 연구가 워낙 부족하기 때문에 앞으로 취업이나 재취업에 대한 주제에 접근하는 것은 노령 장애인의 삶의 질에 있어서 많은 도움이 되리라고 본다.

몇 안 되는 선행연구의 결과를 살펴보면 실업자는 취업자보다 삶의 질이 낮은 것으로 나타났다. 전반적으로 삶에 대해서 불만족하며, 불행하다고 느끼고, 좌절감을 가지며, 미래에 대해서도 부정적으로 생각하고 있었으며(Moller, 1992), Banfalvy(1994)도 장애인의 취업과 삶의 질의 관계를 연구하였는데 그는 직업은 현대사회에서 인간에게 기본적인 필수요소이고, 또한 삶의 질의 주요 결정요소이기에, 장애인에게도 역시 직업을 갖는다는 것은 건전한 삶의 기본이라고 보았다.

(2) 취업과 정신건강

취업과 정신건강에 관한 연구는 대부분 일관된 결과를 보이고 있는데 미취업자의 정신건강이 취업자에 비해서 나쁘다고 보고되고 있다. 주로 불안, 긴장, 스트레스 수준이 현저히 높아진다는 것이다 (Kessler & Turner, 1989). 이러한 정신적인 불건강 상태가 질병으로 이어지는 것을 보고한 연구들이 있다. 45세 이상의 실직 경험을 가지고 있는 사람들이 정신치료기관에 도움을 요청하는 경우가 가장 높음을 발견하였다. 또한 O'Brien과 Kabanoff(1979)의 호주 실업자들을 대상으로 한 연구에서는 고용된 집단에 비해 실직자 집단이 도움을 주는 사람(특히 목사, 사회사업가, 정신과 의사, 심리학자)을 찾는 빈도가 유의하게 높았다는 것을 보고하였다.

이렇게 취업자와 미취업자 사이의 정신건강에 차이가 나는 것을 설명하는 여러 이론적 시각이 있는데, 그중에 하나는 실업이 수반하는 삶의 급격한 변화가 정신적 안녕상태를 감소시키는 '충격'으로 작용하였기 때문이라고 보았다(Jackson & Warr, 1984). 또 다른 설명으로는 누적 스트레스 모델(cumulative stress model)이 있는데 이는 실업이 되었다는 충격과 함께 실업상태로 남겨진다는 두려움 또는 구직의 계속적인 실패에서 오는 자아존중감에 대한 위협, 그리고 시간이 지남에 따라 부딪히게 되는 개인적 그리고 재정적인 적응상황 등으로 인해서 스트레스가 생긴다고 보았다(Jackson & Warr, 1984). 이러한 누적 스트레스 모델에 의하면 실업상태가 길어지면 길어질수록 정신건강에 심한 악영향이 초래된다(Jackson & Warr, 1984). 이러한 결과를 보여준 선행연구가 다수 있었는데, 이 연구들은 실업기간이 늘어나면서 정신건강이 유의하게 악화되었다고 보고하였다(Jackson & Warr, 1984, Warr & Jackson, 1985: 한국장애인고용촉진공단, 1998에서 재인용).

그러나 재취업이 되면 정신건강이 다시 향상된다는 연구가 있었다(Kessler & Turner, 1989, Warr & Jackson, 1985). 선행연구에서는 미취업 상태에서 새로운 일자리를 얻은 조사대상자의 경우 여전히 미취업 상태인 조사대상자에 비해서 스트레스가 급격히 감소하였다.

실업자의 정신건강에 영향을 주는 또 다른 중요한 요인에는 연령, 재정적 스트레스, 사회적 지원, 취업에의 열망, 전직 일에 대한 몰입이 있었다. 실업자의 연령과 정신적 문제 간의 관계에 대한 연구를 살펴보면, 부양가족에 대한 책임감을 가지게 되는 30, 40대 중년 남성의 경우 실업에서 오는 재정적 어려움으로 심리적 스트레스가 증가하였다(Jackson & Warr, 1984). 이러한 연령과 실직으로 인한 스트레스가 40대를 기점으로 나빠졌다가 다시 좋아진다는 연구(Jackson & Warr, 1984)는 위의 논지를 뒷받침한다고 할 수 있다.

재정적 스트레스는 실업자의 정신건강에 부정적인 영향을 주는 중요한 요인이다. 실업에 따른 소득의 변화가 많을수록(Jackson & Warr, 1984, Warr & Jackson, 1985) 부양가족 수가 많아서 이로 인한 경제적인 스트레스를 받을수록 정신적 문제가 많았다는 연구결과

(Jackson & Warr, 1984)가 있었다. 그러나 이러한 재정적 스트레스에 대해서 사회적 지원이 있을 경우, 그 영향은 감소될 수 있는 것으로 나타난다. Ullah 등 (1985)의 연구에서는 실업자를 대상으로 사회적 지원이 전반적인 심리적 스트레스와 우울에 강한 상관관계가 있는 것으로 보고하였다.

취업에의 열망이 강할수록 정신적 문제가 심했으며(Jackson & Warr, 1984), 실직 전의 일에 대한 몰입이 강했을수록 심리적 스트레스도 심했다(Jackson & Warr, 1984, Warr & Jackson, 1985).

실업상태가 스트레스에 영향을 미칠 뿐만 아니라 스트레스가 실업상태를 더 악화시킬 수도 있다는 연구보고도 있었다. Kessler와 Turner (1989)는 스트레스 수준이 높은 미취업자의 경우 새로운 일을 얻기가 어렵다고 보고하였다. 결국 이러한 연구는 취업이 개인에게 미치는 다양한 효과를 제시하고 있다는 것을 보여주는 것이다.

4) 노령 장애인의 취업 및 재취업 욕구의 예측변인들

본 연구에서는 노령 장애인의 취업 및 재취업 욕구에 영향을 미치는 요인을 크게 두 가지로 분류하였다. 첫째는 일반적 요인(연령, 교육수준, 결혼상태, 경제상태, 직업상태, 장애상태)이며 둘째는 척도별 요인(건강, 노동의욕, 심리 · 사회적 지지, 직업준비, 취업욕구)으로 나누었다.

(1) 연 령

직업재활에서 노령 장애인들이 그 젊은 파트너들로부터의 차이가 있는지를 탐구하는 일은 매우 의미 있는 일이다. 그 이유는 65세 이상의 많은 노인들은 종종 고용을 지속해야만 한다. 왜냐하면 생활에 필요한 금전적 저축의 고갈, 연금의 부족, 빈약한 보건비용들 때문이다(Hoyer & Roodin, 2003, Smith & Kemple, 2000). 노인들은 장애 상태에도 불구하고 친구관계나 생애의 목적, 개인적 성장과 같은 비경제적인 성취를 위해 노동력을 지속시키기 원한다. 퇴직을 한 사람들 사이에서도 고용은 고령화 사회에서 독립을 촉진하는 사회적 노력의 중요한 일환이 되는 것이다. 그러나 우리는 연령과 직업재활을 강조하는 공식화된 연구들이 부족하다는 것을 알 수 있게 된다. 왜냐하면 이러한 연구의 부족은 노동, 건강, 그리고 재정영역에서 연령이 관련(aging - related)되어 있다는 결과임을 알 수 있다.

Drebing 등 (2002)의 연구에 의하면 연령이 직업재활에서 유의미한 차이를 보여줌을 알 수 있다. 나이든 장애인이 직면하는 문제, 노령 장애인의 참여의 목표, 임금이 주어지는 일과 무임금의 활동에서의 노령 장애인들이 어떻게 프로그램에 참가하고 있는지, 그리고 책임이 무엇인지에서 연령이 유의미한 차이가 있음을 보여준다. 노령 장애인들은 의료적 욕구나 정신적 문제를 해결하기 위해서 직업재활에 참여하는 것으로 Drebing 등 (2002)의 연구결과가 나타났고 이는 경쟁고용에서의 이득을 보기 위해서 보다 더 높은 수치였다. 이것은 재활의 일반적인 정의로서의 목표에 부합된다고 볼 수 있을 것이다. 또 다른 연구(Wardsworth & Kample, 2004)에서는 장애의 본질이 노령화 과정과 관련되어 있다는 것을 알 수 있었으며 이는 나이가 들어감에 따라 시력이나 청력의 장애증가를 반영하는 것임을 알 수 있다. 그리고 이들에게 있어 직업재활서비스에 참여하는 이유는 직업배치를 기대하는 것이며 교육이나 의료처치를 받기 위해서, 그리고 상담이나 정신요법을 위해서 서비스를 기대하는 것으로 나타났다. 한편 감각손상과 관련이 있는 기능제한이 나타나기는 했지만 이것은 보조기술의 이용을 통해서 제거할 수 있다고 생각하고 있었으며 실제로 이 연구에 참여한 사람들은 보조기술을 요구하기도 하였다고 보고하고 있다. 또한 이 연구에서 그들은 수입을 대체하는 유급고용이나 보충적인 것을 구한다고 밝히고 있다.

한편 작업장에서 노령 근로자는 젊은 근로자보다 손상을 일으킬 경향이 거의 적은 것으로 나타난다(Burton & Spieler, 2001).

이러한 연구결과를 통해 더 많은 노령 장애인들이 직업재활서비스 프로그램 참여로부터 경제와 사회의 이익이 되는 소비자로서 정의되기를 희망한다는 사실을 알 수 있다.

(2) 경제상태

장애노인의 경제적 특성을 조사한 최근의 연구(김성희, 고선정, 2004)에 의하면 장애인가구의 가구 월평균 소득액은 108만 원인 데 반해 장애노인의 경우는 89만 원이었고, 전체 장애인 개인 월평균 소득액은 79만 원인 데 반해 장애노인의 경우는 50만 원인 것으로 나타났다. 결과적으로 전체 장애인가구 및 개인의 소득수준은 비장애인 가구 및 개인에 비해 낮은 수준이고, 장애노인의 경우는 그보다 더 낮은 가구 및 개인 월소득액을 가지고 있어 경제적으로 어려운 상황임을 알 수 있다.

장애노인의 경제활동분야는 전체적으로 무직이 가장 많고, 농어업 숙련근로자, 주부의 순으로 나타나 전체적으로 경제활동에 참여하고 있지 않은 비율이 높음을 알 수 있다. 종사상 지위는 전체적으로 자영업비율이 73%로 가장 높고, 그 외 무급가족 종사자비율, 일용근로자의 순으로 나타나고 있다. 지체장애노인의 경우는 전 직종에 걸쳐 분포되어 있는 편이고, 정신지체와 발달장애노인의 경우 무급가족봉사자 비율이 높게 나타나고 있다.

2005년도 장애인실태조사 결과를 살펴보면, 장애인가구 월평균 소득수준은 157만 원으로 도시근로자 가구소득의 절반에 불과한 것으로 나타났다(2006, 보건복지부). 장애로 인한 추가비용은 2000년도의 15.8만 원보다 다소 감소한 것으로 나타나고 있으나, 추가지출 항목 중 의료비가 9만 원으로 가장 높게 나타나고 있다. 장애인 취업현황 부분에서는 단순노무직에 종사하는 비율은 28%로 전국 평균의 2배에 이르는 등 취업구조가 열악한 것으로 나타났다. 취업 장애인의 월 평균 소득은 115만 원으로 상용종업원의 45.%에 불과하다. 그리고 장애인들이 현재 일하지 않는 주된 이유로 전체 응답자의 45.0%가 "심한 장애로 일하기 어려울 것 같아서"로 가장 높았고, 다음으로 "나이가 많아서(24.7%)", "적합한 직종이 없어서(10.5%)"의 순으로 나타나 장애 정도별, 연령별 직업활동 지원시책 마련과 장애인의 인식개선이 필요한 것으로 2005년도 장애인실태조사 결과가 나타났다.

변재관, 전학석(1997)의 연구에서도 장애노인의 과반수가 평균 50만 원 이하의 소득을 얻으며 평균 100만 원 이하의 소득가구는 전체의 72.5%에 달하고 있다. 장애노인의 94.6%가 연금을 받은 적이 없으며 경제적 어려움을 "그저 그렇다"고 대답한 경우를 포함하면 약 80% 정도가 어렵다고 대답하였고, 주관적인 월 생활비도 85.1%가 월 100만 원 이하이며 56.3%가 50만 원 미만이라고 대답하여 열악한 경제적 환경 속에 생활하고 있는 실정이다.

Warr과 Jackson(1985)의 연구에 의하면, 사회적 지원 중에서 특히 경제적 지원이 있으면 실업기간이 늘어나더라도 전반적인 건강상태가 좋아질 수 있다고 하여 실업자에 대한 경제적 지원책의 중요성을 시사하였다.

(3) 교육수준

일반적으로 교육수준은 생산성을 나타내는 가장 중요한 변수로 취급된다. 교육수준이 높을수록 기술과 기능의 습득수준이 높다고 판단하기 때문이다. 이것이 진정한 생산성을 반영하는 것인가에 대해서는 이론에 따라 편차가 있지만 고용을 결정함에 있어서 중요한 기준으로 작용하는 것은 틀림없는 사실이다(유동철, 2002).

많은 연구자들에 의해 장애인의 노동 공급이 비장애인과 동일한 분석틀에서 분석이 가능하다는 것이 입증되는 가운데, 공급측면에서의 가장 일반적인 분석결과에서는 장애인의 교육수준이 상대적으로 낮고 직업훈련이나 직장경험이 적으며 덜 사회화되어 있어 직업활동에 상대적으로 불리한 인적 자원을 갖는다고 보고하고 있다. 이처럼 생산성과 관련된 요인에서 장애인이 열등한 조건을 가짐으로 인해 기업이 채용을 기피하게 되고 장애인의 취업 및 고용여건이 불리해지는 필연성이 존재하게 된다는 것을 알 수 있다.

유동철(2002)은 장애인의 실업률이 높은 원인을 생산성과 차별이라는 두 가지 요인에 주목하여 어떠한 요인이 실업의 주요한 원인인지를 실증적으로 분석하였는데 생산성 관련 요인 중 교육수준과 직업훈련은 장애인의 취업에 유의미한 영향을 주지 못하는 것으로 나타났으며, 기능제한 정도만 유일하게 영향을 미치는 것으로 나타났다.

어수봉(1996)의 연구에서는 장애인이 노동시장에서의 의중임금 및 구직기간을 분석을 통해 장애인의 경우에도 일반인과 유사한 노동 공급 방식이 존재하며 학력, 직업훈련 여부, 취업경험 유무가 경제활동참가 및 실업탈출 확률에 체계적인 영향을 미치고 있음을 보이고 있다.

이선우 등 (2001)은 장애인의 학력이 높을수록 직업생활 및 임금에서의 차별이나 인권침해 가능성이 상대적으로 낮으며, 시각장애인과 언어·청각장애인의 지체장애인에 비해 직업생활에서의 차별 정도가 더 높다고 분석하였다.

이선우(2001)의 연구에서는 장애인의 교육연수가 많아질수록 취업자보다는 실업자일 확률이 높게 나타났는데 이는 일반인과는 반대되는 현상으로 장애인은 취업에 있어 차별적 처우를 받고 있음을 보이고 있다.

(4) 결혼상태

결혼상태는 취업여부에 중요한 영향을 미칠 것으로 생각된다. 배우자가 있는 경우와 없는 경우는 취업에 대한 적극성이 차이가 날 뿐만 아니라 의중임금(reservation wage)에도 차이가 있어 고용 및 임금에 영향을 미칠 것이다. 결혼을 하여 배우자가 있으면 생계유지를 위해 취업의 필요성이 증가하며, 가구 규모가 커지므로 의중임금도 높아질 것이다.

오영희 등 (2006)은 인구통계학적 특성별에서 주관적 건강인식과 신체적 및 정신적 기능상태의 관련성 연구를 실시하였는데 배우자가 없는 경우 상대적으로 주관적 건강상태를 나쁘게 인식하고 있는 것으로 보고하고 있었으며 이러한 결과는 취업욕구에 영향을 미친다는 것을 예측할 수 있다.

장애인의 경제활동 유형 결정요인에 대한 연구에서는 경제활동 유형에 영향을 미치는 중요한 요인은 가구소득, 가구주 여부, 장애기간, 결혼상태 등이었다. 장애인의 경제활동을 설명하는 요인에는 개인적 요인에서부터 사회적 요인에 이르기까지 다양하게 제시되고 있다. 개인적 요인으로, Adelman과 Vogel(1993), Johnson 등 (1988)은 장애인이 구직기술이 부족하고 취업을 한 경험이 별로 없으며, 근로에 대한 습관이 부족하여 되지 않는다고 주장하였다. 이들의 주장은 아직까지 고용주들이 원하는 자격을 갖춘 장애인이 부족하다는 것을 강조하였다고 할 수 있다.

노인 집단은 두 개의 그룹으로 나뉠 수 있는데 하나는 일반적으로 건강하고, 교육을 많이 받았고, 일도 하고 있으며, 다른 집단은 건강의 문제를 지니고 있으며 교육수준도 낮으며, 노동시장에서 주변화된 집단으로서 이들의 주요한 관심은 지원프로그램과 건강보호 그리고 경제적 지원의 충분함을 포함하고 있다. 결국, 각각의 집단은 그들의 욕구와 동기가 직업과 관련되어 있으며 퇴직에 대해서도 다른 태도를 보이는 것으로 나타난다. 이들 근로자들은 몇몇 요인에 의해 욕구와 태도가 다르게 나타나고 있는데 성, 인종, 사회경제적 상태 등에서이다(Albert, 2003).

(5) 장애상태

장애가 취업확률에 미치는 효과를 분석한 연구들의 결과를 보면 장애는 건강상태나 기능상의 제약과 같은 요인들에도 영향을 미치기 때문에 이로 인한 취업상의 불평등 요소로 나타나고 있음을 알 수 있다.

황수경(2003)에 따르면 장애인 – 비장애인 간의 취업확률 격차의 대부분은 다른 요인이 아닌 장애로 인한 격차라는 것을 밝히고 있으며, 이선우(1997, 2001)는 장애인의 인적 특성 및 장애특성 등을 설명변수로 하여 취업 및 취업형태에 미치는 효과를 주장하였다. 장애인이 기능장애(impairment) 혹은 능력장애(disability)를 가진다는 특수성에 기초하여 장애유형 및 장애 정도가 고용 및 임금에 미치는 효과를 분석하기도 했다.

Stern(1989)은 통상의 장애유형 및 장애 정도를 직업적 장애로 재구성하기 위해 직무에 직접적으로 영향을 주는 장애지표(disability index)를 구성하고 이렇게 측정된 장애 정도가 경제활동참가에 미치는 효과를 추정하였다.

Mullahy(1991)와 Baldwin(1995, 1994)은 기능적 한계 혹은 건강상태의 임금 패널티를 측정하고 생산성과의 연관성을 통해 기능적으로 한계와 차별을 구분 지으려는 일련의 작업을 수행하였다.

Baldwin(1994)은 성과 장애라는 이중의 차별요인을 분석하고 이를 통해 여성장애인이 남성장애인에 비해 차별받는 정도가 상대적으로 더 크다는 사실을 입증하였다.

또한 장애유형이 장애인의 경제활동 유형에 영향을 미칠 가능성이 높다고 보고 DeLeire(2000)는 미국의 장애인법(ADA)이 장애인의 취업확률에 미치는 영향을 연구하면서 장애인을 신체장애, 정신장애, 그리고 기타 장애로 구분하였으며, Fuqua 등 (1984)과 Threlkeld와 Dejong(1982)는 일반적으로 신체장애가 다른 유형의 장애에 비해 취업할 가능성이 가장 높은 것으로 인식되고 있다고 하였으며, Bordieri 등 (1997)과 Dreamer와 Bordieri (1985)는 정신장애를 가장 선호하지 않았다고 보고하고 있다. 국내의 이선우(1997)의 연구에서도 장애유형이 취업여부에 영향을 미치고 있는데, 특히 청각장애가 지체장애보다 취업할 가능성이 높은 것으로 보고하고 있다.

DeLeire(2000)는 장애원인과 장애기간을 경제활동 유형에 영향을 미치는 요인으로 제시하고 있는데, 장애의 원인은 산업재해로 인한 장애와 비산업재해로 인한 장애로 구분하였으며, 산업재해로 인해 장애인이 된 경우에 그렇지 않은 경우보다 취업하는 경향이 높은 것으로 나타나고 있다. 그 외에 장애 정도도 장애인의 경제활동 유형에 영향을 미칠 것으로 나타나고 있다.

유동철(200)의 연구에서 인적 자본의 또 다른 주요한 요소로 상정한 장애인의 기능제한 정도는 장애인의 차별과 유사한 정도로 취업에 영향을 미치는 것으로 나타났다.

어수봉(1996)의 연구에서 보면 장애인의 의중임금(reservation wage) 결정에서 경력은 연령이나 교육연수에 비해 효과가 큰 인적 자본 변수로 나타나고 있다. 이는 장애인에 대한 직업경력의 취업욕구에도 영향을 미친다고 볼 수 있을 것이다.

요약하면, 이처럼 여러 연구결과들에 의하면 장애는 취업욕구에 영향을 미치는 예측변인이라고 가정할 수 있다.

(6) 직업상태

우리나라에 있어서는 아직은 장애인의 취업 및 고용여건에 관한 체계적인 실증분석이 매우 부족한 실정이다. 어수봉(1996), 이선우(2001, 1997), 유동철(2000)의 연구 등이 몇 안 되는 실증연구인데, 장애인 고용에 관한 실증연구가 이처럼 미약한 데는 자료의 제약이 가장 큰 문제점으로 지적되어 왔다(황수경, 2003). 현재 장애인과 관련된 대표적인 자료로는 한국보건사회연구원이 5년마다 실시하는 장애인실태조사와 장애인고용촉진공단의 장애인근로자실태조사를 꼽을 수 있다. 한국보건사회연구원의 장애인실태조사는 모집단 대표성이 확보되고 표본 크기가 가장 크다는 장점을 가지고 있어 장애인구 및 출현율, 장애유형별 분포, 재가 장애인의 취업활동 등 장애인 현황에 관한 가장 일반적인 정보원으로 사용되고 있으나 고용과 관련한 상세 정보가 부족하여 장애인 노동시장의 구체적인 구조 분석에 적절치 않다는 지적이 제기되고 있으며, 한편 장애인고용촉진공단의 장애인근로자실태조사는 5인 이상 사업체와 장애인근로자를 대상으로 실시하고 있으며 장애인 근로자의 취업실태와 관련해 가장 구체적인 설문내용을 포함하고 있으나, 취업하고 있는 장애인만을 대상으로 하고 있기에 미취업 장애인 및 비장애인과 같은 비교집단이 없어 장애인 노동시장의 특징을 분석하기 위한 자료로서 결정적인 한계를 지니고 있다(황수경, 2003).

일반적으로 고용 또는 취업은 장애인과 같은 사회적 주변집단에 가까울수록 삶의 질에 더 많은 영향을 미친다. 특히 장애인의 고용은 그들 스스로가 직접적인 생계수단을 확보하게 됨으로써 빈곤 탈출의 기반을 제공할 수 있을 뿐만 아니라, 장애인의 심리적 안정감 및 삶의 만족도를 증대시킨다는 점에서도 매우 긍정적인 효과를 미친다(Schur, 2002).

장애인의 노동수요 측면에 주목하는 대부분의 연구는 장애인의 취업이나 고용여건이 장애인 개개인의 인적 특성에 의해서라기보다는 사회적 편견이나 차별, 그리고 그가 속한 사회의 제도적·구조적 특성에 의해 주로 결정된다는 점을 강조하고 있다.

(7) 건 강

노인의 일과 건강과의 인과성에 대한 많은 논의들(Irene, 2001 : Maarteen & Marce, 1999)은 노인이 건강하기 때문에 일하는 것인지 아니면 일을 하기 때문에 건강한 것인지에 대해서는 명확하게 결론을 내리기 어렵다는 입장이다. 그러나 Mete와 Schultz(2002)는 종단연구를 통해 건강이 노인의 노동참여 여부를 좌우하기보다는 노동참여 여부가 노인의 건강상태를 결정한다는 견해를 지지하였다. 또한 직업에 종사하고 있는 노년층이 직업이 없는 노년층에 비하여 신체적, 정신적으로 건강하다는 연구결과(Abramson et al., 1992)나 평균수명이 14년 더 긴 것으로 조사된 우리나라의 연구(박상철, 2002)는 일이 노인의 건강에 매우 유효함을 시사한다. 따라서 노인이 일을 하기 때문에 보다 건강할 수 있다는 점에 대해서는 크게 논란의 여지가 없을 것이다.

이처럼 노년기 일은 건강에 긍정적인 영향을 미치고 따라서 공공부문의 의료비 지출까지도 절감하는 효과가 있음을 알 수 있다.

Mirowsky와 Hu(1999)는 만성질환이나 기능적 장애가 경제적 어려움과 유의미하게 연관되며, 특히 연령의 증가에 따라 더욱 중요한 함의를 갖고 있음을 지적하고 있다. 또한 우해봉, 윤인진(2005)은 노인들의 건강상태는 노년기에 노동시장에서의 완전한 이탈을 촉발시키는 중요한 요인이라고 지적하고 있다.

한국장애인고용촉진공단의 연구(1998)에 따르면 실업은 신체건강에 부정적인 영향을 주는 것으로 보고되었다. 취업자에 비해서 실업자가 보다 많은 신체적 이상 증상들을 보고하고 있었는데, 구체적으로 심장과 관련된 문제, 호흡 곤란, 시각에서의 문제들을 호소하고 있었다(O'Brien & Kabanoff, 1979). 또한 기관지염, 심근경색, 장애성 폐병의 발생률이 높다는 보고도 있었다.

이렇게 구체적인 증상 호소나 질병의 유병률이 취업자에 비해 높다고 보고된 연구 외에도 실업 후에 전반적인 건강상태가 나빠진다는 것을 보여준 연구도 있었다. Warr과 Jackson(1985)의 연구에 의하면, 실업상태가 되면 만성 건강문제가 악화된다고 하였으며, 주관적인 건강상태가 나빠진다는 보고도 있었다(Kessler et al., 1987).

실업 후에 신체건강에 영향을 미치는 여러 가지 요인들을 제시한 연구들이 있는데 이러한 연구의 결과는 실업자의 신체건강의 향상을 위한 지원책에 대해서 시사하는 바가 크다고 하겠다. 사회적 지원을 받는 실업자에 비해서 받지 못하는 실업자의 증상 호소수가 높았다는 연구(Gore, 1978) 결과가 있었다. 그리고 Warr과 Jackson(1985)은 재취업이 된 실업자의 경우 전반적인 건강 상태가 향상되었음을 보고하였는데, 지나치게 취업하고자 하는 욕구가 강할수록 신체적 증상 호소수가 많아진다고 보고하였는데 결국 재취업 시도의 실패가 신체건강에 악영향을 준다는 것을 보여주는 것이다.

(8) 노동의욕 및 업무역량

노령 장애인의 취업욕구에 대한 박혜전(2003)의 조사결과를 보면 노령 장애인의 67.6%가 취업을 하고 싶다고 답하였고, 취업을 하게 될 때의 근무 가능 일수에 대한 조사에서는 5일 이상 근무 가능이 41.7%로 나타났다. 그러나 실제로 노령 장애인은 시간제 근무를 희망하는 것으로 나타나고 있다. 노령 장애인의 업무역량이나 노동의욕에 대한 연구는 거의 이루어지지 않고 있는 실정에서 이에 대한 자세한 내용은 차후 연구들에서 이루어져야 할 것으로 여겨진다.

노인취업관련정책이나 프로그램들은 취업을 원하는 노인의 욕구를 충족시키기에는 양적으로나 질적으로 매우 미흡한 실정이라고 할 수 있다. 더욱이 그러한 프로그램들은 노인의 신체적, 심리적, 사회적 특성을 고려하지 않은 채 제공되고 있으며 그로 이해 오히려 근로동기에 대한 좌절감이나 수치심을 일으켜 근로동기를 상실케 하는 등 적절치 못한 경우가 대부분이라는 문제점을 지니고 있다(김동배, 2003).

변재관, 전학석(1997)의 연구를 보면 장애노인은 취업과 관련하여 직업상담과 취업알선을 위한 서비스가 있는지도 대부분 모르는 것으로 나타난다. 장애인 고용정책과 관련된 장애인고용촉진법률 및 의무고용제에 대해서는 알고 있었다고 답한 경우가 각각 91.8%, 89.6%씩으로 나타났다. 직업수련을 이수한 경험도 거의 대부분이 없었으며, 따라서 자격증 소지도 대부분 없는 것으로 나타났다.

노동의욕은 여러 가지 측면에서 해석할 수 있을 것이다. 자아정체감으로서, 삶의 질로서, 자신 삶에 대한 열망 등으로 생각할 수 있다. 그런 점에서 볼 때 노령 장애인들은 노동의욕이 있음에도 불구하고 사회적·제도적 기반의 부족으로 인해 거의 노동에 참여하지 못하고 있는 실정임을 알 수 있다. 그러한 점을 고려할 때 노동의욕 및 업무역량은 노령 장애인의 취업 및 재취업 욕구에서 중요한 요인이 될 수 있다.

(9) 직업준비

직업준비는 사람이 직장에 대해 선택, 획득, 유지, 발전을 어떻게 성공적으로 결정할 것인가에 대해 깊이 연루된 요소의 다양한 형태로서 정의된다. 대다수 직업적 과제는 적절한 선택, 안정적 인성, 직업적 목표, 그 목표 달성을 위한 계획 개발, 고용기회 추구, 직업습득, 직업관에 대한 적응, 작업공간, 업무시간 유지, 주어진 인성의 발전을 포함한 직업에 대한 성공적 선택, 획득, 유지, 발전 등의 조건을 갖추는 것을 말한다.

Rowe(1995)는 직업준비도(work readiness)를 어떤 식으로든 노동을 통해 이익을 얻으려는 태도뿐만 아니라 어떤 종류의 고용, 유용한 직업, 가치 있는 활동에 종사하기 위한 준비(preparedness)와 능력으로 정의하였다. 고용준비(employment readiness)는 일반적인 의미에서 본다면 고용을 하는 데 필요한 조건이 사전에 준비되어 있는 상태를 말하며, 생산 활동에 의해 경제적인 성과를 얻는 장소로서의 직업사회에 참가할 때 요구되는 개인의 심리적·행동적인 조건이 정비되어 있는 상태를 말한다(장창엽, 1996).

이달엽(1997)이 정의한 직업준비도(job readiness)는 개인이 특정한 직무에서 요구되는 기술, 혹은 종사할 수 있는 기술, 환경과 상호작용하는 특성으로서의 기술행동과 심리적 특성으로 정의하고, 직업배치 여부나 구직기술 훈련과 같은 직업배치에 필요한 재활서비스를 결정하는 요인으로 설명하였다. 또한 고용 가능성이란 특정 직업에서 요구하고 있는 기능, 직업인성 등을 내담자가 보유하고 있는지 여부를 결정하려는 노력이다. 직업준비도는 특정 직업을 수행할 수 있는 준비가 되어 있는지를 파악하고 있는 반면, 고용 가능성의 평가는 개인의 능력과 자격에 따라 일차적인 목적을 고용에 두고 직업재활서비스의 제공에 의해 내담자가 경쟁고용시장의 유급직에 종사하거나 자영업을 통해 고용상태를 유지하는 가능성의 결정에 초점을 둔다(이달엽, 1997).

이러한 내용을 종합해 보면 직업준비는 고용을 위해 필수적으로 습득해야 할 기술이며, 개인이 직업을 획득하고 유지하는 데 필요한 직업적 행동이 준비되어 있는 정도를 말한다.

교육수준에 대한 경제적 지위의 차이를 나타낸 우해봉과 윤인진

(2005)의 연구에 의하면, 교육은 단순히 그 학습내용을 넘어서 주어진 목적을 달성하기 위해 개인의 행위를 체계적으로 조율하는 강력한 효과를 지닌다는 점에 특히 주목해야 한다고 밝히고 있다. 이는 생애후반에 있어 새로운 직업교육이나 직업훈련이 개인의 남은 인생을 준비하고 설계하는 취업이나 재취업에 있어 중요한 영향을 미친다는 점을 생각해 볼 수 있는 대목이라고도 여겨진다.

따라서 직업준비는 노령 장애인이 취업 및 재취업 시 또는 직업을 전환하려고 할 때 중요한 요인으로 작용하게 될 것이다. 새롭게 획득하려는 직업에 대한 인식, 그러한 직업에 대한 정보의 유무, 정보에의 접촉 등에 따라 취업 및 재취업을 하는 데에 있어 커다란 차이를 보이게 될 것이다. 따라서 노령 장애인의 취업 및 재취업에서 직업준비 사항은 고용계획이라는 측면에서 취업에 관련된 유용한 예측변인이 될 것으로 여겨진다. 직업준비는 직업에 대한 이해, 교육 기회, 고용기회 등 직업과 관련된 정보를 탐색하고 통합할 수 있도록 하는 데 중요한 구성요인이 된다.

(10) 심리·사회적 지지

심리·사회적 지지란 자신과 다른 사람에 대한 기대를 확인할 수 있도록 피드백의 기회를 제공하는 계속적인 사회적 집합체(Kaplan, 1974: 류진혜·김태성 1998에서 재인용), 자신이 사랑과 돌봄을 입고 존중되며 가치 있다고 여겨지며 의사소통 관계망이나 상호의무의 일원이라고 믿게 하는 정보의 구성요소(Cobb, 1979: 류진혜·김태성 1998에서 재인용) 또는 개인 간의 상호작용으로서 타인에 대한 애정, 타인에 대한 긍정, 타인에 대한 상징적이거나 물질적인 도움 등의 지지적인 작용(Norberk et al., 1981: 류진혜·김태성 1998에서 재인용) 등으로 정의 내리고 있다.

사회적 지지란 사랑이나 정보, 물질적 원조 등 사회적 관계를 통하여 타인으로부터 얻을 수 있는 모든 형태의 긍정적인 자원을 말하여, 이를 통하여 인간의 기본적인 사회적 욕구를 충족하고, 환경에 대한 통제감을 제공해 줌으로써 인간의 적응에 도움을 주는 요인이라고 정의할 수 있다(박헌일, 2000).

결국, 심리·사회적 지지란 개인 간의 상호작용으로서 타인에 대한 애정, 타인에 대한 긍정, 타인에 대한 상징적이거나 물질적인 도움 등의 지지적인 작용 등으로 정의 내릴 수 있다.

가족, 동료, 그리고 중요한 관계자들의 태도와 역할의 목적은 성공과 실패에서 중요하다. 칭찬과 격려, 긍정적인 역할기대는 노령 장애인에 대한 훌륭한 사회적 강화제가 된다(이달엽, 2004). 사회적 지지는 1970년대 중반에 예방심리학이 대두되면서 관심을 가지기 시작한 중요한 변인의 하나이다. 사회적 지지에 대하여 관심을 가지게 된 이유는 이 변인이 여러 연구에서 심리적, 신체적 적응에 도움이 된다는 것이 밝혀졌기 때문이다(박헌일, 2000).

노인의 사회적 지지체계를 구성하는 요소인 가족원의 지지도는 노인의 정체감을 유지하고 개인을 둘러싸고 있는 환경에 대한 대응능력을 향상시키는 데 매우 중요한 역할을 한다(이인수, 2004). 가족원의 지지는 노인이 직업활동을 지속적으로 수행하는 데 유용한 자원이 된다. 또한 노인의 작업활동 참여동기 및 작업활동 수행능력을 향상시키는 데 기여하는 자원으로도 활용될 수 있다.

사회적 지지는 장애인의 친밀감에 대한 욕구, 개인의 문제와 정체감 확립에 도움을 주는 것으로 나타났으며, 심리적 안녕뿐만 아니라 장기근속에도 영향을 미치는 것으로 나타났다(김승아, 권희정, 1997). 심리·사회적 지지는 개인의 자긍심과 정체감을 유지 또는 증진시킴으로써 심리적 안녕을 증진하는 효과를 주고 개인의 심리적 안녕을 증진시킬 수 있다(장지연, 김현숙, 2001).

작업에 대한 지지를 포함하는 직업교육이나 직업훈련과 더불어 노령 장애인에게 있어서는 직업상담이나 작업장의 지원 또한 중요하다. 작업장 지원은 크게 두 가지로 구분할 수가 있는데 작업환경에서의 내부적(동료, 회사 체크리스트, 훌륭한 프로그램 등)이거나, 외부적인(tax credits, 지원고용 등) 것을 포함하며 고용을 획득하거나 유지하는 개인을 지원하거나 경력을 향상시키는 일반적인 모습으로 지원될 수 있다. 내재적인 지원은 작업세팅에서 가능하거나 고용주에 의해 제공되는 현존하는 프로그램으로부터 가능하다. 외부적 지원은 고용세팅 외부의 자원으로부터 개발되거나 확인될 수 있다.

Bosse 등 (1987)은 노인의 직업활동 참여 여부에 따라 심리적 증상을 비교한 결과, 취업노인이 비취업 노인에 비해 부정적인 심리적 증상이 적게 나타났다. 즉 노인의 직업활동 참여는 정신건강, 결혼만족도, 생활만족도 등에 긍정적인 영향을 미치는 것으로 해석할 수 있다. 직업활동 참여와 같이 지속적으로 사회관계망을 유지하는 노인은 고립된 노인보다 생활만족도가 높게 나타났다(Beatty & Burroughs, 1999, Riddick, 1985).

여성노인의 재취업에 따른 심리적 복지감을 연구한 Choi(2001)는 고용 자체가 생활만족에 직접 기여하지는 않지만, 재정적인 자원이 생활만족의 잠재적인 결정요인임을 밝혔다.

노인의 경제적 보장이 가능한 직업활동 참여는 노인의 신체적 건강뿐 아니라 심리적 복지감에 기여하는 요인임을 강조하였다(Mutchler et al., 1999, Mutranet al., 1997, Reites et al., 1996). 또한 노인의 심리적 복지감은 생산적 활동의 유형에 영향을 받으며, 생산적 활동 중 화폐소득과 같은 생활자원의 생산성이 높은 직업활동은 심리적 복지감에 대한 기여도가 높게 나타나고 있다(윤순덕, 2004). 따라서 심리·사회적 지지는 취업 및 재취업 욕구와 관련된 중요한 예측변인이라고 할 수 있다.

(11) 취업 및 재취업 욕구

노령 장애인의 취업욕구는 삶 전반에 걸친 전반적이고 포괄적인 삶의 질(Quality of Life: QOL)로서 인식되고 검토될 수 있다. 삶의 질은 일반적으로 인식된 웰빙(Murphy & Williams, 1999, Zaura, Beier, & Cappel, 1977)으로 사용되어 왔지만 거기에는 수많은 방법이 존재한다(Dijkers, 1997, Felce & Perry, 1995, Zhan, 1992). 삶의 질의 폭넓은 정의는 활동의 자유, 삶의 목적의 의미, 자아존중감에 대한 자기 본능적(self-preservation) 또는 통합, 혹은 일의 성취, 사회적 / 레크리에이션 삶, 가족, 신체적 물질적 웰빙을 포함한다(Felce & Perry, 1996, Flanagan, 1978, Murphy & Williams, 1999).

삶의 질은 다양한 방법으로 정의되어 왔으며 다양한 배경에 적용되어 왔다. 삶의 질은 주관적이면서도 객관적인 면 둘 다를 정의해 왔다(Bishop, 2005). 전통적으로 연구자들은 객관적 지표에 초점을 두어왔다. 거기에는 고용상태, 수입, 사회경제적 지위, 그리고 지원 네트워크와 같은 외부적으로 드러나는 것을 포함한다(Bishop & Feist-Price, 2001). 그러나 객관적인 지표만으로는 전반적인 삶의 질(QOL)의 적은 부분만을 측정한다는 것이 밝혀졌으며(Diener et al., 1999) 그것들은 객관적인 지표와 전반적인 웰빙, QOL, 생애만족, 또는 개인의 행복이라는 주관적 지표 사이에 적은 상관을 보이는 것으로 나타났다. 그러한 발견은 전반적인 QOL이 내적인 메커니즘에 의해 크게 규정된다는 것을 제안하게 되었으며(Gilman, et al., 2004), 연구자들은 자기보고식 태도, 인식, 그리고 열망과 같은 삶의 요소인 주관적인 지표에 더욱 초점을 두게 되었다.

지난 세기 동안 연구자들은 인간연구의 다른 영역으로서, 다른 방법적 접근을 사용했다. QOL의 중요결정요인으로서 핵심영역(core domain)의 설정을 다루는 것이다(Bishop & Allen, 2003). 여기에는 다양한 영역이 있지만 전형적으로 다음과 같은 것으로 요약될 수 있다. ① 심리적 well-being(life satisfaction, 우울이나 불안으로부터의 자유와 같은 용어로 정의됨), ② 신체적 well-being, ③ 사회적 그리고 개인 간의 well-being, ④ 재정적 그리고 물질적 well-being, ⑤ 고용이나 생산성, 그리고 ⑥ 기능적 능력이 포함된다(Bishop & Allen, 2003, Felce & Perry, 1995, Geroge & Bearon, 1980, Jalowiec, 1990).

4. 연구의 개념적 틀 및 연구가설 모형

1) 개념적 틀

본 연구의 개념적 틀은 관련 선행연구를 근거로 노령 장애인의 취업 및 재취업 욕구에 영향을 미칠 것으로 예측되는 변인들 간의 관계를 보여주고 있다. 즉 일반적 요인으로는 연령, 결혼상태, 교육수준, 경제상태, 직업상태, 장애상태를, 척도별 요인으로는 지각된 건강상태, 노동의욕, 심리·사회적 지지, 직업준비, 취업 및 재취업 욕구를 개념 틀에 포함하여 이러한 요인들이 노령 장애인의 취업 및 재취업에 직접, 간접적으로 영향하는 요인을 고려하였다.

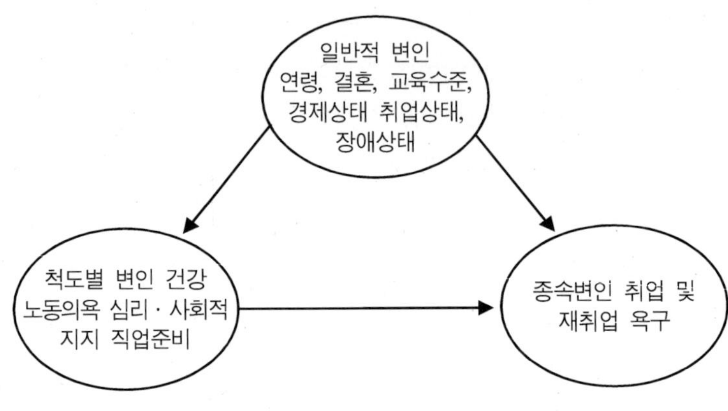

그림 2. 연구의 개념적 기본 틀

2) 연구가설 모형

본 연구에서는 이론적 배경과 선행고찰을 통해 노령 장애인의 취업 및 재취업 욕구에 대한 연구가설을 다음과 같이 세웠다.

가. 독립변수의 설정

취업욕구에 영향을 미치는 독립변수로는 일반적인 특성과 척도별 특성으로 나누어서 설정하였다. 일반적 특성으로는 연령, 교육수준, 결혼상태, 경제상태, 직업상태, 장애상태를 두어서 척도별 요인에서의 차이를 구명하였고, 다섯 개의 척도들 간의 상관관계 및 경로를 분석하였다.

나. 연구가설 모형

노령 장애인의 취업욕구에 영향을 미치는 요인들을 분석하기 위하여 본 연구에서는 다섯 가지의 척도를 구성하였다. 즉, 건강요인, 심리·사회적 지지요인, 노동의욕 요인, 직업준비 요인, 취업욕구 요인이다. 이 요인들은 직접 관찰할 수 없는 잠재변인으로 구성되어 있기 때문에 이들을 관찰하기 위한 문항들로 구성된 14개의 측정변인을 제시하였다. 그림 3은 다섯 가지 잠재변인 간의 관계를 나타내고 있으며 이들은 각각의 연구가설을 설정하여서 검증하였다.

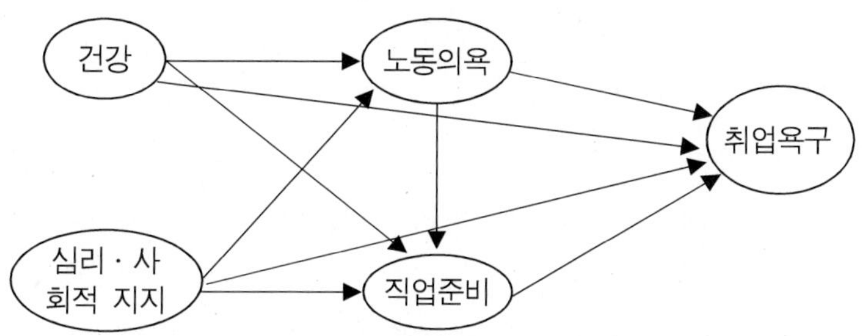

그림 3. 척도별 변인에 따른 연구가설 모형

다. 척도별 취업 및 재취업에 대한 가설

1. H1 – 지각된 건강수준에 관한 가설

    H1 – 1 지각된 건강수준은 노동의욕에 영향을 미칠 것이다.

    H1 – 2 지각된 건강수준은 직업준비에 영향을 미칠 것이다.

    H1 – 3 지각된 건강수준은 취업 및 재취업 욕구에 영향을 미칠 것이다.

2. H2 – 심리·사회적 지지에 관한 가설

    H2 – 1 심리·사회적 지지는 노동의욕에 영향을 미칠 것이다.

    H2 – 2 심리·사회적 지지는 직업준비에 영향을 미칠 것이다.

    H2 – 3 심리·사회적 지지는 취업 및 재취업 욕구에 영향을 미칠 것이다.

3. H3 - 노동의욕에 관한 가설

   H3 - 1 노동의욕은 직업준비에 영향을 미칠 것이다.

   H3 - 2 노동의욕은 취업 및 재취업 욕구에 영향을 미칠 것이다.

4. H4 - 직업준비에 관한 가설

   H4 - 1 직업준비는 취업 및 재취업 욕구에 영향을 미칠 것이다.

라. 일반적 특성에 대한 가설

1. 연령에 따라 취업 및 재취업 욕구에 차이가 있을 것이다.
2. 결혼상태(배우자 유무)에 따라 취업 및 재취업 욕구에 차이가 있을 것이다.
3. 교육수준에 따라 취업 및 재취업 욕구에 차이가 있을 것이다.
4. 경제상태(의료비용 정도, 지원받는 금액 정도)에 따라 취업 및 재취업 욕구에 차이가 있을 것이다.
5. 직업상태(과거 취업기간, 취업유형)에 따라 취업 및 재취업 욕구에 차이가 있을 것이다.
6. 장애상태(장애유형, 장애등급, 장애발생 시기, 장애발생 원인)에 따라 취업 및 재취업 욕구에 차이가 있을 것이다.

Ⅲ ▶ 연구방법

1. 연구설계

본 연구는 노령 장애인의 취업 및 재취업 욕구를 예측하는 구조모형을 검증하는 공변량 구조 분석 연구로 설계되었다.

2. 연구 대상 및 표집 방법

본 연구는 자기보고식 설문조사를 토대로 이루어지기 때문에 문항을 읽고 이해하는 데의 어려움을 보이는 응답자는 기관의 담당자들의 협조하에 설문조사가 이루어졌다. 본 연구에서는 지역적 제한은 두지 않았으나 기관(장애인종합복지관, 장애인 작업활동 시설, 노인종합복지관, 노인전문병원, 주간보호센터 등)을 이용하는 사람들이 그 대상이 된다. 그러나 기관을 이용하는 50세 이상의 노령 장애인의 수가 적어 표집하는 데에 어려움을 겪었다. 장애인기관 총 250곳과 노인종합복지관, 노인주간보호센터 200곳 총 450개 기관을 대상으로 설문지를 배포하였다. 전국을 대상으로 450개의 기관을 지역, 구, 동으로 군집추출을 실시하였다. 우선 450개의 기관에 각 4부씩의 설문지를 발송하였으며, 1차 설문지 발송에서 회답을 보이지 않은 기관에는 2차, 3차에 걸친 재설문 발송 작업도 이루어졌다. 전체 회수된 설문지는 891부(회수율 49.5%)였으나 잘못 응답된 질문지와 누락된 응답이 있는 경우를 제외하고 총 784명(총 43.6%)을 분석대상으로 하였다.

연구대상자들은 표 1에서와 같이 50세 이상의 노령 장애인 233명과 장애를 지니지 않은 50세 이상의 비장애 노인 257명, 50세 미만의 장애인 294명의 응답을 분석하였다. 노령 장애인의 경우 표본의 수에서 차이를 보이고 있는 것은 인구 분포상 소수며 기관을 이용하는 비율이 낮기 때문인 것이지만 각종 통계처리를 하기에는 충분한 크기이다.

표 1. 연구대상자

	빈도(명)	백분율(%)
50세 이상 노령 장애인	233	29.7
50세 이상 비장애 노인	257	32.8
50세 미만 장애인	294	37.5
합 계	784	100.00

본 연구는 시설을 이용하는 장애인 집단(50세 이상의 노령 장애인, 50세 미만의 장애인)과 기관을 이용하는 50세 이상의 비장애 노인을 표적 모집단으로 해서 군집추출을 이용한 표집을 실시하였다. 본 조사의 주요 분석대상은 50세 이상의 노령 장애인 집단이다. 한편 비교 집단(50세 이상의 비장애 노인 집단, 50세 미만 장애인 집단)을 두어 취업욕구 및 재취업 욕구에 영향을 미치는 변인들을 비교 분석하였다.

본 연구에서는 현행 고령자고용촉진법에 의해 55세 이상을 고령자, 50세 이상을 준고령자로 분류하고 있는 점과 직업재활이라는 측면을 감안하여 노령 장애인의 연령을 50세 이상으로 기준을 삼았고, 그와 마찬가지로 비장애 노인 집단도 50세 이상을 기준으로 설정하였다.

　　전국의 장애인 종합복지관, 노인종합복지관, 노인전문병원, 주간보호센터 등에서 총 450개 기관을 1차로, 다음으로 광역대도시 16개를 2차로, 그리고 3차로 대도시의 각 구를, 마지막으로 각 구의 각 동으로 군집 추출하였다. 기관을 이용하며 서비스를 받고 있는 50세 이상의 노령 장애인 233명과 고령자(비장애 노인) 257명, 50세 미만 장애인 294명을 대상으로 비교 조사하였다. 총 784명이 분석에 사용되었다.

3. 연구 절차 및 자료 수집 방법

　　본 연구의 자료 수집 기간은 2006년 초에 예비조사를 실시하였고, 당해 말까지 전국적으로 기관을 이용하는 장애인(50세 이상의 노령 장애인과 50세 미만 장애인)과 비장애 노인을 대상으로 3차에 걸친 우편을 이용한 설문지 조사를 실시하였다.

　　설문지 이해가 가능한 경우 즉, 한글을 읽는 것이 가능한 노인의 경우는 설문지의 글씨를 크게 인쇄하여 자료 수집자와 함께 답하도록 하였다. 그 외 문해자의 경우나 글씨를 읽는 데에 어려움을 보이는 조사대상자는 시설 담당자들의 도움을 받아서 담당자들이 설문지에 답하도록 하였다. 자료 수집자가 면접 시에 크고 분명하게 말하도록 하였으며, 질문에 대해 충분히 생각하고 답할 시간을 주었다. 또한 청각장애의 경우에는 수화통역사의 도움을 받아서 질문을 수행하였다. 총 조사에 소요된 시간은 약 35분 정도였다.

　　설문조사 방법 및 절차의 일관성을 도모하기 위하여 장애인 집단(50세 이상의 노령 장애인과 50세 미만 장애인)과 비장애 노인을 대상으로 2006년 2월에서 3월에 예비조사를 거쳐 정규 자료 수집 프로토콜을 마련하였고 연구도구와 관련된 내·외적 타당도의 문제를 최소화시키도록 노력하였다. 설문지 회수를 위해 1차에 이은 2, 3차의 설문지를 발송하였으나 50세 이상으로 기관을 이용하고 있는 노령 장애인의 수가 적어 표집하는 데에 어려움이 있었다.

4. 연구도구

연구의 조사도구는 이론적인 연구내용을 기본 틀로 하여 연구목적에 따른 질문지 형태의 조사표를 작성하였다. 그 외 전문가 집단의 자문회의를 통한 취업 및 재취업 욕구에 대한 질문지를 작성하였으며 본 연구에서 논의된 변수는 노령 장애인의 특징 묘사를 제공하는 데에 있어 그들의 유용성에 의해 뽑혀졌으며 각각의 변수들이 취업 및 재취업 욕구의 구성요인으로서 구성되었다.

본 연구를 위해 다섯 가지 척도를 구성하였다. 지각된 건강척도, 노동의욕 척도, 심리·사회적 지지척도, 직업준비 척도, 취업 및 재취업 욕구 척도이다.

1) 지각된 건강

그동안 노인의 건강사정(health assessment) 또는 평가(evaluation)에 있어 매우 다양한 측정도구가 개발되어 있다. 이 중 주관적 건강 평가(self-assessed health 또는 self-rated health)는 건강상태 측정에 과거 20년간 가장 보편적으로 사용해 온 방법으로써 개인의 전반적인 건강상태를 나타내는 주요 건강지표이다(Farmer & Ferraro, 1997: 이윤화 외, 1998에서 재인용).

자가평가적 차원으로 신체적 건강의 자기평가, 신체적 안녕, 신체적 건강에의 만족 등이 제시될 수 있다. 이 차원은 객관적 정보에 의해 영향을 받기도 하나 주관적 측면이 강하다. Fillenbaum(1979)에 의하면 지역사회에 거주하는 노인들에 의해 평가된 건강이 이들의 실제적 건강상태를 반영하고 있다고 하였으며, Maddox와 Douglass(1973)의 종단연구에 의하면 건강의 자기평가와 의사에 의한 평가 사이에 정적인 관계가 있어 노인인구에서 자가평가 차원이 신체적 건강의 유용한 차원이 될 수 있음을 보여준다. 자가평가적 차원은 적극적인 측면의 건강을 쉽게 포함할 수 있으며(Ware, 1987), 의료전문가의 참여 없이도 조사현장에 적용이 가능하지만 인지장애가 있는 사람이나 조사대상자가 아닌 타인을 통해 조사를 할 때는 적용할 수가 없다. 그러나 의학적 검사로써 알 수 없는 총체적인 건강상태를 반영한다는 점에서 일반적으로 건강사정 시 널리 사용되고 있다.

본 연구에서는 지각된 건강상태를 측정하기 위해 Lawston 등(1982)의 건강상태 자가평가 측정도구를 취업과 관련하여 재구성하여 조사하였다. 총 6문항으로 구성되었으며, 5점 Likert척도를 사용하여 최저 1점에서 최고 5점의 점수를 매기도록 하고 있다. 예를 들어 "스스로 건강하다고 느낀다"에 대해 '아주 그렇다' '그렇다' '보통이다' '그렇지 않다' '전혀 그렇지 않다'로 의사를 표시하도록 되어 있다. 또한 조사대상자가 문항에 제대로 성실하게 응답하고 있는가를 파악하기 위해 역문항을 두어서 척도의 타당도를 꾀하려고 하였다.

2) 노동의욕 및 업무역량

노동의욕 및 업무역량을 측정하기 위해서는 미국 코넬대학에서 만든 the Longitudinal Study of the Vocational Rehabilitation Services Program(2003)을 재구성하여 사용하였다. 이 질문지는 미국 재활서비스 국(Rehabilitation Services Administration: RSA)의 발주 아래 연구가 수행되었으며 세 개의 도구, Applicant / Client Demographics and Disability Characteristics(Research Triangle Institute, NDA)와 Client Vocational Interests and Goals(Research Triangle Institute, NDB), The instrument Satisfaction Interview(Research Triangle Institute, NDC)를 중심으로 하고 있다. 이 중 노동의욕과 관련된 척도는 Client Vocational Interests and Goals(Research Triangle Institute, NDB)를 중심으로 본 연구에 맞게 총 13문항으로 재구성하여 사용하였다.

3) 직업준비

직업준비 척도는 일본에서 개발된 검사로서 장애인 취업준비 체크리스트(Employment Readiness Checklist for Disabled: ERCD, 日本障害者職業綜合センター, 1999) 문항 중 취업욕구에 관련된 직업준비 관련 사항을 중점으로 하였고 그와 함께 the Longitudinal Study of the Vocational Rehabilitation Services Program(2003)설문내용 중 Applicant / Client Demographics and Disability Characteristics (Research Triangle Institute, NDA)와 Client Vocational Interests and Goals (Research Triangle Institute, NDB)에서 문항을 본 연구에 맞게 재구성하여 총 15문항을 분석에 사용하였다.

4) 심리 · 사회적 지지

본 연구에서는 김영아(1998)와 윤경아(1996)가 개발한 도구와 사키하라 등(1999)이 개발한 척도를 수정 · 보완하여 심리 · 사회적 지지 도구를 구성했다. 김영아와 윤경아의 도구는 심리 · 사회적 지지의 기능적 차원을 도구적 / 정서적 / 부정적 지지로 구분하여 측정하였으며, 사키하라 등(1999)이 개발한 척도는 수단적 지지(tangible support), 정서적 지지(emotional support), 그리고 상호적 지지(reciprocal support) 등 세 개의 하위요인을 설명하고 있는데 본 연구에서는 13개의 질문을 구성하였으며 5점 Likert척도로 최저 1점에서 최고 5점의 점수를 매기도록 하고 있다. 각 하위질문에 대해 '아주 그렇다'를 5점으로 '전혀 그렇지 않다'를 1점으로 하여 5점 척도로 점수를 나타내도록 하였다.

5) 취업욕구

The Longitudinal Study of the Vocational Rehabilitation Services Program(2003)을 재구성하여 사용하였다. 세 개의 도구 Applicant / Client Demographics and Disability Characteristics(Research Triangle Institute, NDA)와 Client Vocational Interests and Goals(Research Triangle Institute, NDB), The instrument Satisfaction Interview (Research Triangle Institute, NDC)를 중심으로 하고 있다.

5. 자료처리

연구목적을 달성하기 위하여 Statistical Package for the Social Science(SPSS) 10.0 한국어 버전과 Linear Structural Relationship (LISREL) 8.30 버전의 통계패키지를 이용하였다. 설문지 회수를 통합 수집된 자료는 SPSS를 사용하여 기술통계를 보고하고, 이와 함께 변수들 간의 상호관련성을 동시에 추정하기 위해 요인분석과 다중 회귀분석을 결합한 구조방정식모형인 LISREL을 이용하여 경로

모형을 설정하고 추가적인 응용통계를 처리하였다.

통계처리 방식을 더 자세히 언급하면 다음과 같다. 먼저 집단 간의 차이를 카이스퀘어 검증을 통해 살펴보았고 집단 간의 일반적 변인에 따른 차이를 t검증과 ANOVA를 통한 평균비교를 실시하였다. 노령 장애인의 취업 및 재취업 욕구를 구성하는 요인을 도출하기 위하여 요인분석을 실시하여 각각의 요인을 추출하였고 추출된 요인을 구조방정식을 이용하여 변수 간의 관계 및 직접·간접효과와 경로, 변수 간의 상대적 크기를 확인하였다.

분석모형에 대한 설정은 모형일치도, 내생상관의 크기에 대한 카이스퀘어 분석 및 몇 가지를 동시에 살펴보았다.

표 2. 설문지 문항 구성

변 수	내 용	문항수	문항번호
일반적 사항	성별, 연령, 교육수준, 거주지역, 거주상태, 의료비용유무, 장애유형, 장애관련 사항, 의료비용, 직업유무, 과거 취업기간, 주소득	21	Ⅵ-1, 2, 3, 4, 5, 6, 7, 8, 9, 10, 11, 12 Ⅶ-1, 2, 3, 4, 5, 6, 7, 8, 9,
건강요인	건강의 양호정도, 취업희망 정도	6	Ⅰ-1, 2, 3, 4, 5, 6,
심리·사회적 지지요인	사회적 지지, 정서적 지지, 취업적 지지, 적절한 조절	15	ⅡⅠ-1, 2, 3, 4, 5, 6, 7, 8, 9, 10, 11, 12, 13, 14, 15
노동의욕 요인	업무역량, 동기, 삶에 대한 열망	13	ⅢⅠ-1, 2, 3, 4, 5, 6, 7, 8, 9, 10, 11, 12, 13
직업준비 요인	직업선택 행동, 직업정보, 직업이해	13	ⅣⅠ-1, 2, 3, 4, 5, 6, 7, 8, 9, 10, 11, 12, 13
취업욕구 요인	경제적 욕구, 사회참여, 자아존중감	20	Ⅴ-1, 2, 3, 4, 5, 6, 7, 8, 9, 10, 11, 12, 13, 14, 15, 16, 17, 18, 19, 20
계			88

* 역문항: Ⅰ-2, 3

Ⅳ 연구결과

본 연구결과에서 먼저 노령 장애인의 일반적 특성을 제시하고 취업욕구에 영향을 미치는 요인을 분석하여 제시하였다. 또한 일반적으로 상이한 집단별에 따른 취업욕구를 분석, 제시하였다. 다음으로 응답자의 집단별 취업욕구 요인별 차이, 일반적 특성에 따른 집단별(노령 장애인 집단과 비교집단) 점수분포와 취업욕구 수준차이를 제시하였다. 마지막으로 가설 검증을 위해 구조방정식 모형을 분석하였다.

1. 연구대상자의 일반적 특성

1) 연구대상자의 인구통계학적 특성

본 연구의 주요 대상인 노령 장애인의 일반적 특성은 성별, 연령, 교육수준, 학력, 장애유형 및 등급, 장애발생 원인, 장애발생 시기, 현재 직업유무, 과거 취업유형과 취업기간, 최근 1년간의 일의 유무, 의료비용 및 지원받는 금액 그리고 현재 주 소득을 빈도와 백분율로 산출하였고 그에 대한 결과는 표 3과 같다.

연구대상자의 성별은 전체 응답자 233명 중 남자가 174명(74.7%)을 차지하고 있으며 여자는 59명(25.3%)으로 남성이 여성의 3배 이

상이었다. 남성이 여성에 비해 장애인종합복지관과 같은 기관을 절대
적으로 많이 이용하고 있는 것을 예상할 수 있는 비율이다. 여성 장
애인들은 적극적으로 사회활동에 참여할 필요가 있고 이를 위해 국
가적 차원에서의 여성 장애인들이 참여할 수 있는 다양한 프로그램
등이 마련되어야 할 것이다.

연령별 특성은 50대가 126명(54.1%), 60대가 84명(36.1%), 70대가
23명(9.9%)이었다. 조사대상자의 평균연령은 59.52세이다.

조사대상자의 교육수준은 무학이 25명(10.7%), 초등졸 53명(22.7%),
중졸이 69명(29.6%), 고졸이 35명(15.0%), 전문대졸이 18명(7.7%), 대
졸 이상이 31명(13.3%) 순으로 나타났다. 결혼상태는 기혼으로 배우자
가 있는 경우가 175명(75.1%)으로 압도적으로 많았고 사별, 이혼 및
별거가 35명(15.1%), 그리고 미혼이 20명(8.6%)으로 나타나고 있다.

표 3. 연구대상자의 인구통계학적 특성

항 목	구 분	빈도(명)	백분율(%)
성 별	남 자	174	74.7
	여 자	59	25.3
	계	233	100.0
연 령	50대	126	54.1
	60대	84	36.1
	70대	23	9.9
	계	233	100.0
교육수준	무 학	25	10.7
	초등졸	53	22.7
	중 졸	69	29.6
	고 졸	35	15.0
	전문대졸	18	7.7
	4년제 대학졸	25	10.7

항 목	구 분	빈도(명)	백분율(%)
교육수준	대학원 졸업 및 수료	6	2.6
	계	231	99.1
결혼상태	기 혼	175	75.1
	별거, 사별, 이혼	35	15.2
	미 혼	20	8.6
	계	230	98.7
질병유무	있 다	81	34.8
	없 다	150	64.4
	계	231	99.1
시간관리	아무것도 않고	47	20.2
	운동과 건강관리	75	32.2
	취미나 여가생활	52	2.1
	아르바이트	2	.9
	사회봉사활동	8	3.4
	가내수공업	5	22.3
	계	189	81.1
주거형태	자 가	149	63.9
	기관 / 병원 / 정신보건센터	12	5.2
	월 세	21	9.0
	임대주택	39	16.7
	아들집	4	1.7
	딸 집	1	.4
	전 세	3	1.3
	기 타	4	1.7
	계	233	100.0

2) 연구대상자의 장애관련 특성

장애등록은 조사응답자 233명 중 장애등록을 한 사람이 225명(96.6%)으로 나타나고 있다. 이는 최근 들어 장애인 등록을 하는 비율이 높아짐과도 상관이 있고, 장애인복지관 등을 이용함으로 등록에 대한 인지가 높은 결과라고 볼 수 있겠다.

장애등급은 조사응답자 218명 중 2급이 65명(27.9%)으로 가장 많았고, 1급이 53명(22.7%)으로 비슷하게 나타났고, 3급도 51명(31.9%)으로 나타나 장애가 중증임을 보여주고 있다.

장애유형은 10개 장애유형 중 지체장애가 반 정도를 차지하여 117명(50.2%)이며, 그다음이 청각ㆍ언어장애로 35명(15.0%), 시각장애가 33명(14.2%) 순으로 나타났다. 기타 장애로는 지체와 뇌병변장애 등의 중복장애로 나타나고 있다.

장애발생 원인은 질병이 80명(34.3%)으로 가장 높게 나타났고, 산업재해 및 기타 사고 39명(16.7%), 그다음이 선천적 32명(13.7%), 교통사고 26명(11.2%), 원인불명 23명(9.9%) 순으로 나타나고 있다. 본 조사에서 후천적 원인에 의한 장애발생 비율이 87.8%로 나타나고 있는데 이는 장애원인 중 후천적 발생이 높아지고 있는 장애인 실태조사 결과를 잘 반영하고 있다.

장애발생 시기에 대한 질문에는 모두 226명이 응답하였는데 조사응답자 중 10세 미만이라고 응답한 것은 78명(33.5%)이었으며, 40세 이후에 장애가 발생한 경우가 103명(45.6%)으로 나타나고 있다. 이는 장애의 발생시기가 40세 이후의 중고령(52.3%)에서 나타나고 있다는 박혜전(2003)의 연구와 2005년도 장애인 실태조사(보건복지부, 2006)와 비슷한 수치를 보이고 있다.

표 4. 연구대상자의 장애특성

항 목	구 분	빈도(명)	백분율(%)
	있 다	146	62.7
의료비용 유무	없 다	85	36.5
	계	233	99.2

항 목	구 분	빈도(명)	백분율(%)
장애유형	지체장애	117	50.2
	시각장애	33	14.2
	청각·언어장애	35	15.0
	뇌병변장애	26	11.2
	정신지체	6	2.6
	기 타	10	4.3
	계	227	97.4
장애등급	1급	53	22.7
	2급	65	27.9
	3급	51	21.9
	4급	18	7.7
	5급	15	6.4
	6급	16	6.8
	계	218	93.6
장애발생 시기	10세 미만	78	33.5
	10~20세	11	4.7
	21~30	9	6.4
	31~40	15	6.4
	41~50	44	18.9
	51~60	39	16.7
	61세 이상	20	8.6
	모르겠음	10	4.3
	계	226	97.0
장애발생 원인	선천적	32	13.7
	질 병	80	34.3
	교통사고	26	11.2
	산업재해 및 사고	39	16.7
	원인불명	23	9.9
	노 령	10	4.3
	기 타	16	6.9
	계	226	97.0

3) 연구대상자의 경제적·직업적 특성

　노령 장애인의 주거형태는 본 조사의 응답자 중 149명(63.9%)은 자가에서 거주하는 것으로 나타났고, 임대주택에 거주한다고 응답한 사람이 39명(16.7%), 기관이나 병원, 시설에 거주하는 사람도 12명(5.2%), 월세 21명(9.0%)으로 나타나고 있다.

표 5. 연구대상자의 경제적 및 직업적 특성

항 목	구 분	빈도(명)	백분율(%)
현재 직업유무	있 다	52	22.3
	없 다	180	77.3
	계	232	99.6
최근 1년간 일	했 다	88	37.8
	하지 않았다	144	61.8
	계	232	99.6
지원 종류	없 다	112	48.1
	경로연금	13	5.6
	기초생활보장비	28	12.0
	장애연금	20	8.6
지원 종류	군인연금	2	.9
	국민연금	11	4.7
	가족이나 친구	20	8.6
	개인보험	2	.9
	의료보호 1종	3	1.3
	의료보호 2종	3	1.3
	기 타	6	2.6
	계	220	94.4
주소득	본인 재산소득	42	18.0
	본인이 일을 해서	46	19.7

항 목	구 분	빈도(명)	백분율(%)
주소득	자식의 소득	39	16.7
	배우자의 소득	38	16.3
	연금 등	17	7.3
	국가로부터	35	15.0
	기 타	10	4.4
	계	227	97.4
의료비용	5만 미만	43	18.5
	5만 이상~10만 미만	29	12.4
	10만 이상	63	27.0
	계	135	57.9
지원받는 금액	50만 미만	66	28.3
	50만 이상~100만 미만	11	4.7
	100만 이상	5	2.1
	계	82	35.2
취업기간	5년 미만	34	14.6
	5년 이상~10년 미만	30	12.9
	10년 이상~15년 미만	20	8.6
	15년 이상	94	40.3
	계	178	76.4

경제적인 지원을 받고 있는가에 대한 질문에서는 아무런 지원을 받지 않는다가 112명(48.1%)으로 나타났으며, 기초생활 보장비 28명(12.0%), 장애연금 20명(8.6%) 순으로 나타났다.

하루를 어떻게 보내는가 하는 질문(시간을 어떻게 보내는가)에서는 운동과 건강관리가 75명(32.2%), 취미나 여가생활을 즐긴다가 52명(22.3%), 아무것도 하지 않고 소일한다가 47명(20.2%)으로 나타났다.

노령 장애인들의 또 다른 문제점은 한 가지 이상의 만성 질병을 지니고 있다는 것으로 현재 장애 외에 몸이 불편한 곳이 있는가 하는 질문에서 81명(34.8%)이 있다고 응답하고 있다. 의료비의 지출이 있는가의 문항에서도 146명(63.9%)이 있다고 응답하였고, 없다고 응답한 사람은 83명(35.6%)으로 나타났으며, 조사응답자의 평균 의료비용은 143,363원으로 조사되었다.

직업과 관련된 사항에서 현재 직업유무에 대한 질문에서는 직업이 있다가 52명(22.3%), 없다가 180명(77.3%)으로 나타났다. 그리고 최근 1년까지 일을 하였는가에 대한 문항에서는 144명(61.8%)의 조사응답자가 그렇지 않다고 응답하였고, 일을 하고 있다고 응답한 사람들은 88명(37.8%)에 지나지 않았다. 이는 노령 장애인들이 아무것도 하지 않아 생의 의미를 상실하는 무위고(無爲苦)에 시달리고 있는 것을 보여주는 결과이다.

과거 취업기간을 보면 전체적으로 평균 199.1개월로서 따라서 16년 이상 취업한 것으로 조사되었다. 취업기간을 좀더 자세히 살펴보면 5년 미만이 34명(14.6%)으로 나타나고 있고, 5년 이상 10년 미만의 경우 30명(12.9%), 10년 이상은 20명(8.6%), 15년 이상 94명(40.3%)으로 나타나고 있다. 과거 취업유형은 서비스업과 제조업이 각 35명씩(각15.0%)으로 가장 많았고, 그다음이 농업 및 임업, 건설업 순으로 나타나고 있다.

현재 주 소득은 자식이나 배우자의 소득 77명(33.0%), 본인이 일을 해서가 46명(19.7%), 본인의 재산으로 42명(18.0%), 국가로부터 35명(15.0%) 순으로 나타나고 있다.

2. 척도분석

설문지는 개념상으로 지각된 건강요인, 노동의욕 요인, 심리·사회적 지지요인, 직업준비 요인, 취업욕구 요인 영역으로 구성되어 있다.

본 장에서는 이러한 개념적인 요인모형이 경험적인 요인모형과 일치하는가를 요인분석을 통해 알아보고, 각각의 척도점수를 실제로 몇 개의 요인으로 나눌 수 있는지에 대하여 계량적으로 분석하였다.

1) 척도별 요인분석

개념적으로 범주화되어 있는 문항 안에서 요인분석을 실시하였다.

(1) 건강요인

취업욕구 및 재취업 욕구에 영향을 미치는 개인의 지각된 건강요인에 대하여 조사하기 위해 요인분석을 실시하였다. 건강요인은 총 6문항으로 구성되어 있으며 신뢰도 검증결과 크롬바하 알파 값 α=.658로 나왔다. 총 6문항 중에서 신뢰도 값을 떨어뜨리는 4번 문항을 제거한 후 총 5개로 구성된 개념적인 요인모형에 의해서 두 개의 요인으로 구분되었다. 요인분석 수행결과는 표 6과 같다.

먼저 5개 문항 사이에 공통적인 요인이 존재하는지를 검증하기 위하여 Kaiser-Meyer-Olkin(KMO)와 Bartlett의 구형성 검증을 실시한 결과 KMO 값은 .627이며 Bartlett 검증결과 유의확률이 .000으로서 유의미한 결과를 보이고 있다.

요인추출의 기준은 고유치 1 이상이었고 요인의 구조를 잘 설명하기 위하여 베리맥스법(varimax rotation)을 사용하여 회전시켰는데 분석결과 두 개의 성분으로 추출되었다. 두 개의 요인들은 건강요인의 65.7%의 설명력을 가지고 있고, 그들 중 제1요인이 가장 높은 설명력을 가지고 있는 것으로 나타났다.

표 6. 요인회전에 따른 설명된 총분산

요 인	초기 고유값			추출제곱합 적재값			회전 제곱합 적재값		
	전 체	%분산	%누적	전 체	%분산	%누적	전 체	%분산	%누적
1	2.122	42.443	42.443	2.122	42.443	42.443	1.835	36.707	36.707
2	1.164	23.286	65.729	1.164	23.286	65.729	1.451	29.022	65.729

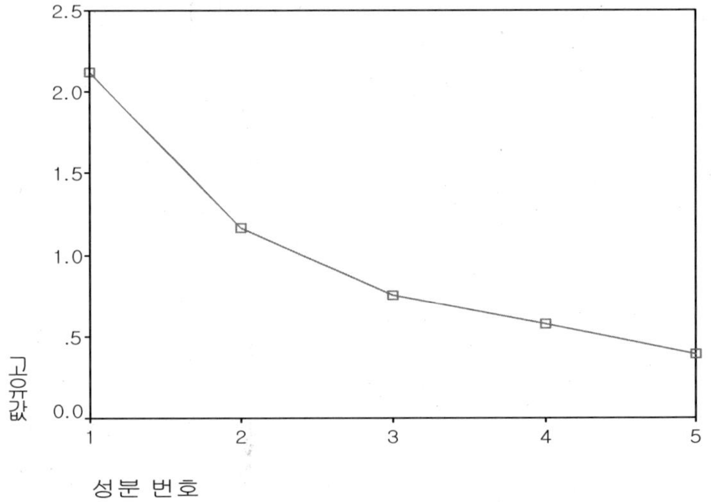

그림 4. 건강요인 스크리 도표

요인의 해석을 용이하게 하기 위하여 변수의 설명축인 요인들을 회전시킨 결과는 표 7과 같이 나타났다.

표 7에서 알 수 있듯이 회전된 요인 적재값(factor loading)을 살펴보면, 제1요인은 문항 3, 2, 1의 순으로 관련되어 있어 자신의 일상생활과 취업생활에서의 '건강양호' 요인으로 명명하였고, 제2요인은 문항 5, 6의 순으로 주로 관련이 되어 있어 '취업희망' 요인으로 명명하였다.

표 7. 회전된 성분행렬 조직

문 항	회전된 성분행렬	
	1	2
3	**.846**	.136
2	**.846**	5.310E − 03
1	**.612**	.196
5	8.925E − 02	**.846**
6	.150	**.824**

* 요인추출방법: 주성분분석, 회전방법: Kaiser 정규화가 있는 배리맥스
* 요인회전: 3번 반복계산에서 요인회전이 수렴

(2) 노동의욕 요인

취업욕구 및 재취업 욕구에 영향을 미치는 개인의 지각된 노동의욕 요인에 대하여 조사하기 위해 요인분석을 실시하였다. 노동의욕요인은 총 13문항으로 구성되어 있으며 신뢰도 검증결과 크롬바하 알파 값 α=.890으로 나왔다. 총 13개로 구성된 개념적인 요인모형에 의해서 일에 대한 열망과 일하고자 하는 의향 및 역량과 같이 두 개의 요인으로 구분되었다. 요인분석 수행결과는 표 8과 같다.

표 8. 요인회전에 따른 설명된 총분산

요 인	초기 고유값			추출제곱합 적재값			회전 제곱합 적재값		
	전 체	%분산	%누적	전 체	%분산	%누적	전 체	%분산	%누적
1	5.715	43.963	43.963	5.715	43.963	43.963	3.939	30.299	30.299
2	1.127	8.672	52.636	1.127	8.672	52.636	2.9.4	22.336	52.636

먼저 13개 문항 사이에 공통적인 요인이 존재하는지를 검증하기 위하여 KMO와 Bartlett의 구형성 검증을 실시한 결과 KMO 값은

.892이며 Bartlett 검증결과 유의확률이 .000으로서 유의미한 결과를 보이고 있다.

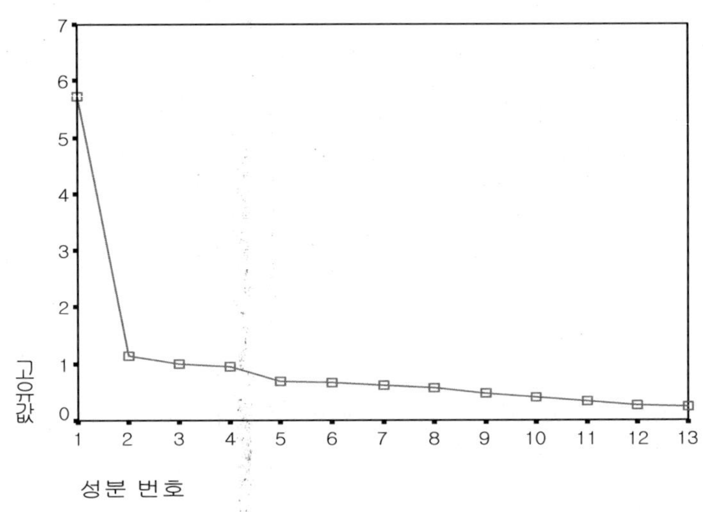

그림 5. 노동의욕 요인 스크리 도표

요인추출의 기준은 고유치 1 이상이었고 요인의 구조를 잘 설명하기 위하여 베리맥스법(varimax rotation)을 사용하여 회전시켰는데 분석결과 두 개의 성분으로 추출되었다. 두 개의 요인들은 노동의욕 요인의 52.6%의 설명력을 가지고 있고, 그들 중 제1요인이 가장 높은 설명력을 가지고 있는 것으로 나타났다.

표 9에서 알 수 있듯이 회전된 요인 적재값을 살펴보면, 제1요인은 문항 7, 4, 1, 13, 12, 2, 8, 3의 순으로 관련되어 있어 '자신의 삶과 일에 대한 열망' 요인으로 명명하였고, 제2요인은 문항 6, 9, 10, 11, 5의 순으로 주로 관련이 되어 있어 '일하고자 하는 의향 및 역량' 요인으로 명명하였다.

표 9. 회전된 성분행렬 조직

문 항	회전된 성분행렬	
	1	2
7	**.801**	.240
4	**.786**	-7.5E-02
1	**.711**	.301
13	**.646**	.343
12	**.642**	.382
2	**.601**	.370
8	**.548**	.331
3	**.548**	.479
6	.106	**.690**
9	.105	**.677**
10	.466	**.674**
11	.276	**.642**
5	.258	**.457**

* 요인추출방법: 주성분분석, 회전방법: Kaiser 정규화가 있는 베리맥스
* 요인회전: 3번 반복계산에서 요인회전이 수렴

(3) 심리·사회적 지지요인

심리·사회적 지지요인은 총 15문항으로 구성되어 있으며 신뢰도 검증결과 크롬바하 알파 값 $\alpha=.691$로 나왔다. 총 15개로 구성된 개념적인 요인모형에 의해서 취업적 지지, 적절한 조절, 정서적 지지, 사회적 지지, 정형화되지 않은 자유로움과 같이 다섯 개의 요인으로 구분되었다. 요인분석 수행결과는 표 10과 같다.

먼저 15개 문항 사이에 공통적인 요인이 존재하는지를 검증하기 위하여 KMO와 Bartlett의 구형성 검증을 실시한 결과 KMO 값은 .744이며 Bartlett 검증결과 유의확률이 .000으로서 유의미한 결과를

보이고 있다.

   요인추출의 기준은 고유치 1 이상이었고 요인의 구조를 잘 설명하기 위하여 베리맥스법을 사용하여 회전시켰는데 분석결과 두 개의 성분으로 추출되었다. 두 개의 요인들은 건강요인의 64.8%의 설명력을 가지고 있고, 그들 중 제1요인이 가장 높은 설명력을 가지고 있는 것으로 나타났다.

   표 11에서 알 수 있듯이 회전된 요인 적재값을 살펴보면, 제1요인은 문항 9, 8, 7, 10의 순으로 관련되어 있어 '취업적 지지' 요인으로 명명하였고, 제2요인은 문항 14, 13, 15의 순으로 주로 관련이 되어 있어 '적절한 조절' 요인으로 명명하였고, 제3요인은 문항 3, 2, 1로 관련되어 있어 '정서적 지지' 요인으로 명명하였고, 제4요인은 문항 6, 4, 5로 관련되어 있어 '사회적 지지' 요인으로, 제5요인은 문항 12, 11로 관련되어 있어 '정형화되지 않는 자유로움' 요인으로 명명하였다.

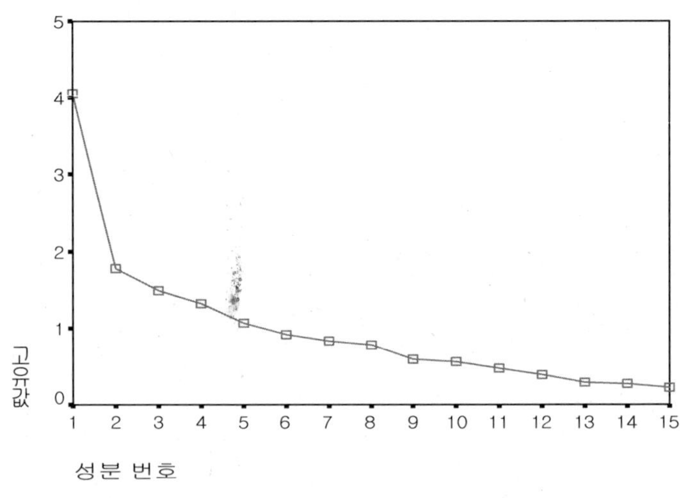

그림 6. 심리 · 사회적 지지 요인 스크리 도표

표 10. 요인회전에 따른 설명된 총분산

요 인	초기 고유값			추출제곱합 적재값			회전 제곱합 적재값		
	전　체	%분산	%누적	전　체	%분산	%누적	전　체	%분산	%누적
1	4.061	27.075	27.075	4.061	27.075	27.075	2.903	19.351	19.351
2	1.781	11.872	38.947	1.781	11.872	38.947	2.158	14.385	33.736
3	1.491	9.938	48.885	1.491	9.938	48.885	1.913	12.752	46.488
4	1.323	8.822	57.707	1.323	8.822	57.707	1.477	9.845	56.333
5	1.068	7.119	64.826	1.068	7.119	64.826	1.274	8.493	64.826

표 11. 회전된 성분행렬 조직

문 항	회전된 성분행렬				
	1	2	3	4	5
9	**.857**	.137	9.108E−02	−6.2E−02	.179
8	**.810**	.207	.112	.113	4.184E−02
7	**.759**	.220	4.558E−02	.194	−7.2E−02
10	**.721**	.266	−1.7E−02	−.233	.168
14	.185	**.846**	2.763E−02	−5.2E−02	.153
13	.167	**.767**	.110	8.161E−02	.190
15	.289	**.750**	8.264E−02	−2.9E−02	−6.6E−02
3	−1.7E02	.128	**.839**	−4.6E−02	−1.9E−02
2	.120	7.598E−02	**.818**	4.294E−02	4.553E−02
1	.451	−.115	**.495**	.314	−3.0E−02
6	−.148	6.404E−02	−5.6E−02	**−.723**	−1.52
4	−8.5E−02	−5.0E−02	−.410	**.569**	9.765E−02
5	−3.7E−02	.178	.283	**.539**	−2.51
12	1.239E−02	.176	−1.8E−02	.284	**.736**
11	.152	7.286E−02	2.763E−02	−.193	**.715**

* 요인추출방법: 주성분분석, 회전방법: Kaiser 정규화가 있는 베리맥스
* 요인회전: 7번 반복계산에서 요인회전이 수렴

(4) 직업준비 요인

취업욕구 및 재취업 욕구에 영향을 미치는 개인의 지각된 직업준비 요인에 대하여 조사하기 위해 요인분석을 실시하였다. 직업준비 요인은 총 13문항으로 구성되어 있으며 신뢰도 검증결과 크롬바하 알파 값 α=.910으로 나왔다. 총 13개로 구성된 개념적인 요인모형에 의해서 직업결정행동과 직업에 대한 이해와 같이 두 개의 요인으로 구분되었다. 요인분석 수행결과는 표 12와 같다.

먼저 13개 문항 사이에 공통적인 요인이 존재하는지를 검증하기 위하여 KMO와 Bartlett의 구형성 검증을 실시한 결과 KMO 값은 .920이며 Bartlett 검증결과 유의확률이 .000으로서 유의미한 결과를 보이고 있다.

요인추출의 기준은 고유치 1 이상이었고 요인의 구조를 잘 설명하기 위하여 베리맥스법을 사용하여 회전시켰는데 분석결과 두 개의 성분으로 추출되었다. 두 개의 요인들은 건강요인의 59.9%의 설명력을 가지고 있고, 그들 중 제1요인이 가장 높은 설명력을 가지고 있는 것으로 나타났다.

표 13에서 알 수 있듯이 회전된 요인 적재값을 살펴보면, 제1요인은 문항 10, 12, 9, 13, 11, 8, 1의 순으로 관련되어 있어 '직업을 결정하는 행동' 요인으로 명명하였고, 제2요인은 문항 5, 3, 4, 2, 7, 6의 순으로 주로 관련이 되어 있어 '직업에 대한 이해' 요인으로 명명하였다.

표 12. 요인회전에 따른 설명된 총분산

요 인	초기 고유값			추출제곱합 적재값			회전 제곱합 적재값		
	전 체	%분산	%누적	전 체	%분산	%누적	전 체	%분산	%누적
1	6.338	48.756	48.756	6.338	48.756	48.756	3.901	30.008	30.008
2	1.164	8.950	57.706	1.164	8.950	57.706	3.601	27.699	57.706

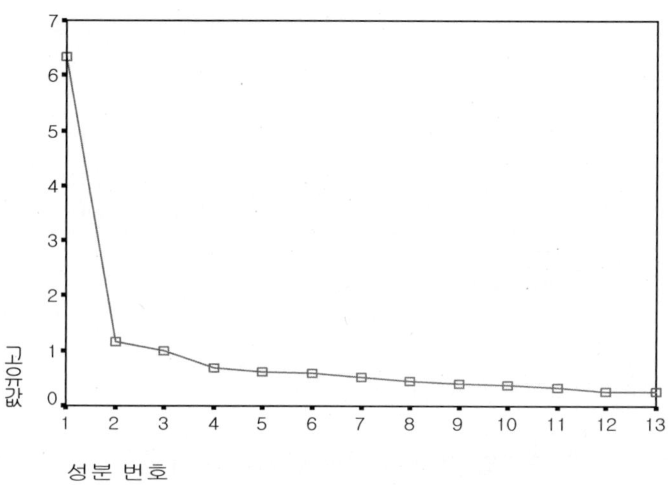

그림 7. 직업준비 요인 스크리 도표

요인의 해석을 용이하게 하기 위하여 변수의 설명축인 요인들을
회전시킨 결과이다.

표 13. 회전된 성분행렬 조직

문 항	회전된 성분행렬	
	1	2
10	**.750**	.355
12	**.736**	5.697E − 02
9	**.712**	.310
13	**.691**	.223
11	**.688**	.279
8	**.603**	.400
1	**.527**	.367
5	.174	**.808**
3	.289	**.803**

문 항	회전된 성분행렬	
	1	2
4	.313	**.678**
2	.150	**.670**
7	.519	**.650**
6	.440	**.569**

* 요인추출방법: 주성분분석, 회전방법: Kaiser 정규화가 있는 베리맥스
* 요인회전: 3번 반복계산에서 요인회전이 수렴

(5) 취업 및 재취업 욕구 요인

취업욕구 및 재취업 욕구에 영향을 미치는 개인의 지각된 취업 및 재취업 욕구 요인에 대하여 조사하기 위해 요인분석을 실시하였다. 직업준비 요인은 총 20문항으로 구성되어 있으며 신뢰도 검증결과 크롬바하 알파 값 $\alpha=.940$으로 나왔다. 총 20개로 구성된 개념적인 요인모형에 의해서 사회에의 참여와 삶과 자신에 대한 향상감, 경제적 욕구와 같이 세 개의 요인으로 구분되었다. 요인분석 수행결과는 표 14와 같다.

먼저 20개 문항 사이에 공통적인 요인이 존재하는지를 검증하기 위하여 KMO와 Bartlett의 구형성 검증을 실시한 결과 KMO 값은 .931이며 Bartlett 검증결과 유의확률이 .000으로서 유의미한 결과를 보이고 있다.

요인추출의 기준은 고유치 1 이상이었고 요인의 구조를 잘 설명하기 위하여 베리맥스법을 사용하여 회전시켰는데 분석결과 두 개의 성분으로 추출되었다. 두 개의 요인들은 건강요인의 59.9%의 설명력을 가지고 있는 것으로 나타났다.

표 14. 요인회전에 따른 설명된 총분산

성 분	초기고유값			추출제곱합 적재값			회전 제곱합 적재값		
	전 체	%분산	%누적	전 체	%분산	%누적	전 체	%분산	%누적
1	9.506	47.530	47.530	9.508	47.530	47.530	4.686	23.431	23.431
2	1.405	7.024	54.553	1.405	7.024	54.553	4.061	20.305	43.735
3	1.088	5.439	59.993	1.088	5.439	59.993	3.251	16.257	59.993

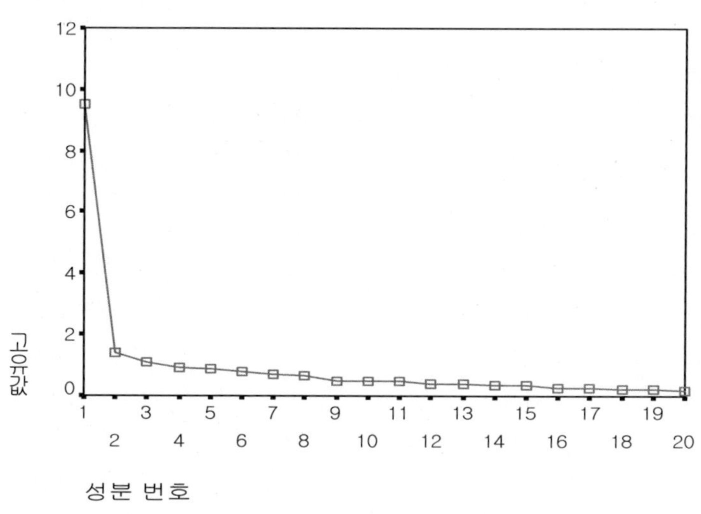

그림 8. 취업욕구 요인 스크리 도표

표 15에서 알 수 있듯이 회전된 요인 적재값(factor loading)을 살펴보면, 제1요인은 문항 12, 13, 11, 6, 14, 1, 10의 순으로 관련되어 있어 '사회에의 참여' 요인으로 명명하였고, 제2요인은 문항 19, 20, 9, 15, 18, 2, 17, 16의 순으로 주로 관련이 되어 있어 '삶과 자신에 대한 향상감' 요인으로 명명하였으며 제3요인은 문항 3, 7, 5, 4, 8의 순으로 관련되어 있어 '경제적 욕구' 요인으로 명명하였다.

표 15. 회전된 성분행렬 조직

문 항	회전된 성분행렬		
	1	2	3
12	**.761**	.345	.129
13	**.749**	.182	.187
11	**.709**	.331	.157
6	**.647**	.214	.375
14	**.641**	.454	.122
1	**.602**	.195	.313
10	**.498**	.302	.286
19	.206	**.812**	.248
20	.260	**.806**	.194
9	.274	**.616**	.356
15	.486	**.610**	.202
18	.457	**.606**	.177
2	.426	**.533**	.176
17	.475	**.476**	.385
16	.452	**.470**	.302
3	.359	$-2.9E-03$	**.746**
7	.334	.208	**.716**
5	$-8.7E-2$	.310	**.674**
4	.271	.226	**.620**
8	.200	.258	**604**

* 요인추출방법: 주성분분석, 회전방법: Kaiser 정규화가 있는 베리맥스
* 요인회전: 7번 반복계산에서 요인회전이 수렴

설문 문항 총 67문항 중에서 요인분석을 위해 건강 4번 문항을 제거한 후 신뢰도 분석을 실시하였다. 67개의 문항 중 건강 4번 문항을 제거해서 분석에 최종적으로 이용된 것은 66문항이며 문항에 대한 신뢰도는 다음과 같다. 전체 신뢰도 계수는 크롬바하 알파 값 α=.9524이다.

표 16. 요인들에 대한 문항구성

구　분	하위요인	문항수	문항 번호	신뢰도(문항수)		문항 제거
건　강	건강양호	3	1, 2 3	.680	.658(5)	문항 4
	취업희망	2	5, 6	.604		
노동의욕	열　망	8	1, 2, 3, 4, 7, 8, 12, 13	.871	.889(13)	
	취업의향 및 역량	5	5, 6, 9, 10, 11	.730		
심리·사회적 지지	취업적 지지	4	7, 8, 9, 10	.845	.691(15)	
	적절한 조절	3	13, 14, 15	.778		
	정서적 지지	3	1, 2, 3	.650		
	사회적 지지	3	4, 5, 6	.741		
	비정형화	2	1, 2	.540		
직업준비	직업결정행동	7	1, 8, 9, 10, 11, 12, 13	.857	.910(13)	
	직업에 대한 이해	6	2, 3, 4, 5, 6, 7,	.862		
취업욕구 및 재취업 욕구	사회에의 참여	7	1, 6, 10, 11, 12, 13, 14	.881	.940(20)	
	자아 향상감	8	2, 9, 15, 16, 17, 18, 19, 20	.906		
	경제적 욕구	5	3, 4, 5, 7, 8	.793		

3. 집단에 따른 취업욕구 비교분석

　노령 장애인과 비교집단에 따른 취업욕구 요인, 즉, 건강요인, 노동의욕 요인, 심리·사회적 지지요인, 직업준비 요인, 취업 및 재취업 욕구 요인이 차이를 보이는지 분석하였다.

1) 집단에 따른 건강 비교분석

　집단 간 건강에 대한 평균비교를 분석한 결과는 표 17과 같다. 건강의 하위 두 개 요인에 대한 분석에서는 건강양호에 대해서 집단 간에 통계적으로 유의미한 차이를 보였다. 노령 장애인 집단과 비장애 노인 집단에서 통계적으로 유의미한 차이를 보였고, 노령 장애인과 50세 미만 장애인 집단 간에 건강양호에서 통계적으로 유의미한 차이를 보였다. 이 결과를 통해 노령 장애인 집단은 건강에서 가장 큰 곤란을 느끼고 있다는 것을 알 수 있다. 그리고 건강요인을 합친 전체 점수에서도 집단 간 차이를 보이고 있다. 사후검증을 실시한 결과 노령 장애인과 비장애 노인, 노령 장애인과 50세 미만 장애인 집단에서 차이를 보이는 것으로 나타나고 있다.

어떠한 형태로든 취업하고 싶다고 응답한 취업희망에서는 노령 장애인과 비교집단 간에 통계적으로 유의한 차이를 보이지 않아 장애와 연령은 취업을 하는 데 아무런 제약이 되지 않는다는 것을 알 수 있다.

표 17. 건강요인에 대한 집단 간 차이

변 수	집 단	N	M	SD	F	p	사후검정
건강양호	비장애 노인(B)	257	10.311	2.579	21.242	.000***	B〉A C〉A
	50세 미만(C)	294	9.952	2.550			
	노령장애인(A)	233	8.829	2.736			
	계	784	9.736	2.683			
취업희망	노령장애인(A)	233	7.313	1.841	.353	.703	A=B=C
	비장애 노인(B)	257	7.202	1.783			
	50세 미만(C)	294	7.191	1.766			
	계	784	7.231	1.792			
건강요인 전체	비장애 노인(B)	257	20.078	3.675	.7846	.000***	B〉A C〈A
	50세 미만(C)	294	19.691	3.592			
	노령장애인(A)	233	18.755	4.117			
	계	784	19.540	3.815			

***p〈.001

2) 집단에 따른 노동의욕 비교분석

집단 간 노동의욕에 따른 차이를 분석한 결과, 취업의향 및 역량과 노동의욕 척도 전체 점수에서 집단 간 차이를 보이고 있다. 노령 장애인과 비장애 노인 그리고 비장애 노인과 50세 미만의 장애인 집단 간에 차이를 보여 장애를 지닌 집단과 장애를 지니지 않은 집단 간에 통계적으로 유의미한 차이가 있는 것을 볼 수 있다.

표 18. 노동의욕 요인에 대한 집단 간 차이

변 수	집 단	N	M	SD	F	p	사후검정
열 망	50세 미만(C)	294	29.456	4.923	2.174	.114	A=B=C
	비장애 노인(B)	257	29.237	6.006			
	노령장애인(A)	233	28.464	5.932			
	계	784	29.089	5.610			
취업의향 및 역량	50세 미만(C)	294	17.997	3.264	7.083	.001[***]	C=A 〉B
	노령장애인(A)	233	17.901	3.622			
	비장애 노인(B)	257	16.942	3.787			
	계	784	17.622	3.576			
노동의욕 요인 전체	비장애 노인(B)	257	49.953	9.980	10.976	.000[***]	B 〉A, C
	50세 미만(C)	294	47.599	7.252			
	노령장애인(A)	233	46.365	8.767			
	계	784	48.004	8.782			

[***]$p < .001$

그러나 일을 하려고 하는 열망에서는 통계적으로 유의미한 차이를 보이지 않는 것으로 나타나 일을 하고자 하는 것이 장애로 인해서 아무런 제약이 되지 않는다는 것을 알 수 있다. 일을 하고자 하는 열망은 장애의 유무와는 관계없이 높게 희망하고 있다는 것을 보여주는 결과이다.

3) 집단에 따른 심리 · 사회적 지지 비교분석

심리 · 사회적 지지에서 집단 간 차이를 분석한 결과는 표 19와 같
다. 심리 · 사회적 지지척도를 다섯 개로 나눈 요인에서 적절한 조절,
정서적 지지, 사회적 지지, 정형화되지 않는 자유로움에서 집단 간의
차이를 보임을 알 수 있다. 적절한 조절에서 평균값을 살펴보면 장애
인 집단이 비장애인 집단보다 높게 나타나고 있다. 즉 장애에 따른
적절한 조절이 더 필요시된다는 사실을 유추할 수 있는 결과이다.

표 19. 심리 · 사회적 지지요인에 대한 집단 간 차이

변 수	집 단	N	M	SD	F	p	사후검정
취업적 지지	50세 미만(C)	294	15.442	2.480	2.956	.053	A=B=C
	노령장애인(A)	233	15.159	3.154			
	비장애 노인(B)	257	14.586	2.856			
	합 계	784	15.166	2.830			
적절한 조절	노령장애인(A)	233	11.309	2.387	5.406	.005*	A=C 〉B
	50세 미만(C)	294	11.293	2.060			
	비장애 노인(B)	257	10.755	2.113			
	합 계	784	11.121	2.191			
정서적 지지	50세 미만(C)	294	11.296	2.003	4.974	.007*	A 〈B
	비장애 노인(B)	257	10.879	2.325			
	노령장애인(A)	233	10.734	2.125			
	합 계	784	10.992	2.160			
사회적 지지	비장애 노인(B)	257	9.276	2.253	7.096	.001***	B 〉A, C
	50세 미만(C)	294	8.742	1.850			
	노령장애인(A)	233	8.721	1.487			
	합 계	784	8.911	1.913			

변 수	집 단	N	M	SD	F	p	사후검정
비정형성	50세 미만(C)	294	6.259	1.539	4.128	.016*	C 〉B
	노령장애인(A)	233	6.193	1.554			
	비장애 노인(B)	257	5.895	1.566			
	합 계	784	6.120	1.559			
심리·사회적지지 전체요인	50세 미만(C)	294	53.031	5.422	3.331	.036*	C 〉B
	노령장애인(A)	233	52.116	6.342			
	비장애 노인(B)	257	51.662	7.303			
	합 계	784	52.310	6.380			

*$p < .05$, ***$p < .001$

정서적 지지에서는 50세 미만 장애인과 비장애 노인 간에도 통계적인 차이를 보여, 연령이 높은 집단이 정서적 지지를 낮게 인식하고 있는 것으로 나타나고 있다. 틀에 박힌 정형화된 직종이나 취업형태가 아님을 바라는 비정형성 요인에서는 비장애 노인과 50세 미만 장애인 간에 통계적으로 유의미한 차이를 나타내고 있다. 장애를 지닌 그룹에게는 취업형태에서보다 유연성을 충족하는 취업형태 등이 필요시되는 대목이다.

다섯 개의 요인을 전부 합친 심리·사회적 지지 전체 합에서는 50세 미만 장애인과 비장애 노인 간에 통계적으로 유의미한 차이($F = 3.331$, $p < .05$)를 보이고 있다.

4) 집단에 따른 직업준비 비교분석

집단에 따른 직업준비에서 평균차이를 보이는지를 알아보기 위해서 검증을 실시하였다. 결과는 아래 표 20과 같다.

표 20. 직업준비 요인에 대한 집단 간 차이

변 수	집 단	N	M	SD	F	p	사후검정
직업결정 행동	50세 미만(C)	294	22.568	5.191	11.589	.000***	C > A, B
	비장애 노인(B)	257	20.798	5.392			
	노령장애인(A)	233	20.559	5.449			
	계	784	21.390	5.406			
직업에 대한 이해	50세 미만(C)	294	20.174	4.544	3.608	.028*	C > B
	노령장애인(A)	233	19.489	4.714			
	비장애 노인(B)	257	19.128	4.714			
	계	784	19.628	4.667			
직업준비 요인 전체	50세 미만(C)	294	42.742	9.102	7.310	.001***	C > A, B
	노령장애인(A)	233	40.331	9.528			
	비장애 노인(B)	257	39.926	9.535			
	계	784	41.102	9.448			

$^*p < .05,\ ^{***}p < .001$

　　직업준비 척도는 직업결정행동과 직업에 대한 이해라는 두 개의 요인으로 구성되어 있는데 두 개의 요인 둘 다에서 집단 간에 통계적으로 유의미한 차이를 보이고 있다. 직업결정행동에서는 노령 장애인과 50세 미만 장애인 간에 통계적 차이를 보였고, 비장애 노인과 50세 미만 장애인 간에도 통계적으로 유의미한 차이를 나타내고 있다. 직업에 대한 이해에서는 50세 미만 장애인 집단과 비장애 노인 간에 통계적 차이를 나타내고 있다. 직업준비 전체 요인에서도 집단 간에 차이($F = 7.310$, $p < .001$)를 보이고 있는데 사후검증을 실시한 결과 노령 장애인 집단과 비장애 노인 집단, 그리고 50세 미만 장애인 집단과 비장애 노인 집단 간에 통계적으로 유의미한 차이를 보이고 있다.

5) 집단에 따른 취업욕구 비교분석

취업 및 재취업 욕구에서 집단 간 차이를 분석한 결과는 다음과 같다. 세 개로 나뉜 취업욕구 각각의 하위요인 모두에서 집단 간에 통계적으로 유의미한 차이를 나타내고 있다. 사회에의 참여라는 요인에서 노령 장애인과 50세 미만 장애인 간에 통계적으로 유의미한 차이를 보였다. 자신과 삶에 대한 향상감에서도 노령 장애인과 50세 미만 장애인 집단 간에 통계적으로 유의미한 차이를 보이고 있다. 세 번째 요인인 경제적 욕구에서는 비장애 노인과 50세 미만 장애인 집단 간에 통계적으로 유의미한 차이를 볼 수 있다.

표 21. 취업욕구 요인에 대한 집단 간 차이

변 수	집 단	N	M	SD	F	p	사후검정
사회에의 참여	50세 미만(C)	294	25.289	4.403	5.241	.005*	C 〉A
	비장애 노인(B)	257	24.374	5.517			
	노령장애인(A)	233	23.820	5.850			
	합 계	784	24.552	5.265			
자아 향상감	50세 미만(C)	294	28.208	5.107	17.049	.000***	C 〉A
	비장애 노인(B)	257	25.596	6.610			
	노령장애인(A)	233	25.494	6.884			
	합 계	784	26.545	6.305			
경제적 욕구	50세 미만(C)	294	16.943	3.382	10.744	.000***	C 〉B
	노령장애인(A)	233	16.266	4.225			
	비장애 노인(B)	257	15.424	3.952			
	합 계	784	16.244	3.883			
취업욕구 전체요인	50세 미만(C)	294	70.439	11.360	12.316	.000***	C 〉A, B
	노령장애인(A)	233	65.579	15.199			
	비장애 노인(B)	257	65.393	14.238			
	합 계	784	67.341	13.740			

*$p < .05$, ***$p < .001$

취업욕구 전체 점수에서는 노령 장애인 집단과 50세 미만 장애인, 그리고 비장애 노인과 50세 미만 장애인 집단 간에 통계적 차이를 나타내 연령에 따른 취업욕구 차이가 발생함을 알 수 있다(F = 12.316, p < .001).

4. 일반적 특성에 따른 비교분석

1) 일반적인 특성에 따른 집단별 분포

(1) 성별에 따른 분포

성별에 따른 집단의 분포를 분석한 결과는 표 22와 같다. 성별에 따른 집단의 분포는 유의미한 차이가 있었는데 장애를 지니지 않은 비장애 노인의 남·녀 분포는 비교적 고른 반면, 장애인(노령 장애인과 50세 미만 장애인)집단은 남성의 비율이 절대적으로 높게 나타났다. 성별과 집단 간에 대한 카이스퀘어 검증을 실행한 결과는 서로 관련이 있는 것으로 나타났다.

표 22. 성별에 따른 분포

(단위: 명, %)

성 별	집 단			합 계	χ^2(df)	p
	노령장애인	비장애 노인	50세 미만 장애인			
남 자	174(74.7%)	135(52.5%)	194(66.0%)	503(100.0%)		
여 자	59(25.3%)	122(47.5%)	100(34.0%)	281(100.0%)	26.76(1)	.000[***]
합 계	233(100.0%)	257(100.0%)	297(100.0%)	784(100.0%)		

[***]p < .001

비교집단에 대한 빈도와 백분율은 다음과 같다. 비장애 노인은 전체 응답자 257명 중 남자가 135명(52.5%), 여자는 122명(47.5%)이다. 50세 미만 장애인의 경우 전체 응답자 294명 중 남자가 194명(66.0%)을 차지하고 있으며 여자는 100명(34.0%)이었다. 여성의 비율이 남성의 절반수준에 머물러 노령 장애인의 경우와 같은 현상을 보여주고 있다.

(2) 연령에 따른 분포

연구대상자들의 연령별 분포는 표 23에 제시한 바와 같이 범주화 시켰다. 연령범주화는 한국보건사회연구원의 10급간을 채택하였다.

빈도분석을 통해 각 집단의 비율을 살펴보면 노령 장애인의 경우 50대가 가장 많은 분포를 이루고 있으나 비장애 노인의 경우에는 60대가 가장 높은 수치를 나타내고 있다. 노령 장애인의 경우 80대가 한 명도 없는 반면 비장애 노인의 경우에는 80대가 20명으로 나타나고 있다. 비장애 노인의 평균연령은 67.77세이다. 조사결과 노령 장애인의 경우 60세 이상이 64%이며, 비장애 노인의 경우 60세 이상이 84.9%의 수치를 보이고 있는데 이는 의료발전과 생활환경의 변화로 인한 노인들의 평균연령 신장을 증명하는 결과로 볼 수 있을 것이다.

50세 미만 장애인은 조사응답자의 연령은 20대가 95명(32.3%), 30대가 101명(34.4%), 40대가 98명(33.3%)으로 전 연령에 걸쳐 고른 분포를 보이고 있다. 조사대상자의 평균연령은 34.68세로 나타났다.

연령에 따른 집단의 분포는 통계적으로 유의미한 차이가 있었고, 노령 장애인과 비장애 노인 집단 간에 50대와 70대, 그리고 60대에서 큰 차이를 보이고 있다($\chi^2 = 105.363$, $p < .001$).

표 23. 연령에 따른 분포

(단위: 명, %)

연 령	집 단		합 계	χ^2(df)	p
	노령 장애인	비장애 노인			
50대	126(54.1%)	39(15.2%)	165(100.0%)		
60대	84(36.1%)	112(43.6%)	196(100.0%)		
70대	23(9.9%)	86(33.5%)	109(100.0%)	105.363(3)	.000***
80대		20(7.8%)	20(100.0%)		
합 계	233(100.0%)	257(100.0%)	490(100.0%)		

***p <.001

(3) 교육수준에 따른 분포

연구대상자의 교육수준에 따른 집단의 분포를 분석한 결과는 표 24와 같다.

교육수준에 따른 집단의 분포는 유의미한 차이($\chi^2 = 46.13$, $p < .001$)가 있었고, 연령이 낮음에 따라 학력수준이 높음을 볼 수 있다. 50대 이상은 고등학교 졸업까지 장애를 지닌 집단과 비장애 집단 간에 비슷한 분포를 보인 반면 50세 미만의 장애인 집단은 고등학교 이상의 학력이 높게 나타나 노령 집단과 차이를 보이고 있다. 한편 장애유무에 따라 비장애인과 노령 장애인 집단 간에 전문대졸 이상에서 차이를 보이고 있는데 장애를 지닌 노령 장애인의 경우 교육 기회에 있어서 차별받고 있다고 유추할 수 있다.

빈도와 백분율을 통해 비장애 노인의 교육수준을 조사한 결과 비장애 노인은 무학이 25명(9.8%), 초등졸 43명(16.8%), 중졸 73명(28.5%), 고졸 27명(10.5%), 전문대졸이 41명(16.0%) 그리고 대졸 이상 35명(13.5%), 대학원 졸업 및 수료 12명(4.7%)으로 나타나고 있다. 노령 장애인에 비해 전문대 졸업 이상이 높게 나타나고 중졸까지의 비율이 55.1%로 나타나 노령장애인의 63.6%와 차이를 나타내고 있다.

50세 미만 장애인은 무학이 20명(7.1%), 초등졸 31명(11.0%), 중졸이 61명(21.6%), 고졸이 68명(24.1%), 전문대졸이 50명(17.7%) 그리고 대졸 이상이 44명(15.6%), 대학원 졸업 및 수료 8명(2.8%)이었다.

표 24. 교육수준에 따른 분포

(단위: 명, %)

교육수준	집 단			계	χ^2(df)	p
	노령장애인	비장애 노인	50세 미만			
무 학	25(10.8%)	25(9.8%)	20(7.1%)	70(100.0%)		
초등학교 졸업	53(22.9%)	43(16.8%)	31(11.0%)	127(100.0%)		
중학교 졸업	69(29.9%)	73(28.5%)	61(21.6%)	203(100.0%)		
고등학교 졸업	35(15.2%)	27(10.5%)	68(24.1%)	130(100.0%)		
전문대 졸업	18(7.8%)	41(16.0%)	50(17.7%)	109(100.0%)	46.13(12)	.000[***]
4년제 대학졸업	25(10.8%)	35(13.5%)	44(15.6%)	104(100.0%)		
대학원 졸업 및 수료	6(2.6%)	12(4.7%)	8(2.8%)	26(100.0%)		
합 계	231(100.0%)	256(100.0%)	282(100.0%)	769(100.0%)		

[***] $p < .001$

(4) 결혼상태에 따른 분포

연구대상자의 결혼상태는 표 25에서와 같이 50세 이상의 경우의 노령 장애인 집단과 비장애 노인 집단은 기혼이 절대적으로 많이 나타났으나 별거, 이혼, 사별의 경우 노령 장애인과 비장애 노인 간에 커다란 차이를 보이고 있다. 반면 50세 이하의 경우는 미혼이 압도적으로 많은 것으로 나타나고 있다. 결혼과 집단 간에 서로 관련이 있는 것으로 나타났다($\chi^2 = 404.9$, $p < .001$).

표 25. 결혼상태에 따른 분포

(단위: 명, %)

결혼상태	집 단			합 계	χ^2(df)	p
	노령장애인	비장애 노인	50세 미만 장애인			
기 혼	175(76.1%)	173(67.9%)	78(26.6%)	426(100.0%)		
별거, 이혼, 사별	35(15.2%)	81(31.5%)	10(3.4%)	126(100.0%)		
미 혼	20(8.8%)	3(1.2%)	205(70.0%)	228(100.0%)	404.9(4)	.000***
합 계	230(100.0%)	257(100.0%)	293(100.0%)	780(100.0%)		

***$p < .001$

(5) 의료비용에 따른 분포

의료비용에 관한 질문에서는 10만 원 미만에서 장애를 지닌 집단(노령 장애인과 50세 미만 장애인)과 비장애 노인 간에 차이가 있음을 보여준다.

표 26. 의료비용에 따른 분포

(단위: 명, %)

의료비용	집 단			합 계	χ^2(df)	p
	노령장애인	비장애 노인	50세 미만 장애인			
5만 원 미만	43(31.9%)	59(33.1%)	26(29.9%)	128(100.0%)		
5만 원 이상 - 10만 원 미만	29(21.5%)	52(29.2%)	12(13.8%)	93(100.0%)	11.17(4)	.025*
10만 원 이상	63(46.7%)	67(37.6%)	49(56.3%)	179(100.0%)		
합 계	135(100.0%)	178(100.0%)	87(100.0%)	400(100.0%)		

*$p < .05$

비장애 노인의 경우 의료비용이 있는가에 대한 질문에서 빈도분석 을 통한 결과 있다가 185명(72.5%)으로 나타났고, 평균 의료비용은 87,365원으로 나타났다. 현재 앓고 있는 질병이 있는가에 대한 질문에 92명(35.8%)이 있다고 응답하였으며 주요 질병으로는 관절염이나 허리디스크, 다리 질병으로 나타났다.

50세 미만의 장애인 집단의 경우 의료비의 지출이 있다고 응답한 사람이 103명(35.0%)이며, 없다고 응답한 사람은 183명(62.2%)으로 나타났으며 50세 미만 장애인의 경우 평균 의료비용은 145,909원으로 나타났다.

집단 간의 분포차이에서는 의료비용이 10만 원 미만에서 차이를 보이고 있는데 이는 비장애 노인의 경우 건강관리를 위한 자가 체크로서 의료비용을 더욱 많이 지불하고 있다는 것을 유추할 수가 있다. 의료비용과 집단 간에는 서로 상관이 있는 것으로 나타났다(χ^2=11.17, $p < .05$).

(6) 지원 금액에 따른 분포

지원 금액에 대한 집단의 분포를 분석한 결과는 표 27과 같다. 지원받는 금액이 100만 원 미만에서는 세 집단 모두 비슷한 분포를 나타내고 있음이 조사되었다. 그러나 100만 원 이상의 경우 장애를 지니지 않은 비장애 노인의 비율이 높게 나타나 장애유무와 지원 금액은 상관이 있는 것을 알 수 있다(χ^2=17.17, $p < .05$).

표 27. 지원 금액에 따른 분포

(단위: 명, %)

지원 금액	집 단			합 계	χ^2(df)	p
	노령장애인	비장애 노인	50세 미만 장애인			
50만 원 미만	66(80.5%)	60(61.2%)	58(84.1%)	184(100.0%)		
50만 원 이상-100만 원 미만	11(13.4%)	18(18.4%)	8(11.6%)	37(100.0%)	17.17(4)	.002**
100만 원 이상	5(6.1%)	20(20.4%)	3(4.3%)	28(100.0%)		
합 계	82(100.0%)	98(100.0%)	69(100.0%)	249(100.0%)		

**$p < .01$

기술통계를 통해 지원받는 유형을 살펴본 결과 장애를 지닌 집단 (노령 장애인과 50세 미만 장애인 집단)은 기초생활 보장비와 장애 연금을 받는 비율이 높게 나타난 반면, 비장애 노인의 경우에는 국민 연금의 비율이 높은 것으로 조사되었다.

비장애 노인 집단은 경제적인 지원을 받고 있는가에 대한 질문에서 는 아무런 지원을 받지 않는다 90명(35.0%), 국민연금 27명(10.5%), 가족이나 친구 24명(9.3%), 기초생활 보장비 17명(6.6%) 순으로 나 타났다. 50세 미만 장애인은 경제적인 지원을 받고 있는가에 대한 질 문에서는 아무런 지원을 받지 않는다 152명(51.7%), 기초생활 보장비 43명(14.6%), 장애연금 31명(10.5%) 순으로 나타났다.

(7) 일한 기간에 따른 분포

연구대상자의 취업기간을 살펴본 결과는 표 28과 같이 나타났다. 장애유무에 따라 50세 이상의 노령 장애인과 비장애 노인 간에 5년 미만과 15년 이상에서 커다란 차이를 보이고 있다. 노령 장애인의 경 우 15년 이상의 비율과 15년까지의 비율이 비슷한 것으로 나타나고 있다. 반면 장애를 지니지 않은 비장애 노인의 경우 15년 이상이 절 대적으로 높게 나타나고 있는 것을 볼 수 있다. 결국 장애를 지니지 않은 경우 오래 근무할 비율이 높아지고 있음을 보여준다. 취업기간 과 집단에 대해서 카이스퀘어 검정을 실시한 결과는 서로 관계가 있 다고 조사되었다($\chi^2 = 205.80$, $p < .001$).

표 28. 일한 기간에 따른 분포

(단위: 명, %)

일한 기간	집 단			합 계	χ^2(df)	p
	노령장애인	비장애 노인	50세 미만 장애인			
5년 미만	34(19.1%)	14(8.0%)	120(58.3%)	168(100.0%)		
5년 이상–10년 미만	30(16.9%)	19(10.8%)	47(22.8%)	96(100.0%)		
10년 이상–15년 미만	20(11.2%)	22(12.5%)	29(14.1%)	71(100.0%)	205.80(6)	.000***
15년 이상	94(52.8%)	121(68.8%)	10(4.9%)	225(100.0%)		
합 계	178(100.0%)	176(100.0%)	206(100.0%)	560(100.0%)		

*** $p < .001$

(8) 최근 1년간의 일에 따른 분포

최근 1년간 일을 했는가에 대한 조사에서는 50세를 기준으로 해서 장애유무에 상관없이 일을 하지 않았다는 비율에서 비슷한 분포를 보이고 있는 반면 50세 미만은 일을 한 경우가 높게 나타나고 있다. 일을 하느냐는 연령과 서로 관련이 있는 것으로 나타나고 있다. 최근 1년간의 일을 한 여부에 대한 집단 간에 대해서 카이스퀘어 검증을 실시한 결과는 서로 관계가 있다고 조사되었다.

표 29. 최근 1년간의 일에 따른 분포

(단위: 명, %)

최근 1년간 일	집 단			합 계	χ^2(df)	p
	노령 장애인	비장애 노인	50세 미만 장애인			
했 음	88(37.9%)	98(39.4%)	170(58.2%)	356(100.0%)		
안 했음	144(62.1%)	151(60.6%)	122(41.8%)	417(100.0%)	28.1(2)	.000***
합 계	232(100.0%)	249(100.0%)	292(100.0%)	773(100.0%)		

*** $p < .001$

비장애 노인은 최근 1년 동안 일을 하였는가의 질문에서는 151명
(58.4%)의 조사응답자가 일을 하지 않았고, 일을 했다고 응답한 사
람들은 98명(38.1%)에 지나지 않았다. 50세 미만 장애인의 경우는
170명(57.8.%)이 최근 1년간 일을 했고, 122명(41.5%)이 일을 하지
않은 것으로 나타났다.

(9) 현재 직업유무에 따른 분포

현재 직업유무에 관한 조사에서는 연령에 따라서 차이를 보이고
있으며, 같은 연령대의 노령의 경우에는 장애를 지니지 않은 집단이
직업을 가지고 있는 비율이 높게 조사되었다($\chi^2=62.22$, $p < .001$).

표 30. 현재 직업유무에 따른 분포

(단위: 명, %)

직업유무	집 단			합 계	χ^2(df)	p
	노령 장애인	비장애 노인	50세 미만 장애인			
있 음	52(22.4%)	81(31.6%)	160(54.4%)	293(100.0%)		
없 음	180(77.6%)	175(68.4%)	134(45.6%)	489(100.0%)	62.22(2)	.000***
합 계	232(100.0%)	256(100.0%)	294(100.0%)	782(100.0%)		

***$p < .001$

(10) 지역에 따른 분포

연구대상자들의 거주 지역별로 살펴보면 서울, 경기, 대구, 전남,
전북을 중심으로 조사된 것을 알 수 있다. 빈도의 수가 낮은 지역은
회수율로 인해 발생된 비율이다. 지역과 집단 간에 서로 관련이 있는
것으로 나타났다($\chi^2=97.3$, $p < .001$).

(11) 취업직종에 따른 분포

취업직종에 따른 분포에서 통계적으로 유의미한 차이를 보이고 있는 것으로 나타났다($\chi^2=127.714$, $p < .001$).

업종으로는 서비스업이 높은 비율을 보이며 세 집단 모두 고른 분포를 나타내고 있다. 반면에 비장애 노인의 경우 농업 및 임업의 비율이 가장 높게 나타나고 있는 데 반해 장애인 집단(노령 장애인과 50세 미만 장애인 집단)의 경우엔 제조업이 높게 나타나고 있다. 또한 비장애 노인의 경우 공공행정 및 국방, 사회보장 행정에서도 높은 비율을 보이고 있다.

표 31. 취업직종에 따른 분포

(단위: 명, %)

취업직종	집 단			합 계	χ^2(df)	p
	노령 장애인	비장애 노인	50세 미만			
농업 및 임업	18(9.3%)	37(18.0%)	8(3.9%)	63(100.0%)		
어업 및 광업	2(1.0%)	3(1.5%)	1(0.5%)	6(100.0%)		
제조업	35(18.0%)	10(4.9%)	67(32.7%)	112(100.0%)		
건설업	17(8.8%)	11(5.4%)	5(2.4%)	33(100.0%)		
통신업	2(1.0%)	1(0.5%)	3(1.5%)	6(100.0%)		
전기, 가스 수도	3(1.5%)	3(1.5%)	2(1.0%)	8(100.0%)		
도매 및 소매업	12(6.2%)	9(4.4%)	3(1.5%)	24(100.0%)		
숙박 및 음식점업	5(2.6%)	6(2.9%)	2(1.0%)	13(100.0%)		
운수업	10(5.2%)	8(3.9%)	8(3.9%)	26(100.0%)	127.714 (28)	.000***
금융 및 보험업	2(1.0%)	3(1.5%)	3(1.5%)	8(100.0%)		
서비스업	35(18.0%)	21(10.2%)	24(11.7%)	80(100.0%)		
부동산 및 임업	4(2.1%)	5(2.4%)		9(100.0%)		
공공행정 및 국방, 사회보장 행정	10(5.2)	33(16.1%)	13(6.3%)	56(100.0%)		
보건 및 사회복지업	13(6.7%)	17(8.3%)	41(20.0%)	71(100.0%)		
기 타	26(13.4%)	38(18.5%)	25(12.2%)	89(100.0%)		
합 계	194(100.0%)	205(100.0%)	205(100.0%)	604(100.0%)		

*** $p < .001$

2) 장애인 집단과 관련된 집단별 분포

장애인 집단(노령 장애인과 50세 미만 장애인)만에 대해서 다음의 네 개 문항을 분석하였다. 문항내용은 장애유형, 장애등급, 장애발생 시기, 장애발생 원인에 관한 것이었다.

(1) 장애유형에 따른 분포

노령 장애인의 장애유형은 주로 지체장애와 감각장애(시각·청각)로 나타나고 있다.

50세 미만 장애인의 경우에도 지체장애가 압도적으로 높은 비율을 보인다. 그러나 그다음으로 정신지체의 비율이 높은 것으로 나타나 연령에 따라서 기관을 이용하는 장애유형 간에 차이가 있음을 알 수 있다($\chi^2 = 63.58$, $p < .001$).

표 32. 장애유형에 따른 분포

(단위: 명, %)

장애유형	집 단		합 계	χ^2(df)	p
	노령 장애인	50세 미만			
지 체	117(51.5%)	115(42.5%)	232(100.0%)		
시 각	33(14.5%)	14(5.2%)	47(100.0%)		
청각·언어	35(15.4%)	18(6.6%)	53(100.0%)		
뇌병변장애	26(11.5%)	38(14.0%)	64(100.0%)	63.58(5)	.000***
정신지체	6(2.6%)	61(22.5%)	67(100.0%)		
기 타	10(4.4%)	25(9.2%)	35(100.0%)		
합 계	227(100.0%)	271(100.0%)	498(100.0%)		

***$p < .001$

(2) 장애등급에 따른 분포

장애등급에 따라 집단 간 차이를 검증한 결과 표 33과 같다. 전체 6급을 반으로 나누어 3등급 이상이 장애의 정도가 더 심하다고 가정하였을 때 장애인 집단은 연령에 관계없이 중증장애를 가지고 있다고 볼 수 있다. 2급이 가장 높은 수치를 그다음이 3급 순으로 나타났다. 또한 1급의 경우도 높게 나타나 집단과 관계없이 장애가 중증임을 알 수 있다. 장애등급과 집단 간에 통계적으로 유의미한 차이가 있는 것으로 나타나고 있다($\chi^2 = 13.06$, $p < .05$).

표 33. 장애등급에 따른 분포

(단위: 명, %)

장애등급	집 단		합 계	χ^2(df)	p
	노령 장애인	50세 미만			
1급	53(24.3%)	58(22.8%)	111(100.0%)		
2급	65(29.8%)	97(38.2%)	162(100.0%)		
3급	51(23.4%)	69(27.2%)	120(100.0%)		
4급	18(8.3%)	8(3.1%)	26(100.0%)	12.22(5)	.032*
5급	15(6.9%)	9(3.5%)	24(100.0%)		
6급	16(7.3%)	13(5.1%)	28(100.0%)		
합 계	218(100.0%)	254(100.0%)	472(100.0%)		

*$p < .05$

(3) 장애발생 시기에 따른 분포

장애발생 시기에 따른 분포는 표 34와 같다. 노령 장애인과 50세 미만 장애인의 분포는 통계적으로 유의미한 차이가 있는 것으로 나타났다.

노령 장애인의 경우 40세 이상에서의 장애발생 비율이 높게 나타난 반면, 50세 미만 장애인의 경우 10세 미만의 비율과 20세까지의 비율이 높게 나타나고 있다. 이 결과는 연령증가에 따른 장애발생 비

율이 높게 나타나고 있는 사실을 잘 설명한다고 할 수 있다. 장애발
생 시기와 집단에 따른 분포는 통계적으로 유의미한 차이가 있는 것
으로 나타났다($\chi^2 = 122.173$, $p < .001$).

표 34. 장애발생 시기에 따른 분포

(단위: 명, %)

장애발생 시기	집 단		합 계	χ^2(df)	p
	노령 장애인	50세 미만			
10세 미만	78(34.5%)	146(53.9%)	224(100.0%)		
10~20	11(4.9%)	29(10.7%)	40(100.0%)		
21~30	9(4.0%)	34(12.5%)	43(100.0%)		
31~40	15(6.6%)	26(14.8%)	41(100.0%)		
41~50	44(19.5%)		58(100.0%)	159.37(7)	.000***
51~60	39(17.3%)		39(100.0%)		
61세 이상	20(8.8%)		20(100.0%)		
모르겠음	10(4.4%)	22(8.1%)	32(100.0%)		
합 계	226(100.0%)	271(100.0%)	497(100.0%)		

***$p < .001$

(4) 장애발생 원인에 따른 분포

장애발생 원인 분포에서는 노령 장애인과 50세 미만 장애인 간에
통계적으로 유의한 차이를 보이고 있다($\chi^2 = 37.147$, $p < .001$). 50세 미
만 장애인의 경우 선천적이라는 장애발생 원인 비율이 높게 나타나
고 있음을 알 수 있다. 그 외의 장애발생 원인에서는 집단 간에 고른
분포를 보이고 있다.

표 35. 장애발생 원인에 따른 분포

(단위: 명, %)

장애발생 원인	집 단		합 계	χ^2(df)	p
	노령 장애인	50세 미만			
선천적	32(14.2%)	88(32.7%)	120(100.0%)		
질 병	80(35.4%)	68(25.3%)	148(100.0%)		
교통사고	26(11.5%)	20(7.4%)	46(100.0%)		
산업재해 및 기타 사고	39(17.3%)	40(14.9%)	79(100.0%)	37.147(6)	.000[***]
원인불명	23(10.2%)	27(10.0%)	50(100.0%)		
노 령	10(4.4%)		10(100.0%)		
기 타	16(7.1%)	26(9.7%)	42(100.0%)		
합 계	226(100.0%)	269(100.0%)	495(100.0%)		

[***] $p < .001$

3) 일반적 특성에 따른 척도별 차이 분석

일반적 특성에 따른 척도별 차이분석을 위해 취업욕구에 영향을 미치는 각각의 척도들의 합을 이용하여 분석에 사용하였다. 인구통계학적 사항 중에 성별, 연령, 결혼상태, 교육수준, 장애상태(장애등급, 장애유형, 장애발생 시기, 장애발생 원인), 경제상태(의료비용, 지원 금액), 직업상태(취업기간, 취업유형)를 독립변수로 해서 취업욕구에 영향을 미치는 각각의 요인에 있어서 차이를 밝혀보았다. 성별에 따른 차이비교는 t검증을, 그 외의 독립변수에 대한 차이비교는 ANOVA를 실시하여 조사하였다. ANOVA분석의 사후검증으로는 Sheffé방식을 이용하였다. 또한 장애관련 사항(장애유형, 장애등급, 장애발생 시기, 장애발생 원인)은 노령 장애인 집단과 50세 미만 장애인 집단에서의 차이를 분석하였다.

(1) t검증에 따른 차이비교

각각의 요인들의 총합에 있어 세 집단 간의 성별에서의 차이를 살피고자 t검증을 실시하였다. 우선 등분산 가정에서 건강, 심리·사회적 지지, 취업욕구에서 등분산이 가정되었으나 통계적으로 유의하게 나타난 것은 취업욕구뿐이었다. 결국 취업욕구 요인($t = 2.369$, $p < .05$)에서만 남녀 간의 차이가 있는 것으로 나타났는데 이것은 인구통계학적 근거에서 여성들의 취업활동이 낮은 비율과 실제 취업률에서와 같이 직업을 구하는 데 있어 여성들이 상대적으로 취약한 상태에 놓여 있다는 점과 관련이 있다고 볼 수 있을 것이다.

표 36. 성별에 따른 차이비교

종속변인	성 별	빈 도	평 균	표준편차	t값
건 강	남	503	19.668	3.708	1.379
	여	281	19.288	3.994	
노동의욕	남	503	48.430	7.941	1.701
	여	281	47.242	10.085	
심리·사회적 지지	남	503	52.435	6.092	.736
	여	281	52.085	6.872	
직업준비	남	503	41.917	8.957	3.319
	여	281	39.644	10.122	
취업 욕구	남	503	68.207	13.233	2.369[*]
	여	281	65.790	14.500	

[*]$p < .05$

(2) ANOVA를 이용한 차이비교

가. 일반적 특성에 따른 건강수준 차이

일반적 특성에 따른 건강수준 차이비교는 표 37과 같다. 분석결과 통계적으로 유의미한 차이를 나타내는 변인은 연령, 교육수준, 결혼상태, 지원 금액이었다.

연령은 통계적으로 유의미한 차이를 보였는데, 사후검증을 실시한 결과 20대와 80대 간에 통계적으로 유의미한 차이를 나타내고 있다. 연령은 20대($M=20.58$)가 건강점수가 가장 높고, 60대($M=19.83$), 50대($M=19.60$) 순으로 나타났다. 즉, 20대가 스스로의 건강수준을 가장 높게 인식하고 있다. 그러나 60대와 50대에서도 자신의 건강을 긍정적으로 생각하고 있다는 것을 알 수가 있다. 이 결과를 통해서 단순히 연대적 연령이 스스로의 건강지각을 낮추지는 못한다는 것을 생각해 볼 수 있는 결과이다. 결국 연령이 높다고 해서 일상생활과 취업활동을 하는 데 있어 곤란의 정도를 크게 느끼지 않는다고 할 수 있을 것이다.

교육수준은 무학이 전체적(초등졸, 고등졸, 전문대졸, 대학졸, 대학원 수료 및 졸업)으로 차이를 보였고($F=11.180$, $p < .001$), 초등학교를 졸업한 사람과 전문대를 졸업한 사람들 간에 통계적으로도 유의미한 차이를 보이고 있다. 결국 학력이 낮은 사람들이 스스로 지각하는 건강수준이 낮은 것으로 나타나고 있다.

표 37. 일반적 특성에 따른 건강수준 차이

항목	구 분	N	M	SD	F	p	사후검증
연령	20대(A)	95	20.579	3.487			
	30대(B)	101	19.366	3.255			
	40대(C)	98	19.163	3.887			
	50대(D)	165	19.600	3.761	3.363	.003*	A $\rangle$ G
	60대(E)	196	19.832	3.690			
	70대(F)	109	18.954	4.353			
	80대(G)	20	17.150	4.682			
교육 수준	무학(A)	70	16.629	4.638			
	초등졸(B)	127	18.787	3.852			A $\langle$ B, C, D,
	중졸(C)	203	19.581	3.475			E, F. G,
	고졸(D)	130	20.392	3.436	11.180	.000***	E $\rangle$ B
	전문대졸(E)	109	20.495	3.377			
	4년제 대학졸(F)	104	20.048	3.709			
	대학원졸업 및 수료(G)	26	20.385	3.556			
결혼 상태	기혼(A)	426	19.934	3.710			A $\rangle$ C
	별거, 이혼, 사별(B)	126	18.183	4.080	10.516	.000***	C $\rangle$ B
	미혼(C)	228	19.535	3.692			
지원 금액	50만 원 미만(A)	184	18.614	4.149			
	50만 이상~ 100만 미만(B)	37	18.919	4.132	3.598	.029*	C $\rangle$ A
	100만 원 이상(C)	28	20.857	3.923			

$^*p \langle .05,\ ^{***}p \langle .001$

   결혼상태에 따라서도 통계적으로 유의미한 차이를 볼 수가 있는데 기혼집단과 미혼집단 간에 그리고 별거·사별·이혼 집단과 미혼집단 간에 통계적으로 유의미한 차이를 나타내고 있다($F = 10.516, p \langle .001$). 의료비용과 과거 취업기간에 따른 집단 간의 차이는 보이지 않았지만 지원 금액에 있어서는 집단 간 차이가 있는 것으로 나타났다. 사후검정을 위해 Sheffé검정을 실시하였다. 지원 금액이 50만 원 미만인 경우와 100만 원 이상에서 통계적으로 유의미한 차이($F=3.598$, $p < .001$)를 나타내 지원받는 금액이 큰 경우는 지원을 적게 받는 사람들보다 스스로 자신의 건강을 위해 정기적인 검진을 받는 등의 의료행위가 가능할 수 있지만 지원 금액이 적은 경우에는 그것이 불가능하여, 그로 인해 자신의 건강상태가 불량하다고 느끼는 것으로 여겨진다.

다음은 건강척도에 대한 집단, 연령, 교육수준에 대한 상호작용 효과가 발생하는지를 검증하였다. 상호작용 효과를 분석하기 위하여 건강척도를 종속변수로 두고, 집단, 연령, 교육수준을 독립변수로 두었다. 건강에 대한 집단, 연령, 교육수준 간의 상호작용 효과가 있는지를 검증한 결과 통계적으로 유의미한 차이가 나타나 집단과 연령, 교육수준 세 변수 간의 상호작용 효과가 있는 것으로 나타났다.

표 38. 건강척도에 대한 집단, 연령, 교육수준의 상호작용 효과

분산원	제 곱	자유도	평균제곱	F
집 단	251.433	1	251.433	19.731***
연 령	133.223	5	26.645	2.091
교육수준	334.179	6	55.696	4.371***
집단×연령×교육수준	961.921	53	18.149	1.424*
오 차	8945.584	702	12.743	

*$p < .05$, ***$p < .001$

집단, 연령, 교육수준 세 변수 간의 상호작용 효과 검증에서 집단과 집단 간에 차이가 있는 것으로 나타났다($F=1.424$, $p < .05$).

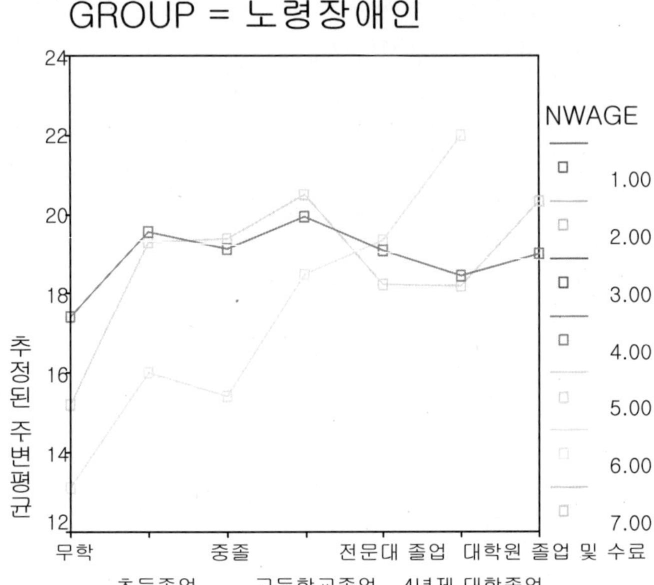

GROUP = 노령장애인
추정된 주변평균
NWAGE
1.00
2.00
3.00
4.00
5.00
6.00
7.00
무학
초등졸업
중졸
고등학교졸업
전문대 졸업
4년제 대학졸업
대학원 졸업 및 수료

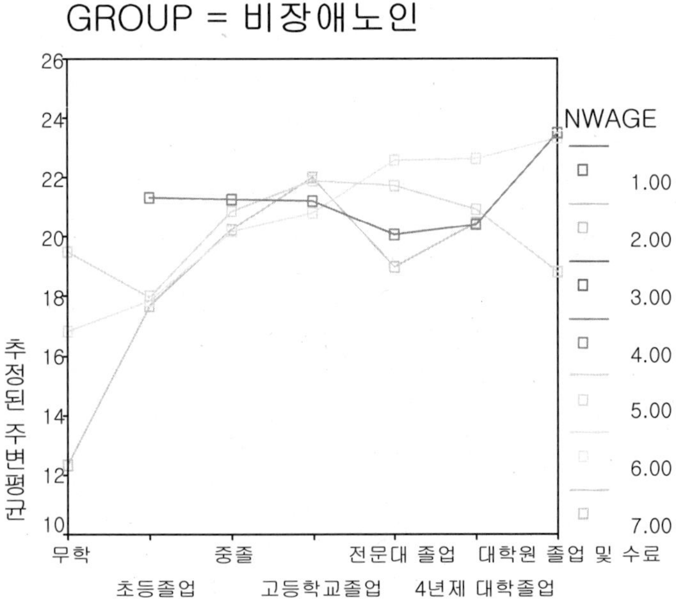

GROUP = 비장애노인
추정된 주변평균
NWAGE
1.00
2.00
3.00
4.00
5.00
6.00
7.00
무학
초등졸업
중졸
고등학교졸업
전문대 졸업
4년제 대학졸업
대학원 졸업 및 수료

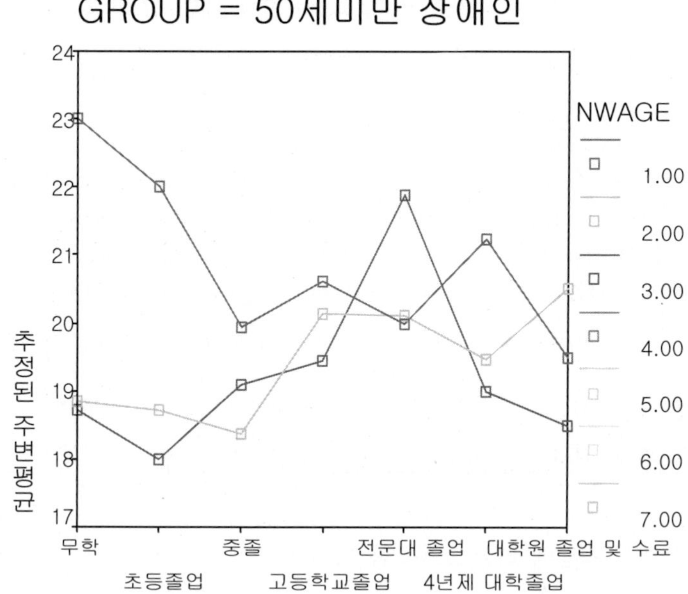

그림 9. 건강수준에 대한 집단, 연령, 교육수준의 상호작용 효과

집단과 연령, 교육수준에 대한 상호작용 효과에 대한 기술통계량 값은 표 39와 같다. 연령과 교육수준에서 연령이 적을수록 학력이 낮다 하더라도 건강인식 수준이 높은 것으로 나타나고 있다. 그러나 학력이 높아짐에 따라서는 연령에 관계없이 비슷한 평균값을 보이는 것으로 나타나고 있다. 각각의 집단의 합계 값을 통해 살펴보면 연령이 낮을수록 건강에 대한 인식 수준이 높은 것으로 나타나고 있으며, 교육수준이 높아짐에 따라서는 건강수준에 대한 인식 수준의 차이가 적은 것으로 나타나고 있다.

표 39. 건강수준에 대한 집단, 연령, 교육수준에 대한 상호작용 기술통계량

구 분	20대	30대	40대	50대	60대	70대	80대
	M(SD)	M(SD)	M(SD)	M(SD)	M(SD)	M(SD)	M(SD)
무 학	23.00(3.00)	18.83 (2.31)	18.73 (5.46)	17.43 (4.65)	16.00 (4.49)	15.54 (3.95)	12.33 (3.72)
초등 졸	22.00(3.08)	18.71(3.64)	18.00(3.09)	19.77(4.74)	18.79(3.49)	17.65(4.14)	17.67(3.61)
중 졸	19.94(2.46)	18.36(3.19)	19.09(3.67)	19.53(3.35)	20.16(3.73)	19.45(3.66)	20.25(3.10)
고등 졸	20.61(3.93)	20.14(3.44)	19.44(3.58)	20.16(3.46)	21.50(3.02)	20.14(2.12)	22.00(.00)
전문대졸	20.00(3.85)	20.11(3.26)	21.88(4.16)	19.61(2.76)	21.13(3.18)	21.75(3.44)	19.00(.00)
대학졸업 및 수료	21.23(3.83)	19.47(3.27)	19.00(3.44)	19.00(4.07)	20.32(3.20)	22.55(4.95)	20.50(4.95)
대학원 졸업, 수료	19.50(.71)	20.50(.71)	18.50(5.80)	21.57(3.26)	19.38(3.42)	23.33(2.08)	해당없음
합 계	20.56(3.54)	19.42(3.24)	19.09(3.90)	19.62(3.72)	19.84(3.69)	18.95(4.35)	17.15(4.68)

나. 일반적 특성에 따른 노동의욕 차이

일반적 특성에 따른 노동의욕 차이비교는 표 40과 같다. 결과를 살펴보면 연령, 교육수준, 결혼상태, 취업유형에서 차이를 보였다.

연령에서 집단 간에 통계적으로 유의미한 차이($F=6.875$, $p<.001$)를 보이고 있는데 사후검증 실시결과 80대 이상 집단은 다른 연령대의 집단보다는 노동의욕이 낮은 것으로 나타나고 있다. 그러나 다른 연령대들 간에는 노동의욕에 차이를 발견할 수 없다. 이것은 어느 정도의 연령증가는 인간이 노동을 하려는 의욕에 있어 커다란 차이를 보이지 않는 것을 알 수 있다.

교육수준에서는 무학이 다른 학력과 통계적으로 유의미한 차이를 보이는 것으로 나타났다($F=17.706$, $p<.001$). 그리고 초등학교 졸업의 경우에는 전문대 졸업과 대학졸업에서 통계적으로 유의미한 차이를 보이고 있다. 학력이 낮을수록 노동의욕이 낮게 나타난다는 것은 자신의 학력이 일을 하는 데 있어 사회적으로 지장을 받는다고 느껴 노동의욕에서도 낮은 점수를 보이는 것으로 유추될 수 있다. 교육수

준의 차이는 여러 선행연구에서의 결과와 일치하는 것으로서 교육수
준은 취업욕구의 주요한 영향 변인이라는 것을 알 수 있다.

표 40. 일반적 특성에 따른 노동의욕 차이

항목	구 분	N	M	SD	F	p	사후검증
연령	20대(A)	95	48.442	5.935	6.875	.000***	A, B, C, D, E, F 〉G
	30대(B)	101	47.673	6.599			
	40대(C)	98	46.704	8.850			
	50대(D)	165	49.600	8.098			
	60대(E)	196	49.041	8.679			
	70대(F)	109	46.661	11.032			
	80대(G)	20	37.950	13.559			
교육 수준	무학(A)	70	39.943	11.736	17.706	.000***	A 〈B, C, D, E, F, G B 〈E, F
	초등졸(B)	120	46.315	9.680			
	중졸C)	203	47.788	7.716			
	고졸(D)	130	49.146	6.871			
	전문대졸(E)	109	51.083	7.083			
	4년제 대학졸(F)	104	51.135	7.103			
	대학원졸업 및 수료(G)	26	49.769	8.392			
결혼 상태	기혼(A)	426	49.540	8.459	16.194	.000***	A 〉B, C
	별거, 이혼, 사별(B)	126	45.032	11.063			
	미혼(C)	228	46.873	7.298			
취업 유형	농업 및 임업(A)	63	45.048	11.081	3.129	.000***	M 〉A
	어업 및 광업(B)	6	42.833	10.666			
	제조업(C)	112	47.661	8.329			
	건설업(D)	33	47.936	8.696			
	통신업(E)	6	46.167	6.736			
	전기, 가스 수도사업(F)	8	46.250	4.432			
	도매 및 소매업(G)	24	51.792	7.929			
	숙박업 및 음식점업(H)	13	47.769	8.447			
	운수업(I)	26	47.885	6.919			

항목	구 분	N	M	SD	F	p	사후검증
취업 유형	금융 및 보험업(J)	8	53.375	7.596			
	서비스업(K)	80	49.238	7.162			
	부동산 및 임업(L)	9	49.889	8.177			
	공공행정 및 국방, 사회보장 행정(M)	56	50.714	5.914	3.129	.000***	M〉A
	보건 및 사회복지업(N)	71	52.296	6.939			
	기타(O)	89	48.360	8.589			

***p〈.001

결혼상태 간의 노동의욕에서의 차이는 기혼집단과 별거, 사별, 이혼 그리고 미혼집단에서 통계적 차이를 보이는 것으로 나타났다($F=16.194$, $p〈.001$). 배우자가 있는 경우는 배우자가 없는 경우보다 수입을 벌어들여야 한다는 측면에서 노동의욕에 차이를 보이는 것으로 보인다.

취업유형에 따라서도 노동의욕 간에 통계적으로 유의미한 차이를 나타내고 있다($F=3.129$, $p〈.001$). Sheffé 사후검증결과 농업 및 임업과 보건 및 사회복지업에서 차이를 나타내고 있다.

노동의욕에 대한 집단, 연령, 교육수준 간의 상호작용 효과가 있는지를 검증한 결과는 노동의욕에 대해 세 변수 간의 상호작용 효과가 있는 것으로 나타났다.

표 41. 노동의욕 척도에 대한 집단, 연령, 교육수준의 상호작용 효과

분산원	제 곱	자유도	평균제곱	F
집 단	2303.254	1	2303.254	38.356***
연 령	1216.608	5	243.322	4.052***
교육수준	3508.281	6	584.714	9.737***
집단×연령×교육수준	5002.469	53	94.386	1.572**
오 차	42154.870	702	60.050	

**$p〈.01$, ***$p〈.001$

집단, 연령, 교육수준 세 변수 간의 상호작용 효과 검증에서 집단과 집단 간에 차이가 있는 것으로 나타났다($F = 1.572$, $p < .01$).

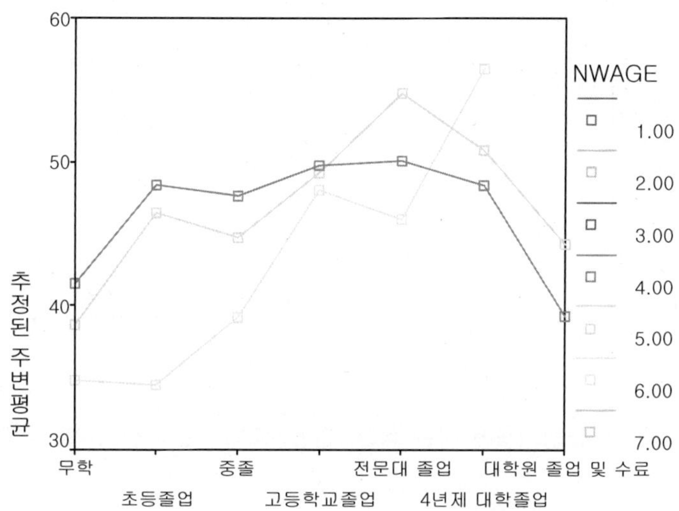

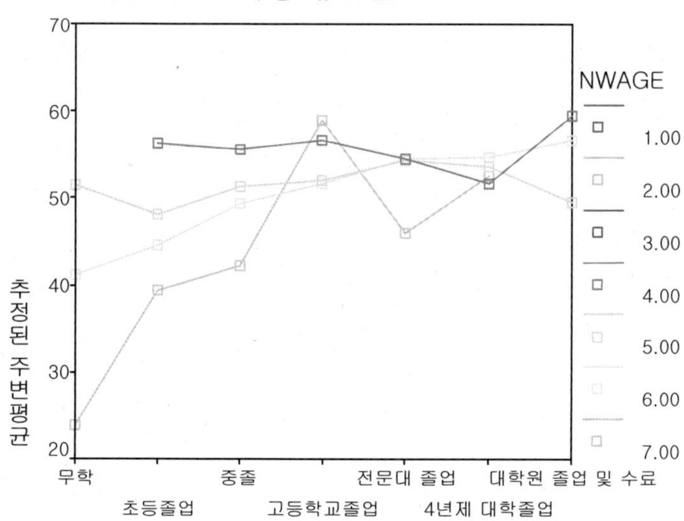

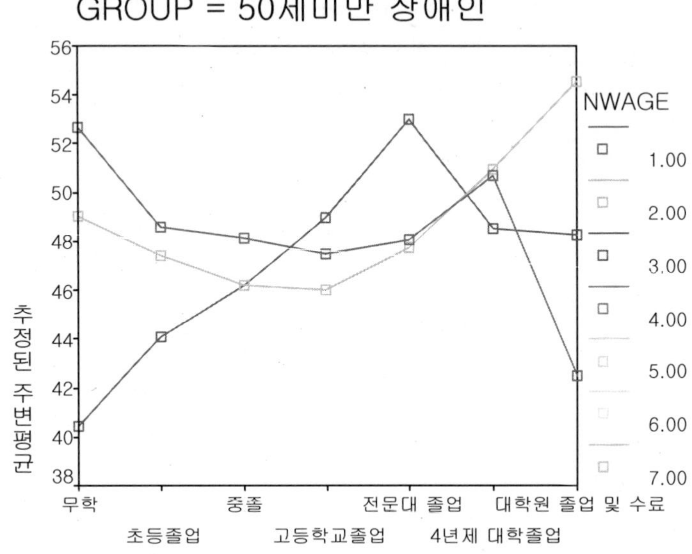

그림 10. 노동의욕에 대한 집단, 연령, 교육수준의 상호작용 효과

　　노동의욕에 영향을 미치는 변인인 연령, 교육수준이 집단 간에 상
호작용 효과가 있는지를 분석한 결과는 표 41과 같다. 무학의 경우
20대가 가장 높은 노동의욕을 보이는 것으로 나타나고 있다. 반면 80
대는 평균이 24.00으로 가장 낮은 노동의욕을 보이고 있다. 그러나 교
육수준이 높아짐에 따라서는 연령에 비례한 노동의욕 수준의 차이가
적게 발생하고 있는 것을 표 42를 통해 알 수가 있다. 고등학교 졸업
이나 전문대 졸업의 경우에는 20대보다 50, 60, 70대의 연령에 있는
집단의 노동의욕 수준이 더욱 높게 나타나고 있다. 결국 집단과 연령,
교육수준 간에는 상호작용 효과를 발생시키는 것을 알 수가 있다.

표 42. 노동의욕에 대한 집단, 연령, 교육수준에 대한 상호작용 기술통계량

구 분	20대	30대	40대	50대	60대	70대	80대
	M(SD)	M(SD)	M(SD)	M(SD)	M(SD)	M(SD)	M(SD)
무 학	52.67(3.79)	49.00(2.53)	40.45(9.94)	41.57(9.57)	41.00(10.46)	38.96(11.73)	24.00(12.73)
초등 졸	48.60(3.65)	47.43(7.14)	44.11(7.69)	49.27(11.18)	47.13(8.05)	43.35(13.90)	39.33(8.43)
중 졸	48.13(5.71)	46.23(5.72)	46.22(9.45)	49.12(6.80)	48.24(8.52)	47.85(8.09)	42.25(5.85)
고등 졸	47.50(6.63)	46.00(7.38)	48.94(6.62)	50.78(5.82)	51.27(7.95)	50.57(2.76)	59.00(.00)
전문대졸	48.09(5.45)	47.74(5.15)	53.00(8.88)	52.43(7.18)	52.33(6.84)	52.33(6.84)	46.00(.00)
대학졸업 및 수료	50.69(6.03)	50.94(7.30)	48.50(9.16)	49.32(6.38)	53.00(6.55)	55.00(7.39)	52.50(6.36)
대학원 졸업 수료	42.50(9.19)	54.50(2.12)	48.25(6.99)	50.86(12.14)	47.63(5.48)	56.67(6.43)	42.50(9.19)
합 계	48.34(5.95)	47.82(6.47)	46.59(8.87)	49.72(8.00)	49.14(8.58)	46.66(11.03)	37.95(13.56)

다. 일반적 특성에 따른 심리·사회적 지지 차이

일반적 특성에 따른 심리·사회적 지지에서 연령, 교육수준, 결혼상태에서 차이를 보였다. 연령에서는 50대와 80대 간에 심리·사회적 지지를 다르게 느끼고 있는 것으로 나타났다($F=4.225$, $p < .001$). 50대의 심리·사회적 지지 평균값은 53.27로 나타난 반면 80대는 47.90으로 나타나고 있다.

교육수준에서는 무학과 고등학교 졸업, 전문대 졸업, 대학 졸업에서 통계적으로 유의미한 차이($F=4.571$, $p < .001$)를 나타내고 있으며, 결혼상태에서는 기혼과 별거·이별·사별과, 별거·이혼·사별집단과 미혼집단 간에 통계적으로 유의한 차이를 보이고 있다($F=9.702$, $p < .001$).

표 43. 일반적 특성에 따른 심리·사회적 지지 차이

항 목	구 분	N	M	SD	F	p	사후검정
연 령	20대(A)	95	53.337	5.558			
	30대(B)	101	53.317	5.450			
	40대(C)	98	52.439	5.264			
	50대(D)	165	53.267	5.249	4.225	.000[***]	D > G
	60대(E)	196	51.316	6.925			
	70대(F)	109	51.514	7.273			
	80대(G)	20	47.900	11.956			
교육 수준	무학(A)	70	49.100	8.072			
	초등졸(B)	127	51.748	7.650			
	중졸(C)	203	52.168	6.027			
	고졸(D)	130	53.392	5.548	4.571	.000[***]	A < D, E, F
	전문대졸(E)	109	53.083	5.719			
	4년제 대학졸(F)	104	53.154	5.099			
	대학원졸업 및 수료(G)	26	53.192	4.631			
결혼 상태	기혼(A)	426	52.615	6.280			A > B
	별거, 이혼, 사별(B)	126	50.071	7.726	9.702	.000[***]	C > B
	미혼(C)	228	52.987	5.486			

[***] $p < .001$

심리·사회적 지지에 대한 집단, 연령, 교육수준 간의 상호작용 효과가 있는지를 검증한 결과는 표 44와 같다. 교육수준은 통계적으로 유의미한 차이를 나타내 보였지만, 집단과 연령, 교육수준 세 변수 간의 상호작용 효과는 없는 것으로 나타나고 있다.

표 44. 심리·사회적 지지척도에 대한 집단, 연령, 교육수준의 상호작용 효과

분산원	제 곱	자유도	평균제곱	F
집 단	1.330	1	1.330	.035
연 령	200.136	5	40.027	1.052
교육수준	788.468	6	131.411	3.452[**]
집단 × 연령 × 교육수준	2594.197	53	48.947	1.286
오 차	26720.914	702	38.064	

[**]$p < .01$

라. 일반적 특성에 따른 직업준비 차이

일반적 특성에 따른 직업준비 요인 차이비교는 표 45와 같다. 연령, 교육수준, 결혼상태, 취업기간, 취업유형에서 차이를 보였다.

표 45. 일반적 특성에 따른 직업준비 차이

항 목	구 분	N	M	SD	F	p	사후검정
연령	20대(A)	95	43.600	7.042	6.588	.000[***]	A 〉F, G B 〉F, G D 〉F, G
	30대(B)	101	42.733	9.783			
	40대(C)	98	41.918	10.105			
	50대(D)	165	42.515	8.932			
	60대(E)	196	39.735	8.405			
	70대(F)	109	38.184	10.344			
	80대(G)	20	34.650	14.427			
교육 수준	무학(A)	70	34.686	11.905	16.942	.000[***]	A 〈C, D, E, F, G B 〈D, E, F C 〈E, G
	초등졸(B)	127	38.520	10.501			
	중졸(C)	203	39.389	8.459			
	고졸(D)	130	42.762	7.853			
	전문대졸(E)	190	44.615	7.518			
	4년제 대학졸(F)	104	45.106	7.417			
	대학원졸업 및 수료(G)	26	44.577	9.330			

항 목	구 분	N	M	SD	F	p	사후검정
결혼 상태	기혼(A)	426	41.819	9.002	8.176	.000***	A 〉B C 〉B
	별거, 이혼, 사별(B)	126	38.024	10.780			
	미혼(C)	228	41.443	9.255			
취업 기간	5년 미만(A)	168	42.018	8.923	2.863	0.36*	C 〉D
	5년 이상~ 10년 미만(B)	96	42.021	9.075			
	10년 이상~ 15년 미만(C)	71	44.310	8.870			
	15년 이상(D)	225	40.769	9.118			
취업 유형	농업 및 임업(A)	63	37.064	9.862	4.044	.000***	N 〉A
	어업 및 광업(B)	6	36.667	7.257			
	제조업(C)	112	41.214	9.062			
	건설업(D)	33	41.152	10.00			
	통신업(E)	6	41.167	7.055			
	전기, 가스 수도사업(F)	8	39.375	4.534			
	도매 및 소매업(G)	24	43.542	8.262			
	숙박 및 음식점업(H)	13	38.615	10.981			
	운수업(I)	26	41.385	7.980			
	금융 및 보험금(J)	8	46.500	6.676			
	서비스업(K)	80	40.825	8.274			
	부동산 및 임업(L)	9	38.778	8.151			
	공공행정 및 국방(M)	56	43.268	8.763			
	보건 및 사회복지업(N)	71	47.056	7.713			
	기타))	89	41.697	8.598			

*$p < .05$, ***$p < .001$

　직업준비에서는 연령 간에 통계적 차이를 보이는 것으로 나타나고 있는데 사후검증을 실시한 결과, 20대와 70, 80대에서, 30대와 70대와 80대, 그리고 50대와 70대, 80대에서 통계적으로 유의미한 차이를 나타내고 있다($F=6.588$, $p<.001$). 연령이 높음에 따라 직업을 이해하고 직업을 선택·결정하는 행동에서 차이를 보이는 것을 알 수 있으나 50대와 60대의 경우는 차이를 보이지 않고 있다.

교육수준에 따른 차이비교 결과에서는 무학이 다른 모든 교육수준과 통계적 차이를 보이는 것으로 나타났다($F=16.942$, $p<.001$). 그리고 초등학교와 고등학교 졸업, 전문대 졸업과 대학교 졸업에서, 그리고 중졸과 전문대졸, 대학원 졸업 및 수료에서 통계적인 차이를 보여 교육수준이 직업준비에 영향을 미치는 것을 알 수 있다. 노령 장애인의 취업을 위해서는 직업에 대한 이해, 직업결정 및 선택 행동들을 제공하는 서비스들이 필요하다는 것을 알 수 있다.

결혼상태에서의 차이는 기혼집단과 별거, 사별, 이혼집단 간에 통계적으로 차이가 있는 것으로 나타났고($F=8.176$, $p<.001$), 별거, 이혼, 사별집단과 미혼집단 간에 통계적으로 유의미한 차이를 보이고 있다.

직업준비는 과거 취업한 기간에서도 통계적인 차이($F=2.863$, $p<.001$)를 보이고 있는데 10년 이상~15년 미만과 15년 이상 집단에서 통계적 차이를 나타내고 있다.

과거 취업유형도 직업준비에 통계적으로 유의미한 차이($F=4.044$, $p<.001$)를 보이고 있는데 사후검증결과에서 농업 및 임업과 보건 및 사회복지업에서 차이를 나타내고 있다.

직업준비에 대한 집단, 연령, 교육수준 간의 상호작용 효과가 있는지를 검증한 결과는 세 변수 간의 상호작용 효과가 있는 것으로 나타났다.

집단, 연령, 교육수준 세 변수 간의 상호작용 효과 검증에서 집단과 연령, 교육수준 간에 차이가 있는 것으로 나타났다($F=1.558$, $p<.01$).

표 46. 직업준비 척도에 대한 집단, 연령, 교육수준의 상호작용 효과

분산원	제 곱	자유도	평균제곱	F
집 단	200.778	1	200.778	2.681
연 령	422.790	5	84.558	1.129
교육수준	3853.406	6	642.234	8.576[***]
집단×연령×교육수준	6184.242	53	116.684	1.558[**]
오 차	52571.696	702	74.888	

[**] $p < .01$, [***] $p < .001$

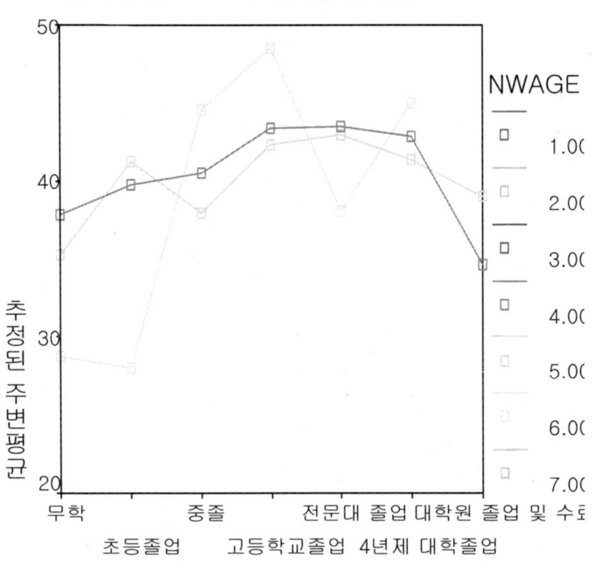

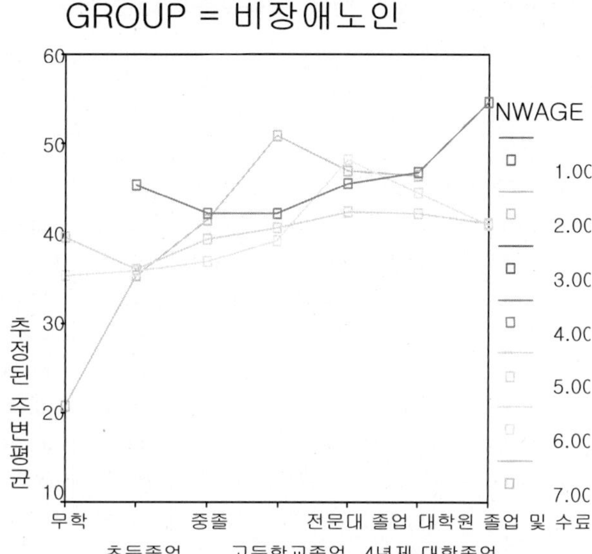

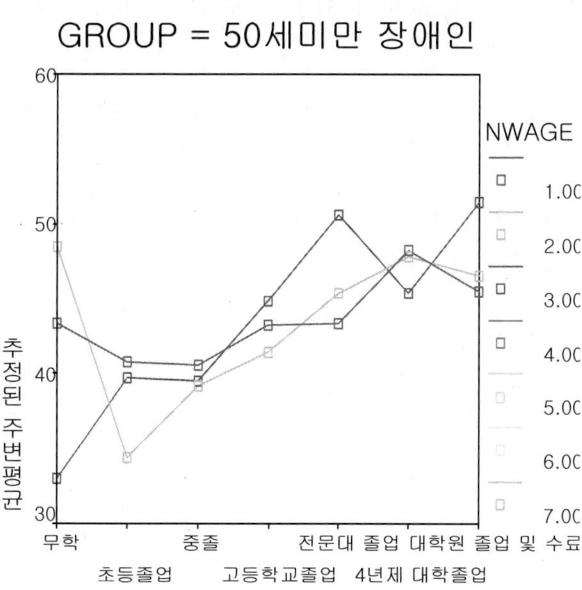

그림 11. 직업준비에 대한 집단, 연령, 교육수준의 상호작용 효과

표 47. 직업준비에 대한 집단, 연령, 교육수준에 대한 상호작용 기술통계량

구 분	20대	30대	40대	50대	60대	70대	80대
	M(SD)	M(SD)	M(SD)	M(SD)	M(SD)	M(SD)	M(SD)
무 학	43.33 (1.53)	48.50 (11.96)	33.00 (9.55)	37.86 (12.84)	36.00 (11.70)	33.04 (9.41)	20.67 (12.91)
초등 졸	40.80 (13.81)	34.43 (10.80)	39.68 (9.62)	40.42 (9.49)	39.06 (9.74)	34.94 (13.13)	35.33 (12.93)
중 졸	40.56 (7.21)	39.18 (6.12)	39.52 (11.19)	40.86 (8.69)	38.71 (8.34)	37.97 (8.41)	41.50 (8.58)
고등 졸	43.21 (6.53)	41.41 (11.46)	44.89 (7.88)	43.19 (7.23)	41.09 (5.81)	41.86 (8.11)	51.00 (.00)
전문대 졸	43.35 (6.09)	45.42 (7.29)	50.63 (5.37)	44.52 (8.93)	42.52 (6.97)	45.75 (8.76)	47.00 (.00)
대학졸업 및 수료	48.31 (5.23)	47.84 (8.64)	45.33 (7.98)	44.00 (6.81)	42.09 (6.36)	44.63 (9.03)	46.50 (.71)
대학원 졸업, 수료	45.50 (7.78)	46.50 (9.19)	51.50 (6.35)	46.14 (12.97)	40.38 (7.27)	41.00 (8.82)	45.50 (7.78)
합 계	43.43 (7.02)	42.99 (9.68)	41.99 (10.20)	42.34 (8.80)	39.81 (8.36)	38.18 (10.34)	34.65 (14.43)

직업준비에 대한 집단, 연령, 교육수준에 대한 기술통계량 값은 표 47에 제시되어 있다. 20대의 경우 교육수준에 따라 평균값이 비교적 골고루 분포한 반면, 80대의 경우에는 교육수준 간에 평균값에서 커다란 차이를 나타내고 있다. 무학의 경우 80대는 직업준비에서 평균값이 20.67로 나타나고 있으나 고등학교 졸업에서는 평균값이 51.00으로 나타나고 있다. 또한 교육수준이 높아짐에 따라서는 연령에 관계없이 직업준비 점수가 높게 나타나고 있는 것으로 나타나 집단, 연령, 교육수준 간에는 상호작용 효과가 발생하는 것을 알 수 있다.

마. 일반적 특성에 따른 취업욕구 차이

일반적 특성에 따른 취업욕구 요인 차이비교는 표 48과 같다. 연령, 교육수준, 결혼상태, 과거 취업기간, 취업유형에서 차이를 보였다.

먼저 연령에서의 차이를 살펴보면, 20대와 60, 70, 80대에서, 30대와 70대, 80대에서, 그리고 40대와 70대, 50대와 70, 80대에서 통계적으로 차이를 보이고 있다($F=12.093$, $p < .001$). 노령 장애인과 비장애 노인과 같이 50대 이상의 집단에서는 60대와는 차이를 보이지 않은 것에 반해 70, 80대에서 통계적인 차이를 보이고 있다. 그리고 50세 미만과의 통계적 차이가 큰 것을 보여주고 있다.

교육수준에 있어서는 무학과 모든 다른 교육수준 간에 통계적으로 차이를 보였고, 초등학교 졸업의 경우에는 대학졸업 간에 통계적인 차이를 보이고 있다($F=11.722$, $p < .001$).

결혼상태에서는 기혼과 별거, 이혼, 사별집단 간에, 그리고 별거, 사별, 이혼집단과 미혼집단 간에 통계학적으로 유의미한 차이를 나타내고 있다($F=15.434$, $p < .001$).

취업기간에 따른 차이비교에서는 5년 미만 일한 사람들과 15년 이상 일을 한 사람들 간에 통계적으로 유의미한 차이($F=3.403$, $p < .05$)를 보여 취업기간이 짧은 사람들일수록 사회에의 참여, 사회에서의 역할감, 경제적 욕구들을 충족하기 위해 취업을 희망한다는 것을 느낄 수 있다. 과거 취업유형에서의 차이를 비교함에 있어서도 취업유형에 따른 차이가 있음을 알 수 있는데($F=2.327$, $p < .01$) 그 차이크기는 다소 작았다.

표 48. 일반적 특성에 따른 취업욕구 차이

항 목	구 분	N	M	SD	F	p	사후검정
연령	20대(A)	95	72.395	8.895	12.093	.000***	A 〉E, F, G B 〉F, G C 〉F D 〉F, G
	30대(B)	101	71.238	10.115			
	40대(C)	98	67.816	14.025			
	50대(D)	165	68.642	13.203			
	60대(E)	196	66.225	14.037			
	70대(F)	109	61.927	15.582			
	80대(G)	20	51.500	16.567			
교육 수준	무학(A)	70	57.629	19.302	11.722	.000***	A 〈B, C, D, E, F, G B 〈F
	초등졸(B)	127	64.858	15.029			
	중졸(C)	203	66.172	15.583			
	고졸(D)	130	70.331	10.248			
	전문대졸(E)	109	70.798	11.539			
	4년제 대학졸(F)	104	71.173	10.906			
	대학원졸업 및 수료(G)	26	70.731	11.287			
결혼 상태	기혼(A)	426	68.197	13.181	15.434	.000***	A, C 〉B
	별거, 이혼, 사별(B)	126	61.310	16.371			
	미혼(C)	228	69.145	12.340			
취업 기간	5년 미만(A)	168	70.625	12.280	3.403	.018*	A 〉D
	5년 이상~ 10년 미만(B)	96	68.406	13.768			
	10년 이상~ 15년 미만(C)	71	66.521	13.442			
	15년 이상(D)	225	66.533	13.804			

항 목	구 분	N	M	SD	F	p	사후검정
취업 유형	농업 및 임업(A)	63	63.175	14.787			
	어업 및 광업(B)	6	64.000	14.014			
	제조업(C)	112	69.482	13.545			
	건설업(D)	33	68.273	14.828			
	통신업(E)	6	67.167	9.928			
	전기, 가스 수도사업(F)	8	65.500	15.973			
	도매 및 소매업(G)	24	69.375	13.021			
	숙박 및 음식점업(H)	13	66.077	11.779	2.327	.004[*]	
	운수업(I)	26	65.500	12.835			
	금융 및 보험금(J)	8	71.625	8.467			
	서비스업(K)	80	68.488	12.486			
	부동산 및 임업(L)	9	61.222	11.487			
	공공행정 및 국방(M)	56	67.482	12.539			
	보건 및 사회복지업(N)	71	73.887	10.327			
	기타(O)	89	66.472	12.018			

[*]$p < .05$, [***]$p < .001$

취업욕구 및 재취업 욕구에 대한 집단, 연령, 교육수준 간의 상호
작용 효과가 있는지를 검증한 결과 연령과 교육수준 각각은 통계적
으로 유의미한 차이를 보였지만, 세 변수 간의 상호작용 효과는 없는
것으로 나타났다.

표 49. 취업 및 재취업 욕구에 대한 집단, 연령, 교육수준의 상호작용 효과

분산원	제 곱	자유도	평균제곱	F
집 단	454.580	1	454.580	2.815
연 령	2654.386	5	530.877	3.288[*]
교육수준	4066.352	6	677.725	4.197[**]
집단 × 연령 × 교육수준	8709.458	53	164.329	1.018
오 차	113359.0	702	161.480	

[**]$p < .01$, [***]$p < .001$

4) 장애관련 사항에 대한 비교

장애와 관련된 사항들이 각각의 요인에서 어떠한 차이를 보이는지
를 분석하였다.

(1) 장애특성에 따른 건강 차이

장애특성에 따른 건강 차이는 표 50과 같다. 장애가 발생한 시기에
따라 스스로 지각하는 건강에서 차이가 나타났다($F = 3.720$, $p < .001$).
10세 미만에 장애가 발생한 집단과 50대에 장애가 발생한 집단 간에
스스로의 건강인식 수준이 차이가 있음을 알 수 있다. 나이가 듦에
따라 입게 되는 장애는 스스로의 건강인식에 더 많은 부정적인 영향
을 미친다고 유추할 수 있다.

표 50. 장애발생 시기에 따른 건강 차이

항 목	구 분	N	M	SD	F	p	사후검정
장애발생 시기	10세 미만	224	19.844	3.596			
	10~20세	40	19.950	3.721			
	21~30세	43	19.070	3.857			
	31~40세	41	18.781	3.359	3.720	.001***	10세 미만 >51~60세
	41~50세	58	17.828	3.821			
	51세~60세	39	17.359	3.787			
	61세 이상	20	18.550	4.662			
	모르겠다	32	19.094	4.631			

***$p < .001$

(2) 장애특성에 따른 노동의욕 차이

노동의욕에 있어서는 장애발생 시기와 장애유형에 있어서 집단 간의 차이를 보이는 것으로 나타났다.

장애가 발생한 시기에서 통계적으로 유의미한 차이를 보였지만($F = 2.297$, $p < .05$), 사후검증을 수행할 수가 없었다. 결과를 보면 30대의 평균값이 가장 높게 나타나고 있는데 역시 가장 왕성하게 일할 시기로 노동의욕도 가장 높다고 볼 수 있을 것이다. 장애유형에서는 시각장애와 청각·언어장애 간에 통계적으로 유의미한 차이를 보이고 있다($F = 4.506$, $p < .001$).

표 51. 장애발생 시기에 따른 노동의욕 차이

항 목	구 분	N	M	SD	F	p	사후검정
장애발생 시기	10세 미만	224	47.674	7.744	2.297	.026*	
	10~20세	40	47.475	4.956			
	21~30세	43	47.186	7.635			
	31~40세	41	48.000	84.02			
	41~50세	58	46.517	8.066			
	51~60세	39	44.359	8.821			
	61세 이상	20	42.750	10.814			
	모르겠다	32	44.344	8.597			
장애유형	지체장애	232	47.302	7.715	4.506	.001***	시각장애 〉 청각·언어 장애
	시각장애	47	49.830	7.671			
	청각장애, 언어장애	53	43.321	8.787			
	뇌병변장애	64	47.891	7.198			
	정신지체	67	45.197	8.546			
	기타	35	46.286	7.371			

$^*p < .05,\ ^{***}p < .001$

(3) 장애특성에 따른 심리·사회적 지지 차이

장애특성 중 장애유형과 장애발생 원인이 심리·사회적 지지에서 통계적으로 유의미한 차이를 나타내고 있다. 장애유형에서는 시각장애와 청각·언어장애 간에 차이($F = 4.868$, $p < .001$)를 보이고 있으며, 장애발생 원인에서는 통계적으로 유의미한 차이($F = 2.624$, $p < .05$)를 보였지만 통계치의 크기가 작았다.

표 52. 장애유형과 장애발생 원인에 따른 심리·사회적 지지 차이

항 목	구 분	N	M	SD	F	p	사후검정
장애 유형	지체장애	232	52.453	5.345	4.868	.000***	시각장애 > 청각·언어 장애
	시각장애	47	55.468	6.139			
	청각장애, 언어장애	53	49.811	7.884			
	뇌병변장애	64	52.547	5.743			
	정신지체	67	52.925	5.470			
	기 타	35	52.171	4.308			
장애 발생 원인	선천적	120	52.058	6.938	2.624	.016*	
	질 병	148	52.297	5.317			
	교통사고	46	51.152	5.160			
	산업재해 및 기타사고	79	52.709	5.107			
	원인불명	50	54.420	5.533			
	노 령	10	49.600	4.600			
	기 타	42	54.405	6.671			

*$p < .05$, ***$p < .001$

(4) 장애특성에 따른 직업준비 차이

장애특성이 직업준비에 차이를 미치는지를 분석한 결과는 표 53과 같다. 장애특성 중에서는 장애유형, 장애등급, 장애발생 원인, 장애발생 시기에서 통계적으로 차이를 보이고 있다.

장애유형에서는 지체장애와 정신지체 간에, 시각장애와 정신지체 간에, 청각·언어장애와 뇌병변장애 간에, 기타 장애유형과 뇌병변장애 간에 통계적으로 유의미한 차이($F = 8.552$, $p < .001$)를 보였으며, 장애등급에서도 통계적으로 유의미한 차이를 나타내고 있다($F = 2.265$, $p < .05$). 장애발생 원인($F = 2.144$, $p < .05$)과 장애발생 시기($F = 2.748$, $p < .01$)에서 통계적으로 유의미한 차이를 보이고 있으나 그 절대값의 크기가 매우 작다.

표 53. 장애특성에 따른 직업준비 차이

항 목	구 분	N	M	SD	F	p	사후검정
장애발 생원인	선천적	120	39.692	10.823			
	질 병	148	41.135	9.113			
	교통사고	46	41.652	8.103			
	산업재해 및 기타 사고	79	44.013	7.773	2.144	0.47[*]	
	원인불명	50	41.040	9.777			
	노 령	10	39.200	6.233			
	기 타	42	43.286	8.733			
장애발 생시기	10세 미만	224	41.978	9.178			
	10~20세	40	43.075	7.852			
	21~30세	43	40.674	8.532			
	31~40세	41	43.659	9.267	2.748	.008[**]	
	41~50세	58	42.448	8.878			
	51~60세	39	37.462	10.272			
	61세 이상	20	39.700	7.554			
	모르겠다	32	37.500	11.673			
장애 유형	지체장애(A)	232	41.875	8.508			A 〉E
	시각장애(B)	47	44.128	7.745			B 〉E
	청각, 언어장애(C)	53	39.208	11.055	8.552	.000[***]	C 〈D
	뇌병변장애(D)	64	45.719	7.693			D 〉E
	정신지체(E)	67	37.087	9.729			F 〉E
	기타(F)	35	38.200	10.380			
장애 등급	1급	111	42.521	9.973			
	2급	162	40.253	9.648			
	3급	120	41.208	9.247	2.265	.047[*]	
	4급	26	38.692	6.596			
	5급	24	43.167	9.286			
	6급	29	44.966	8.033			

[*]$p < .05$, [**]$p < .01$, [***]$p < .001$

(5) 장애특성에 따른 취업욕구 차이

취업욕구에 있어서 장애특성이 어떠한 차이를 보이는지를 분석한 결
과 장애발생 시기에서만 집단 간의 차이를 나타냈다. 장애가 발생한 시
기에서 집단 간에 통계적으로 유의미한 차이를 보였다($F=3.035$, $p<.01$).

표 54. 장애발생 시기에 따른 취업욕구 차이

항 목	구 분	N	M	SD	F	p
장애발생 시기	10세 미만	224	69.853	12.690	3.035	.004[**]
	10~20세	40	69.850	7.869		
	21~30세	43	68.977	12.434		
	31~40세	41	68.976	13.584		
	41~50세	58	66.379	13.462		
	51~60세	39	62.256	16.619		
	61세 이상	20	61.650	13.850		
	모르겠다	32	63.688	19.169		

[**]$p<.01$

5. 연구가설 모형 검증

본 연구에서는 선행연구 고찰을 통해 건강과 노동의욕, 심리·사회
적 지지 및 직업준비가 노령 장애인의 취업 및 재취업 욕구를 예측
하는 주요변인이 될 것으로 기대하고 구조방정식 모형(structural
equation model: SEM)으로 일련의 종속관계를 동시에 검토하고자
하였다. 이 기법은 통계적 효율을 제공하고 다중관계를 동시에 다룰
수 있는 방법이고 그러한 관계들을 포괄적으로 평가하여 탐색분석에

서 확증분석으로 전이시킬 수 있다(여운승, 2000). 따라서 구조방정식 모형을 추정하기 위하여 LISREL 8.3 통계패키지를 이용하였다.

1) 연구의 타당성 분석

구성개념들은 다항목(multi-item)으로 측정되었으며, 하나의 요인을 구성하는 변수들의 적재치가 높은 경우, 변수들의 합 또는 변수들의 합에 대한 평균을 통해서 새로운 변수를 생성할 수 있는데 이것을 총합척도(summated scale)라고 한다(Hair et al., 1995: 김계수, 2002에서 재인용). 총합척도의 이용은 측정오차 정도를 줄여주고 단일변수로 많은 측면을 대변할 수 있는 능력을 제공한다. 따라서 본 연구에서는 각 구성개념에 대하여 총합척도를 사용하기로 하였다.

본 연구의 가설에 대하여 일차적으로 구성개념 간의 상태변화를 파악하기 위해서 즉, 예측타당성을 알아보기 위해서 상관분석을 실시하였다. 취업욕구라는 잠재변인을 측정하기 위한 14개의 요인에 대한 상관관계를 분석한 결과는 표 55와 같다. Pearson 적률 상관계수에 따른 상관분석 결과, 최종적인 종속변수인 취업욕구와 가장 강한 상관을 보이는 것은 사회참여와 자신과 삶에 대한 향상감이었다.

14개의 취업욕구 하위 측정요인들 대부분은 개념 간의 관계가 양(+)의 방향으로 나타나 개념 간의 관계가 밀접한 관련이 있다는 것을 알 수 있다. 그러나 건강양호와 적절한 조절, 비정형화 간에, 사회적 지지와 취업적 지지 간에 음(-)의 방향으로 상관이 있는 것으로 나타났다. 건강이 양호한 사람들은 취업에서의 적절한 조절을 덜 필요로 한다는 것과 정형화된 취업형태도 상관이 없다는 것을 유추할 수 있다. 다시 말해 건강이 곤란하면 할수록 적절한 조절이나 비정형화된 형태의 취업적 지지가 필요시되지만, 건강 정도가 양호한 경우에는 그러하지 않다는 것을 보여주는 결과이다. 따라서 대상에 맞는 적합한 취업형태나 서비스를 제공해야 한다는 사실을 인식해야만 할 것이다.

그러나 이러한 상관분석은 잠재된 제3의 변수효과에 의한 변수들 간의 상호 영향관계를 완전히 반영하지 못한다. 따라서 본 연구의 가설을 검증하기 위하여 LISREL 8.3을 이용하여 공변량 구조모형 분석을 실시하였다. 공변량 구조모형 분석은 종래의 상관분석, 회귀분석이 가지는 가정을 버리고 보다 현실적인 상황에서 변수들 간의 분석을 가능하게 하는 방법이다(이순목, 1990).

표 55. 구성개념 간의 상관

	건강양호	취업희망	취업적지지	적절한조절	정서적지지	사회적지지	비정형화	열망	의향 및 역량	직업결정행동	직업이해	사회참여	향상감	경제적
건강양호														
취업희망	.192***													
취업적지지	.088*	.293***												
적절한조절	−.085*	.156***	.424***											
정서적지지	.325***	.363***	.333***	.194***										
사회적지지	.013	.038	−.010	.040	.199***									
비정형화	−.099**	.030	.211***	.277***	.088*	−.040								
열망	.366***	.553***	.375***	.222***	.600***	.095***	.104***							
의향 및 역량	.151***	.474***	.441***	.246***	.458***	.094**	.136***	.670***						
직업결정행동	.191***	.296***	.221***	.177***	.450***	.135***	.188***	.573***	.386***					
직업이해	.150***	.303***	.263***	.224***	.423***	.082*	.198***	.604***	.492***	.747***				
사회참여	.200***	.470***	.405***	.261***	.459***	.021	.126***	.615***	.582***	.443***	.488***			
향상감	.170***	.379***	.469***	.247***	.480***	.062	.159***	.592***	.608***	.486***	.489***	.800***		
경제적	.069	.341***	.331***	.193***	.319***	.028	.122**	.457***	.546***	.331***	.396***	.567***	.612***	

*p < .05, **p < .01, ***p < .001

2) 연구의 가설 검증

연구가설 모형 그림 3을 검증하기 위해서 경로분석을 실시한 결과는 그림 12와 같다. 결과는 비표준화 계수를 사용하였으며, 결과에서 보면 건강이 직업준비로 향하는 경로에서 가장 높은 값을 보이는 것으로 나타났으며, 건강이 노동의욕으로 향하는 경로에서 높은 값을 볼 수가 있다.

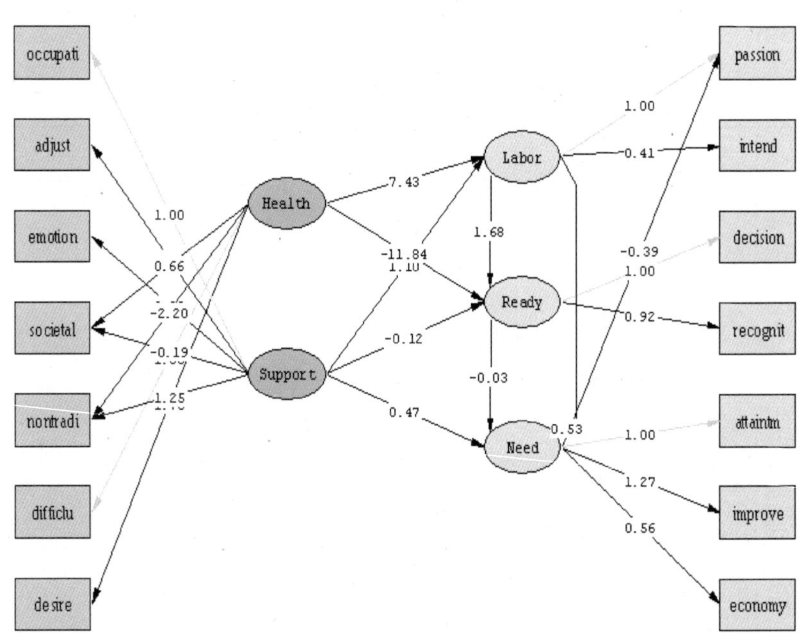

difficul: 건강양호　　　　societal: 사회적 지지　　　　recognit: 직업이해
desire: 취업희망　　　　nontradi: 비정형화　　　　attaintm: 사회에의 참여
occupati: 취업적 지지　　passion: 열망　　　　　　improve: 자신과 삶의 향상감
adjust: 적절한 조절　　　intend: 일하고자 하는 의향 및 역량　economy: 경제적 욕구
emotion: 정서적 지지　　　decision: 직업결정행동

그림 12. 연구가설의 LISREL모형 경로도

연구모형은 두 개의 외생 잠재변인(exogenous latent variable) 즉, 건강(ξ_1), 심리·사회적 지지(ξ_2)와 세 개의 내생 잠재변인(endogeneous latent variable) 즉 노동의욕(η_1), 직업준비(η_2), 취업욕구(η_3) 간의 관련성을 규명하기 위하여 측정된 14개의 관측변인(observed variable) 즉, 건강양호(x_1), 취업희망(x_2), 취업적 지지(x_3), 특별한 조절(x_4), 정서적 지지(x_5), 사회적 지지(x_6), 비정형화(x_7), 열망(y_1), 취업의향 및 역량(y_2), 직업결정행동(y_3), 직업에 대한 이해(y_4), 사회에의 참여(y_5), 자신과 삶에 대한 향상감(y_6), 경제적 욕구(y_7)의 관련성을 나타내는 분산－공분산 행렬(variance－covariance matrix)을 이용하여 LISREL 모형을 추정하였다.

즉 노령 장애인의 취업욕구에 영향을 갖는 변인들 간의 인과관계를 추정하고 각 외생변인과 내생변인들에 대한 모형 내 변인들의 총효과(직접효과와 간접효과)의 크기를 산출하기 위한 추정모델을 구하였다. 연구모형은 인구통계학적 특성은 배제하고 취업욕구가 선행연구를 통해 고찰된 네 가지의 주요한 예측변인에 의한 영향을 고려한 모형으로서 분석결과에 따르면, 람다Y(Lamda Y)와 람다X(Lamda X)는 잠재변인에서 관측변인으로 향하는 화살표를 의미하는데, 각 척도별 하위요인에서 건강, 노동의욕, 심리·사회적 지지, 직업준비에 대해 얼마나 많은 점수를 갖는지를 조사하였다. 이를 통하여 관측변인(x, y)들이 잠재변인(ξ, η)들에 의하여 얼마나 영향을 받는지를 알 수 있다.

표 56. 내생 잠재변수(η)의 측정모형에 대한 계수 추정

관측변수	잠재변수		
	노동의욕(η_1)	직업준비(η_2)	취업 욕구(η_3)
열망(y_1)	1.000	–	$-0.394(0.143)$
취업의향 및 역량(y_2)	0.412(0.044)	–	–
직업결정(y_3)	–	1.000	–
직업이해(y_4)	–	0.920(0.038)	–
사회참여(y_5)	–	–	1.000
향상감(y_6)	–	–	1.269(0.039)
경제적(y_7)	–	–	0.561(0.027)

* ( ) 안의 값은 추정값의 표준오차(standard error)임

열망은 노동의욕뿐만 아니라 취업욕구에도 영향을 미치며 취업욕구에서는 음의 관계를 보이고 있다.

노동의욕이라는 잠재변수는 열망이라는 요인과 취업의향 및 역량이라는 관측변수에 영향을 주며 모형해석의 편의성을 위하여 노동의욕이 관측변수 중의 하나인 열망 요인에 대한 설명 정도를 1.00이라고 한다면, 취업의향 및 역량 요인은 0.412의 영향을 받고 있음을 알 수 있다.

잠재변수 직업준비는 직업결정행동과 직업이해에 영향을 주고 있다. 직업결정행동을 고정 특징 수 1.00을 할당하였는데, 직업이해는 0.920의 영향력이 있음을 알 수 있다.

잠재변수 취업욕구 요인은 사회참여, 자신과 삶에 대한 향상감, 경제적 욕구라는 관측변수를 설명해주는데, 사회참여 요인이 1.00이라고 할 때, 향상감은 1.269, 경제적 욕구는 0.561의 영향력이 있음을 알 수 있어서 취업을 희망하는 이유가 자신과 삶에 대한 향상감이 높은 영향을 준다는 것을 알 수 있다. 취업욕구는 열망과도 -0.394의 영향을 준다는 것을 알 수 있다.

외생변인인 건강과 심리·사회적 지지에 대한 검증결과는 표 57과 같다.

표 57. 외생 잠재변수(ξ)의 측정모형에 대한 계수 추정

관측변수	잠재변수	
	건강(ξ_1)	심리·사회적 지지(ξ_2)
건강양호(x_1)	1.000	–
취업희망(x_2)	1.748(0.288)	–
취업적 지지(x_3)	–	1.000
적절한 조절(x_4)	–	0.470(0.056)
정서적 지지(x_5)	–	0.981(0.084)
사회적 지지(x_6)	0.662(0.298)	−0.191(0.131)
비정형화(x_7)	−2.202(0.718)	1.248(0.322)

* ( ) 안의 값은 추정값의 표준오차(standard error)임

건강은 건강양호와 취업희망이라는 하위요인 외에도 사회적 지지, 비정형화에 영향을 받는 것으로 나타났다. 건강양호를 1.00으로 두었을 때, 취업희망 1.748, 사회적 지지 0.662, 비정형화 −2.202의 영향력을 알 수 있다. 취업희망이나 사회적 지지와는 양의 관계를 지니지만 비정형화와는 음의 관계를 지니고 있다. 건강이 좋을수록 비정형화 값은 낮아진다. 즉 건강이 양호하면 정규적인 작업형태라도 관계가 없다는 것을 알 수 있다.

심리·사회적 지지는 다섯 개의 하위요인에 영향을 주는 것으로 나타났다. 취업적 지지를 고정 특징 수 1.00을 할당하였는데, 적절한 조절은 0.470, 정서적 지지는 0.981, 사회적 지지는 −0.191, 비정형화에는 1.248의 영향력이 있음을 알 수 있다.

베타(BETA)는 잠재변인인 노동의욕, 직업준비, 취업욕구 사이에 나타나는 값을 의미하는데 이에 대한 추정결과는 표 58과 같다. 직업

준비는 노동의욕과 1.670의 영향관계를 지니는 것으로 나타났으나 취업욕구와는 영향관계가 없다.

취업욕구는 노동의욕과 양의 관계를 지니고 있으나, 직업준비와는 음의 관계에 있는데 이는 직업준비가 잘되어 있는 경우에는 취업이 가능하다는 것을 긍정적으로 여기지만 직업준비가 낮은 경우에는 자신의 능력에 대한 부정적인 인식으로 인하여 취업하고자 하는 욕구에서도 부적인 영향이 발생된다는 것으로 여겨진다.

표 58. 내생 잠재변수(η) 상호 간의 효과 추정

잠재변수	잠재변수		
	노동의욕(η_1)	직업준비(η_2)	취업욕구(η_3)
노동의욕(η_1)	−	−	−
직업준비(η_2)	1.676(0.280)	−	−
취업욕구(η_3)	0.529(0.058)	−0.026(0.048)	−

* ( ) 안의 값은 추정값의 표준오차(standard error)임

모형의 분석결과에서 감마(GAMMA)는 외생변인 즉, 건강요인과 심리·사회적 지지 요인이 잠재변수에 대해 갖는 값을 의미하는데 그 결과는 표 59와 같다.

표 59. 외생 잠재변수(ξ)가 내생 잠재변수에 미치는 효과 추정

잠재변수	잠재변수	
	건강요인(ξ_1)	심리·사회적 지지(ξ_2)
노동의욕(η_1)	7.432(1.716)	1.097(0.425)
직업준비(η_2)	−11.836(3.663)	−0.116(0.658)
취업욕구(η_3)	−	0.472(0.233)

* ( ) 안의 값은 추정값의 표준오차(standard error)임

　　건강요인은 노동의욕과 직업준비에는 영향을 주고 있으나 취업욕구에는 영향을 주지 않는 것을 볼 수 있다. 심리·사회적 지지요인은 노동의욕과 직업준비, 취업욕구 모두에 영향을 주는 것으로 나타났다. 건강할수록 노동의욕은 높게 나타나며 직업준비는 그만큼 낮아진다는 것을 알 수 있으며, 심리·사회적 지지도가 높을수록 직업준비와도 음의 관계를 나타내고 있다.

　　추정된 모형(그림 12)에 대한 적합도 분석을 살펴보면 그림 13은 표준화된 잔차의 Q 그림표를 나타내는데, 기울기가 45도인 직선과 거의 일치하게 나타나서 가정된 구조방정식 모형이 측정된 자료를 잘 설명하고 있음을 알 수 있다.

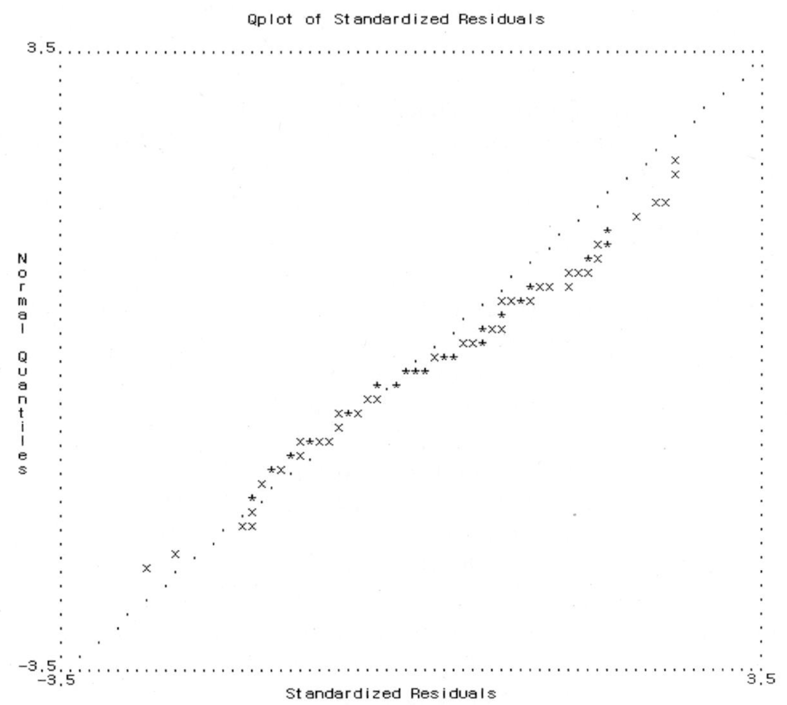

그림 13 .연구모형의 표준잔차의 Q그림표

다음 표 60은 LISREL 검증이 제공한 적합도(Goodness of Fit Statistics) 지수들이다.

표 60. 연구모형의 적합도 결과

Goodness of Fit Statistics
Degrees of Freedom =45
Minimum Fit Function Chi - Square =55.243 (P =0.141)
Normal Theory Weighted Least Squares Chi - Square =55.262 (P =0.141)
Estimated Non - centrality Parameter (NCP) =10.262
90 Percent Confidence Interval for NCP =(0.0, 33.264)
Minimum Fit Function Value =0.0706
Population Discrepancy Function Value (F0) =0.0131
90 Percent Confidence Interval for F0 =(0.0, 0.0425)
Root Mean Square Error of Approximation (RMSEA) =0.0171
90 Percent Confidence Interval for RMSEA =(0.0, 0.0307)
P - Value for Test of Close Fit (RMSEA < 0.05) =1.00
Expected Cross - Validation Index (ECVI) =0.224
90 Percent Confidence Interval for ECVI =(0.211, 0.253)
ECVI for Saturated Model =0.268
ECVI for Independence Model =6.231
Chi - Square for Independence Model with 91 Degrees of
Freedom =4850.889
Independence AIC =4878.889, Model AIC =175.262, Saturated AIC =210.000,
Independence CAIC =4958.191, Model CAIC =515.126, Saturated
CAIC =804.763
Root Mean Square Residual (RMR) =0.236
Standardized RMR =0.0196
Goodness of Fit Index (GFI) =0.990
Adjusted Goodness of Fit Index (AGFI) =0.977
Parsimony Goodness of Fit Index (PGFI) =0.424
Normed Fit Index (NFI) =0.989, Non - Normed Fit Index (NNFI) =0.996
Parsimony Normed Fit Index (PNFI) =0.489
Comparative Fit Index (CFI) =0.998, Incremental Fit Index (IFI) =0.998,
Relative Fit Index (RFI) =0.977
Critical N (CN) =992.563

구조방정식 모형의 적합도 기준을 평가하는 데 있어서 절대 적합도 측정치로서 첫 번째 측정치는 확률비율인 카이제곱 통계량이다. 카이스퀘어 값은 55.243이고, 자유도는 45였으며, p값은 0.141로 통계적 최소 유의수준 .05를 이상으로서 모형 적합도가 수용기준에 부합된다. 그러나 카이제곱 통계량 검증은 표본의 크기에 매우 영향을 받아서 소표본인 경우에는 부적절한 모형도 채택되는 경향이 있으며, 대표본의 경우에는 적절한 모형도 기각되는 제한점을 가지고 있기 때문에 단순히 카이제곱 통계량 검증만으로 모형의 적합도를 규명하는 것은 바람직하지 않다(Lohelin, 1998: 배성우, 김이영, 2005에서 재인용). 적합도 측정을 위하여 추가적으로 적합도 지수(Goodness of Fit Index: GFI) 값을 확인한 결과 0.990으로서 높은 적합도를 보여준다.

카이제곱 통계량이 표본규모가 충분히 큰 명시된 모델을 기각하려는 경향을 수정하기 위한 또 하나의 측정치는 개략적 제곱평균 오차(root mean square error of approximation: RMSEA)로서 이 값은 모델을 단지 표본에서 추정하는 것이 아니라 모집단에서 추정할 경우에 기대되는 적합도를 나타내는데, 모형에서는 0.017로서 .05 이하이다. GFI의 값은 0.9 이상일 때 적합한 모형으로 해석되며 RMSEA의 값은 0.05보다 작을 때 적합한 모형으로 판단된다(Joreskog & Sorbom, 1984: 배성우, 신원식, 2005에서 재인용).

그 다음 유형의 적합도 측정치로 귀무모델에 비한 모델의 점증 적합도를 평가할 수 있다. 여기서 귀무모델은 측정오차가 없는 단일요인 모델인 것으로 간주하고 있는데, 기준 적합도 지수(Normed Fit Index: NFI)는 0.989로서 권장되는 수준인 .90을 초과하여 적합도를 보여주고 있다.

전반적 모델에 대한 마지막 측정치는 모델의 적합도와 그러한 적합도 수준을 달성하는 데 필요한 추정계수의 수를 비교, 평가함으로써 모형의 최적도를 평가할 수 있다. 수정 적합도 지수(Adjusted Goodness of Fit Index: AGFI)는 0.977로서 권장되는 수준인 .90을 초과하여 이 측정치에 대한 수용이 가능하다. 기준 카이제곱 값(x2 / df)은 (55.243 / 45)으로 나타났고, 비교 적합치(Comparative Fit Index: CFI)는 0.998로 높은 수용을 보인다고 할 수 있다. 따라서 연구모형은 적합도 기준에서 수용할 만한 기준 이상의 값들을 보여 적합성이 아주 높다. LISREL 검증이 제공한 적합도(Goodness of Fit Statistics) 지수들을 정리한 것은 다음 표 61이다.

표 61. 연구가설 모형의 적합지수 결과

구 분	χ^2	df	p－value	RMSEA	GFI	NFI	CFI	AGFI
권장 수준	－	－	〉.05	〉.05	.90 이상	.90 이상	.90 이상	.90 이상
연구 모형	55.243	45	0.141	0.017	0.990	0.989	0.998	0.977

다음은 각각의 연구가설에 대한 검증결과이다. 각각의 가설 검증결과는 다음과 같이 나타낼 수 있다.

H1 건강수준에 대한 가설 검증

H1-1 건강수준이 노동의욕에 영향을 미칠 것이라는 가설은 t값이 4.330으로서 채택되었다.

H1-2 건강수준이 직업준비에 영향을 미칠 것이라는 가설은 t값이 -3.231로서 채택되었다.

H1-3 건강수준이 취업욕구에 영향을 미칠 것이라는 가설은 영향관계를 보이지 않아 기각되었다.

H2 심리·사회적 지지에 대한 가설 검증

H2-1 심리·사회적 지지가 노동의욕에 영향을 미칠 것이라는 가

설은 *t*값이 2.579로서 채택되었다.

H2-2 심리·사회적 지지가 직업준비에 영향을 미칠 것이라는 가
설은 *t*값이 -0.176으로서 기각되었다.

H2-3 심리·사회적 지지가 취업욕구에 영향을 미칠 것이라는 가
설은 *t*값이 2.203으로서 채택되었다.

H3 노동의욕에 대한 가설 검증

H3-1 노동의욕이 직업준비에 영향을 미칠 것이라는 가설은 *t*값이
5.982로서 채택되었다.

H3-2 노동의욕이 취업욕구에 영향을 미칠 것이라는 가설은 *t*값이
9.064로서 채택되었다.

H4 직업준비에 대한 가설 검증

H4-1 직업준비가 취업욕구에 영향을 미칠 것이라는 가설은 *t*값이
-0.547로서 기각되었다.

각 예측변인이 취업욕구에 미치는 효과와 관계를 분석했을 때, 아
홉 개의 예측변인들 중 6개가 취업욕구에 유의한 전체효과를 갖고 있
는 것으로 파악되었다. 취업욕구에 유의미한 영향을 미치는 것으로
나타난 요인들은 건강, 심리·사회적 지지요인, 노동의욕 요인이었다.

건강요인의 경우 노동의욕과 직업준비에 가설이 채택되는 것으로
나타나고 있으나, 노동의욕을 통해서 취업욕구에 대한 간접효과를 지
니는 것을 볼 수가 있다.

변인들 간의 직·간접 효과 검증직접효과는 변수 간의 직접적인
경로계수로 표시되는 효과이다. 반면 간접효과는 어떤 변수가 제3의
변수를 경유하여 다른 변수에 미치는 효과를 나타낸다. 결과적으로

직업준비 요인은 취업욕구에 직접적인 영향요인으로 나타나지 않고 있지만 건강, 심리·사회적 지지, 노동의욕이 직업준비와 영향관계에 있는 것으로 나타나 결국 다섯 개의 요인은 노령 장애인의 취업욕구에 영향을 미치는 요인들로 구성된 것을 알 수가 있다.

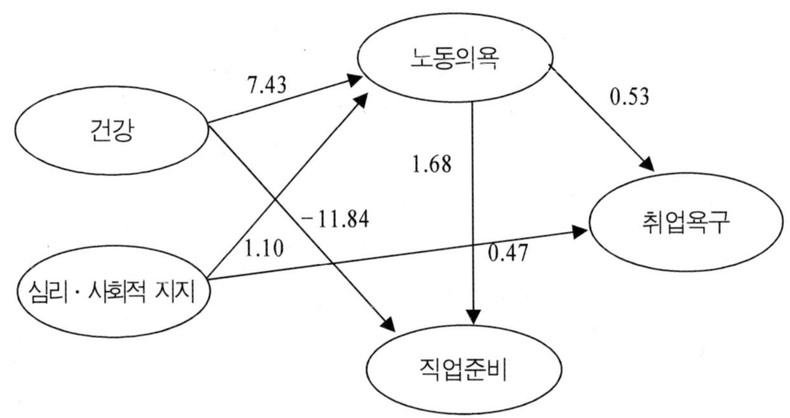

그림 14. 취업욕구 요인모형: SEM 검증결과

3) 집단별 연구가설 모형 검증

다음은 각각의 집단 간의 취업 및 재취업 욕구의 영향요인을 살펴보기 위하여 집단별로 연구가설 모형을 검증하였다.

(1) 노령 장애인 집단

각 척도별 하위요인에서 노령 장애인 집단의 건강, 노동의욕, 심리·사회적 지지, 직업준비에 대해 얼마나 많은 점수를 갖는지를 조사하였다.

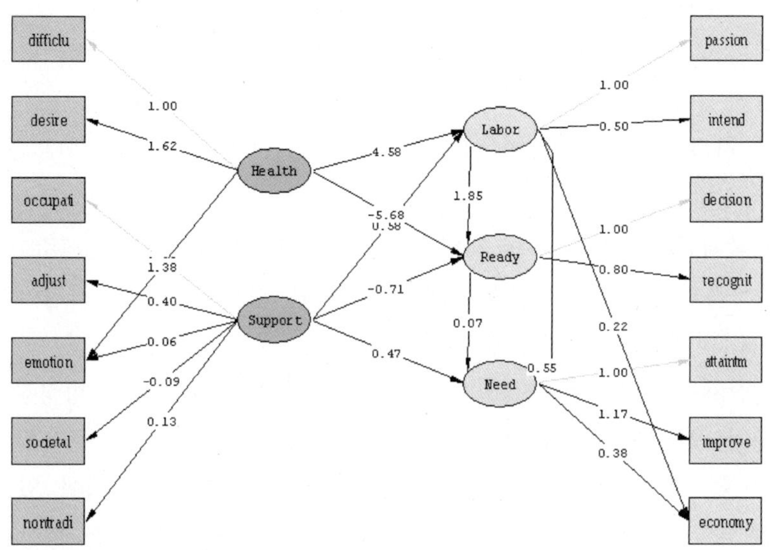

difficul: 건강양호	societal: 사회적 지지	recognit: 직업이해
desire: 취업희망	nontradi: 비정형화	attaintm: 사회에의 참여
occupati: 취업적 지지	passion: 열망	improve: 자신과 삶의 향상감
adjust: 적절한 조절	intend: 일하고자 하는 의향 및 역량	economy: 경제적 욕구
emotion: 정서적 지지	decision: 직업결정행동	

그림 15. 노령 장애인 집단의 연구가설 경로도

표 62. 내생 잠재변수(η)의 측정모형에 대한 계수 추정

관측변수	잠재변수		
	노동의욕(η_1)	직업준비(η_2)	취업 욕구(η_3)
열망(y_1)	1.000	–	
취업의향 및 역량(y_2)	0.505(0.036)	–	–
직업결정(y_3)	–	1.000	–
직업이해(y_4)	–	0.801(0.071)	–
사회참여(y_5)	–	–	1.000
향상감(y_6)	–	–	1.173(0.067)
경제적(y_7)	–	–	0.381(0.071)

* ( ) 안의 값은 추정값의 표준오차(standard error)임

노동의욕이라는 잠재변수는 열망이라는 요인과 취업의향 및 역량이라는 관측변수에 영향을 주며 모형해석의 편의성을 위하여 노동의욕이 관측변수 중의 하나인 열망 요인에 대한 설명 정도를 1.00이라고 한다면, 취업의향 및 역량 요인은 0.505의 영향을 받고 있음을 알 수 있다.

잠재변수 직업준비는 직업결정행동과 직업이해에 영향을 주고 있다. 직업결정행동을 고정 특징 수 1.00을 할당하였는데, 직업이해는 0.801의 영향력이 있음을 알 수 있다.

잠재변수 취업욕구 요인은 사회참여, 자신과 삶에 대한 향상감, 경제적 욕구라는 관측변수를 설명해주는데, 사회참여 요인이 1.00이라고 할 때, 향상감은 1.173, 경제적 욕구는 0.381의 영향력이 있음을 알 수 있어서 취업을 희망하는 이유가 자신과 삶에 대한 향상감이 높은 영향을 준다는 것을 알 수 있다.

외생변인인 건강과 심리·사회적 지지에 대한 검증결과는 표 63과 같다.

표 63. 외생 잠재변수(ξ)의 측정모형에 대한 계수 추정

관측변수	잠재변수	
	건강(ξ_1)	심리·사회적 지지(ξ_2)
건강양호(x_1)	1.000	–
취업희망(x_2)	1.620(0.371)	–
취업적 지지(x_3)	–	1.000
적절한 조절(x_4)	–	0.404(0.064)
정서적 지지(x_5)	1.382(0.311)	0.063(0.055)
사회적 지지(x_6)	–	−0.092(0.033)
비정형화(x_7)	–	0.127(0.335)

* ( ) 안의 값은 추정값의 표준오차(standard error)임

건강은 건강양호와 취업희망이라는 하위요인 외에도 정서적 지지에 영향을 미치는 것으로 나타났다. 건강할수록 정서적 지지를 높게 인식하는 것으로 나타났다.

심리·사회적 지지는 다섯 개의 하위요인에 영향을 주는 것으로 나타났다. 취업적 지지를 고정 특징 수 1.00을 할당하였는데, 적절한 조절은 0.404, 정서적 지지는 0.063, 사회적 지지는 -0.092, 비정형화에는 0.1.27의 영향력이 있음을 알 수 있다.

베타(BETA)는 잠재변인인 노동의욕, 직업준비, 취업욕구 사이에 나타나는 값을 의미하는데 이에 대한 추정결과는 표 64와 같다. 노동의욕은 직업준비와 취업욕구에 양의 관계에 있는 것으로 나타났으며, 직업준비도 취업욕구와 양의 관계에 있다.

표 64. 내생 잠재변수(η) 상호 간의 효과 추정

잠재변수	잠재변수		
	노동의욕(η_1)	직업준비(η_2)	취업욕구(η_3)
노동의욕(η_1)	–	–	–
직업준비(η_2)	1.853(0.419)	–	–
취업욕구(η_3)	0.553(0.142)	0.070(0.1458)	–

* ( ) 안의 값은 추정값의 표준오차(standard error)임

모형의 분석결과에서 감마(GAMMA)는 외생변인 즉, 건강요인과 심리·사회적 지지 요인이 잠재변수에 대해 갖는 값을 의미하는데, 그 결과는 표 65와 같다.

표 65. 외생 잠재변수(ξ)가 내생 잠재변수에 미치는 효과 추정

잠재변수	잠재변수	
	건강요인(ξ_1)	심리·사회적 지지(ξ_2)
노동의욕(η_1)	4.581(0.919)	0.579(0.166)
직업준비(η_2)	−5.678(2.236)	−0.709(0.333)
취업욕구(η_3)	−	0.465(0.141)

* (   ) 안의 값은 추정값의 표준오차(standard error)임

건강요인은 노동의욕과 직업준비에 영향을 주고 있으나 취업욕구에는 영향을 주지 않는 것을 볼 수 있다. 심리·사회적 지지요인은 노동의욕과 직업준비, 취업욕구 모두에 영향을 주고 있는 것을 볼 수 있다. 심리·사회적 지지와 노동의욕, 취업욕구는 양의 영향관계를 보이나 직업준비와는 음의 관계에 있다.

구조방정식에 따른 결정계수(Squared Multiple Correlations for Structural Equations: SMC)에 따르면 구조방정식 모형에 따른 총설명력은 노동의욕이 89.5%, 직업준비 87.4%, 취업욕구는 65.3%로 나타났으며 y변인에 대한 결정계수(SMC)는 y_1(열망)은 89.5%, y_2(일하고자 하는 의향 및 역량)는 55.3%, y_3(직업결정행동)은 76.8%, y_4(직업이해)는 66.0%, y_5(사회에의 참여)는 80.4%, y_6(자신과 삶에 대한 향상감)은 79.7%, y_7(경제적 욕구)은 51.1%로 나타나서 y값이 관찰되는 정도에서 일하고자 하는 의향 및 역량과 경제적 욕구의 설명력이 상대적으로 약간 낮다고 할 수 있다.

x변인에 대한 결정계수(SMC)는 x_1(건강양호) 10.9%, x_2(취업희망) 63.3%, x_3(취업적 지지) 92.9%, x_4(적절한 조절) 26.8%, x_5(정서적 지지) 39.3%, x_6(사회적 지지) 3.6 %, x_7(비정형화) 6.3%로 나타나서 사회적 지지와 비정형화에서 상대적으로 아주 낮다고 할 수 있다.

다음은 추정된 모형(그림 15)에 대한 적합도 분석을 나타내는 그

림(Q-plot)과 적합도 표이다. 그림 16은 표준화된 잔차의 Q 그림표
를 나타내는데, 기울기가 45도인 직선과 거의 일치하게 나타나서 가
정된 구조방정식 모형이 측정된 자료를 잘 설명하고 있음을 알 수
있다.

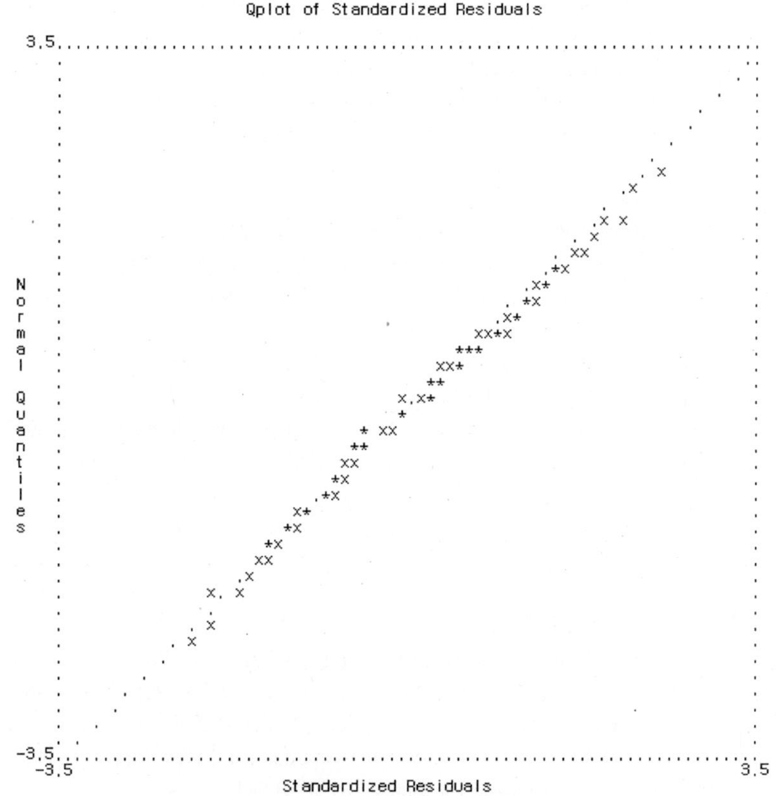

그림 16. 노령 장애인 집단 연구모형의 표준잔차의 Q그림표

표 66. 노령 장애인 집단의 연구모형 적합도

Goodness of Fit Statistics
Degrees of Freedom = 54
Minimum Fit Function Chi-Square = 55.586 (P = 0.415)
Normal Theory Weighted Least Squares Chi-Square = 53.818 (P = 0.481)
Estimated Non-centrality Parameter (NCP) = 0.0
90 Percent Confidence Interval for NCP = (0.0, 21.183)
Minimum Fit Function Value = 0.240
Population Discrepancy Function Value (F0) = 0.0
90 Percent Confidence Interval for F0 = (0.0, 0.0913)
Root Mean Square Error of Approximation (RMSEA) = 0.0
90 Percent Confidence Interval for RMSEA = (0.0, 0.0411)
P-Value for Test of Close Fit (RMSEA $<$ 0.05) = 0.989
Expected Cross-Validation Index (ECVI) = 0.672
90 Percent Confidence Interval for ECVI = (0.672, 0.764)
ECVI for Saturated Model = 0.905
ECVI for Independence Model = 6.921
Chi-Square for Independence Model with 91 Degrees of
Freedom = 1577.703
Independence AIC = 1605.703, Model AIC = 155.818, Saturated AIC = 210.000
Independence CAIC = 1668.018, Model CAIC = 382.821, Saturated
CAIC = 677.359
Root Mean Square Residual (RMR) = 0.409
Standardized RMR = 0.0349
Goodness of Fit Index (GFI) = 0.968
Adjusted Goodness of Fit Index (AGFI) = 0.938
Parsimony Goodness of Fit Index (PGFI) = 0.498
Normed Fit Index (NFI) = 0.965, Non-Normed Fit Index (NNFI) = 0.998
Parsimony Normed Fit Index (PNFI) = 0.572
Comparative Fit Index (CFI) = 0.999, Incremental Fit Index (IFI) = 0.999,
Relative Fit Index (RFI) = 0.941
Critical N (CN) = 339.362

노령 장애인 집단의 구조방정식 모형의 적합도 기준을 살펴보면 카이스퀘어와 자유도는 적절한 값으로 나타났다(χ^2 =55.586, df =54, p =0.415). 또한 기초 부합치(Goodness of Fit Index: GFI)는 0.968,

조정 부합치(Adjusted Goodness of Fit Index: AGFI)는 0.938, 기준 적합도 지수(Normed Fit Index: NFI)는 0.965, 그리고 비교 부합지수(Comparative Fit Index: CFI)는 0.999로 조사되었다. 이와 같이 실용적인 적합도를 나타내어 주는 지수들이 모두 .90을 상회함으로 제시된 모형이 적합하다고 말할 수 있다. 덧붙어 근사원소 평균자승 오차((Root Mean Square Error of Approximation: RMSEA)도 0.00 으로서 .05의 기준보다도 적은 수치를 보여주고 있으므로 모형의 적합도 지수는 모두 허용된 범위 안에 있다고 볼 수 있다. LISREL 검증이 제공한 적합도(Goodness of Fit Statistics) 지수들을 정리한 것은 표 67이다.

표 67. 연구가설 모형의 적합지수 결과

구 분	X^2	df	p-value	RMSEA	GFI	NFI	CFI	AGFI
권장수준	–	–	〉.05	〉.05	.90 이상	.90 이상	.90 이상	.90 이상
연구모형	55.586	54	0.415	0.00	0.968	0.965	0.999	0.938

다음은 연구가설에 대한 검증결과이다.

H1 건강수준에 대한 가설 검증

H1-1 건강수준이 노동의욕에 영향을 미칠 것이라는 가설은 t값이 4.985로서 채택되었다.

H1-2 건강수준이 직업준비에 영향을 미칠 것이라는 가설은 t값이 -2.539로서 채택되었다.

H1-3 건강수준이 취업욕구에 영향을 미칠 것이라는 가설은 직접적인 영향력이 없는 것으로 나타나 기각되었다.

H2 심리·사회적 지지에 대한 가설 검증

H2-1 심리·사회적 지지는 노동의욕에 영향을 미칠 것이라는 가
     설은 t값이 3.488로서 채택되었다.

H2-2 심리·사회적 지지는 직업준비에 영향을 미칠 것이라는 가
     설은 t값이 -2.218로서 채택되었다.

H2-3 심리·사회적 지지는 취업욕구에 영향을 미칠 것이라는 가
     설은 t값이 3.304로서 채택되었다.

H3 노동의욕에 대한 가설 검증

H3-1 노동의욕은 직업준비에 영향을 미칠 것이라는 가설은 t값이
     4.426으로서 채택되었다.

H3-2 노동의욕은 취업욕구에 영향을 미칠 것이라는 가설은 t값이
     3.889로서 채택되었다.

H4 직업준비에 대한 가설 검증

H4-1 직업준비는 취업욕구에 영향을 미칠 것이라는 가설은 t값이
     0.485로서 기각되었다.

각 예측변인이 취업욕구에 미치는 효과와 관계를 분석했을 때, 아
홉 개의 예측변인들 중 7개가 유의한 효과를 갖고 있는 것으로 파악
되었다. 연구가설 검증결과 직업준비는 취업욕구를 직접적으로 예측
하는 변인으로 나타나지는 않았다. 그러나 건강, 노심리·사회적 지
지, 노동의욕과 영향관계에 있기 때문에 노령 장애인의 취업욕구를
예측하는 요인들로 구성되어 있음을 알 수 있다.

표 68은 기각된 가설에 대한 간접효과를 나타내고 있다. 각각의 값
들을 살펴보면 다음과 같다.

표 68. 연구가설 모형의 직접, 간접, 총 효과

영향을 받는 변인	영향을 주는 변인	직접효과	간접효과	총 효과
노동의욕	열망	–	–	1.000
	취업의향 및 역량	0.505	–	0.505
	직업결정행동	–	1.853	1.853
	직업이해	–	1.484	1.484
	사회에의 참여	–	0.683	0.683
	자신과 삶의 향상감	–	0.800	0.800
	경제적 욕구	0.221	0.260	0.481
직업준비	열망	–	–	–
	취업의향 및 역량	–	–	
	직업결정행동	–	–	1.000
	직업이해	0.801	–	0.801
	사회에의 참여	–	0.070	0.070
	자신과 삶의 향상감	–	0.082	0.082
	경제적 욕구	–	0.027	0.027
취업욕구	열망	–	–	–
	취업의향 및 역량	–	–	–
	직업결정행동	–	–	–
	직업이해	–	–	–
	사회에의 참여	–	–	1.000
	자신과 삶의 향상감	1.173	–	1.173
	경제적 욕구	0.381	–	0.381
노동의욕	건강	4.581	–	4.581
	심리사회적 지지	0.579	–	0.579
직업준비	건강	−5.678	8.489	2.811
	심리사회적 지지	−0.709	1.074	0.365
	노동의욕	1.853	–	1.853
취업욕구	건강	–	2.729	2.729
	심리사회적 지지	0.465	0.346	0.811
	노동의욕	0.683	–	0.683
	직업준비	0.070	–	0.070

　기각된 가설에 대한 간접효과를 살펴보면 변인들 간의 직·간접 효과 검증직접효과는 변수 간의 직접적인 경로계수로 표시되는 효과이다. 반면 간접효과는 어떤 변수가 제3의 변수를 경유하여 다른 변수에 미치는 효과를 나타낸다. 결과적으로 직업준비 요인을 제외한 나머지 요인은 노령 장애인의 취업욕구에 영향을 미치는 요인들로 구성된 것을 알 수가 있다.

　　(2) 비장애 노인 집단

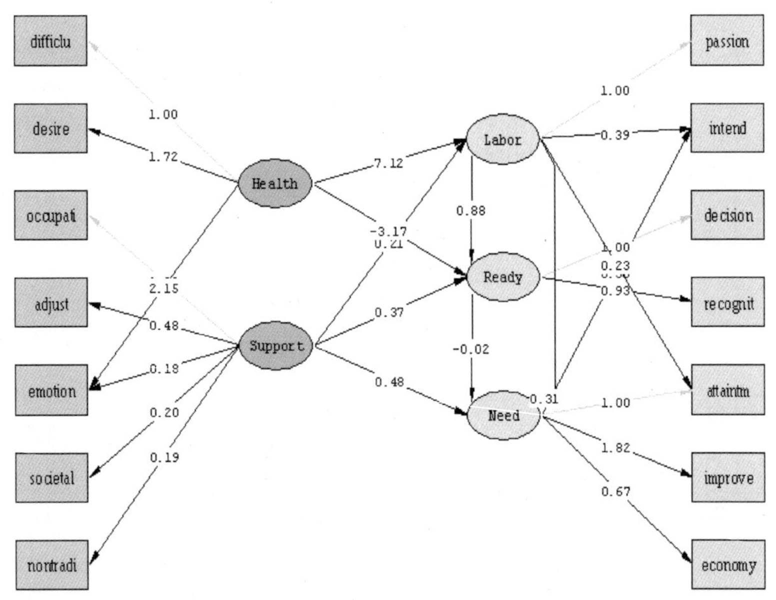

difficul: 건강양호	societal: 사회적 지지	recognit: 직업이해
desire: 취업희망	nontradi: 비정형화	attaintm: 사회에의 참여
occupati: 취업적 지지	passion: 열망	improve: 자신과 삶의 향상감
adjust: 적절한 조절	intend: 일하고자 하는 의향 및 역량	economy: 경제적 욕구
emotion: 정서적 지지	decision: 직업결정행동	

그림 17. 비장애 노인 집단의 연구가설 경로도

비장애 노인 집단의 각 척도별 하위요인에서 건강, 노동의욕, 심리ㆍ사회적 지지, 직업준비에 대한 점수는 다음과 같다.

노동의욕이라는 잠재변수는 열망이라는 요인과 취업의향 및 역량이라는 관측변수에 영향을 주며 모형해석의 편의성을 위하여 노동의욕이 관측변수 중의 하나인 열망 요인에 대한 설명 정도를 1.00이라고 한다면, 취업의향 및 역량 요인은 0.387의 영향을 받고 있음을 알 수 있다. 또한 노동의욕은 사회에의 참여라는 취업욕구의 하위요인에도 0.228만큼의 영향을 받고 있음을 알 수 있다.

잠재변수 직업준비는 직업결정행동과 직업이해에 영향을 주고 있다. 직업결정행동을 고정 특징 수 1.00을 할당하였는데, 직업이해는 0.926의 영향력이 있음을 알 수 있다.

잠재변수 취업욕구 요인은 사회참여, 자신과 삶에 대한 향상감, 경제적 욕구라는 관측변수를 설명해 주는데, 사회참여 요인이 1.00이라고 할 때, 향상감은 1.821, 경제적 욕구는 0.668의 영향력이 있음을 알 수 있어서 취업을 희망하는 이유가 자신과 삶에 대한 향상감이 높은 영향을 준다는 것을 알 수 있다. 취업욕구 요인은 취업의향 및 역량이라는 노동의욕 하위요인에도 영향을 받는 것으로 나타나고 있다.

표 69. 내생 잠재변수(η)의 측정모형에 대한 계수 추정

관측변수	잠재변수		
	노동의욕(η_1)	직업준비(η_2)	취업 욕구(η_3)
열망(y_1)	1.000	–	–
취업의향 및 역량(y_2)	0.387(0.041)	–	0.304(0.062)
직업결정(y_3)	–	1.000	–
직업이해(y_4)	–	0.926(0.068)	–
사회참여(y_5)	0.228(0.062)	–	1.000
향상감(y_6)	–	–	1.821(0.212)
경제적(y_7)	–	–	0.668(0.078)

* ( ) 안의 값은 추정값의 표준오차(standard error)임

외생변인인 건강과 심리·사회적 지지에 대한 검증결과는 표 70과 같다.

표 70. 외생 잠재변수(ξ)의 측정모형에 대한 계수 추정

관측변수	잠재변수	
	건강(ξ_1)	심리·사회적 지지(ξ_2)
건강양호(x_1)	1.000	–
취업희망(x_2)	1.719(0.445)	–
취업적 지지(x_3)	–	1.000
적절한 조절(x_4)	–	0.479(0.067)
정서적 지지(x_5)	2.146(0.599)	0.177(0.100)
사회적 지지(x_6)	–	0.199(0.064)
비정형화(x_7)	–	0.188(0.046)

* ( ) 안의 값은 추정값의 표준오차(standard error)임

건강은 건강양호와 취업희망이라는 하위요인 외에도 노령 장애인 그룹과 마찬가지로 정서적 지지에 영향을 미치는 것으로 나타났다. 심리·사회적 지지는 다섯 개의 하위요인에 영향을 주는 것으로 나타났다. 취업적 지지를 고정 특징 수 1.00을 할당하였는데, 적절한 조절은 0.479, 정서적 지지는 0.177, 사회적 지지는 0.199, 비정형화에는 0.188의 영향력이 있음을 알 수 있다. 특히 심리·사회적 지지요인에서 노령 장애인 그룹의 경우 사회적 지지에서 음의 관계를 보인 반면 비장애 노인 그룹은 양의 관계를 보이는 것으로 나타나고 있다.

다음은 잠재변인인 노동의욕, 직업준비, 취업욕구 사이에 나타나는 값(BETA) 살펴보았는데 추정결과는 표 71과 같다. 노동의욕은 직업준비와 취업욕구에 영향을 미치는 것으로 나타났으며, 특히 직업준비에서 높은 영향력을 보이고 있다. 직업준비는 취업욕구에 음의 관계를 보이고 있다.

표 71. 내생 잠재변수(η) 상호 간의 효과 추정

잠재변수	잠재변수		
	노동의욕(η_1)	직업준비(η_2)	취업욕구(η_3)
노동의욕(η_1)	-	-	-
직업준비(η_2)	0.880(0.339)	-	-
취업욕구(η_3)	0.311(0.067)	$-0.020(0.069)$	-

* ( ) 안의 값은 추정값의 표준오차(standard error)임

외생변인 즉, 건강요인과 심리·사회적 지지요인이 잠재변수에 대해 갖는 (GAMMA)값은 표 72와 같다.

표 72. 외생 잠재변수(ξ)가 내생잠재변수에 미치는 효과 추정

잠재변수	잠재변수	
	건강요인(ξ_1)	심리·사회적 지지(ξ_2)
노동의욕(η_1)	7.122(1.855)	0.215(0.283)
직업준비(η_2)	$-3.175(2.758)$	0.367(0.200)
취업욕구(η_3)	-	0.483(0.141)

* ( ) 안의 값은 추정값의 표준오차(standard error)임

건강요인은 노동의욕과 직업준비에 영향을 주고 있으나 취업욕구에는 영향을 주지 않는 것을 볼 수 있다. 심리·사회적 지지요인은 노동의욕과 직업준비, 취업욕구에 영향을 주고 있으나, 직업준비와 취업욕구와는 통계적으로 유의한 영향관계($t > \pm 1.96$)가 아닌 것으로 나타났다.

구조방정식에 따른 결정계수(Squared Multiple Correlations for Structural Equations: SMC)에 따르면 구조방정식 모형에 따른 총설명력은 노동의욕이 90.9%, 직업준비 58.9%, 취업욕구는 51.9%로 나타났으

며 y변인에 대한 결정계수(SMC)는 y_1(열망)은 91.2%, y_2(일하고자 하는 의향 및 역량)는 65.4%, y_3(직업결정행동)은 73.6%, y_4(직업이해)는 82.5%, y_5(사회에의 참여)는 70.1%, y_6(자신과 삶에 대한 향상감)은 98.1%, y_7(경제적 욕구)은 37.2%로 나타나서 y값이 관찰되는 정도에서 경제적 욕구의 설명력이 상대적으로 가장 낮다고 할 수 있다.

x변인에 대한 결정계수(SMC)는 x_1(건강양호) 8.0%, x_2(취업희망) 48.9%, x_3(취업적 지지) 74.6%, x_4(적절한 조절) 31.7%, x_5(정서적 지지) 62.1%, x_6(사회적 지지) 4.8%, x_7(비정형화) 8.8%로 나타나서 사회적 지지와 비정형화에서 상대적으로 매우 낮다고 할 수 있다.

다음은 추정된 모형(그림 17)에 대한 적합도 분석을 나타내는 표준화된 잔차의 Q 그림이다. 기울기가 45도인 직선과 거의 일치하게 나타나서 가정된 구조방정식 모형이 측정된 자료를 잘 설명하고 있음을 알 수 있다.

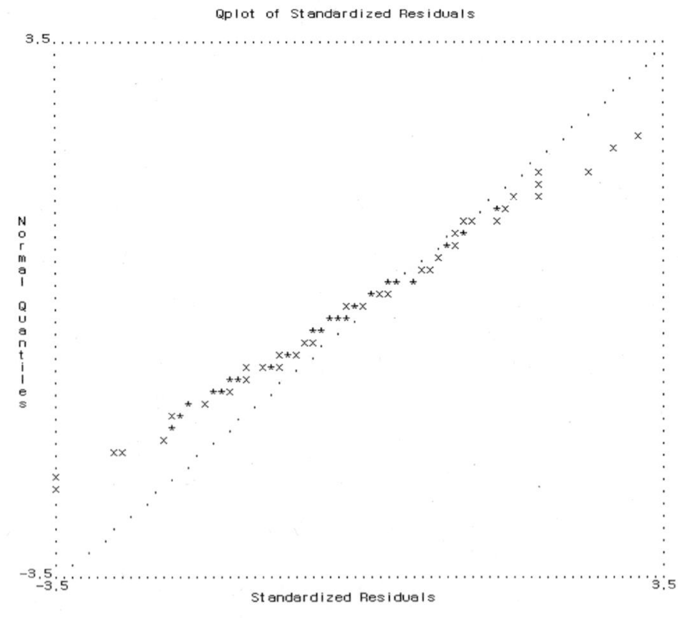

그림 18. 비장애 노인 집단 연구모형의 표준잔차의 Q그림표

표 73. 비장애 노인 집단의 연구모형 적합도

Goodness of Fit Statistics
Degrees of Freedom = 53
Minimum Fit Function Chi - Square = 87.043 (P = 0.00222)
Normal Theory Weighted Least Squares Chi - Square = 88.004 (P = 0.00179)
Estimated Non - centrality Parameter (NCP) = 35.004
90 Percent Confidence Interval for NCP = (13.070, 64.828)
Minimum Fit Function Value = 0.340
Population Discrepancy Function Value (F0) = 0.137
90 Percent Confidence Interval for F0 = (0.0511, 0.253)
Root Mean Square Error of Approximation (RMSEA) = 0.0508
90 Percent Confidence Interval for RMSEA = (0.0310, 0.0691)
P - Value for Test of Close Fit (RMSEA $<$ 0.05) = 0.451
Expected Cross - Validation Index (ECVI) = 0.750
90 Percent Confidence Interval for ECVI = (0.664, 0.867)
ECVI for Saturated Model = 0.820
ECVI for Independence Model = 7.703
Chi - Square for Independence Model with 91 Degrees of
Freedom = 1943.859
Independence AIC = 1971.859, Model AIC = 192.004, Saturated AIC = 210.000
Independence CAIC = 2035.546, Model CAIC = 428.556, Saturated
CAIC = 687.653
Root Mean Square Residual (RMR) = 0.433
Standardized RMR = 0.0466
Goodness of Fit Index (GFI) = 0.953
Adjusted Goodness of Fit Index (AGFI) = 0.907
Parsimony Goodness of Fit Index (PGFI) = 0.481
Normed Fit Index (NFI) = 0.955, Non - Normed Fit Index (NNFI) = 0.968
Parsimony Normed Fit Index (PNFI) = 0.556
Comparative Fit Index (CFI) = 0.982, Incremental Fit Index (IFI) = 0.982,
Relative Fit Index (RFI) = 0.923
Critical N (CN) = 235.827

LISREL 검증이 제공한 적합도(Goodness of Fit Statistics) 지수들을 정리한 것은 표 74이다.

표 74. 연구가설 모형의 적합지수 결과

구분	χ^2	df	p-value	RMSEA	GFI	NFI	CFI	AGFI
권장수준	–	–	>.05	>.05	.90 이상	.90 이상	.90 이상	.90 이상
연구모형	87.043	53	0.00222	0.0508	0.953	0.955	0.982	0.907

비장애 노인 그룹의 구조방정식 모형의 적합도 기준을 살펴보면 카이스퀘어와 자유도는 적절한 값이 아닌 것으로 나타났다(χ^2 =87.043, df =53, p =0.00222). 그러나 카이제곱 통계량 검증은 표본의 크기에 매우 영향을 받아서 소표본인 경우에는 부적절한 모형도 채택되는 경향이 있으며, 대표본의 경우에는 적절한 모형도 기각되는 제한점을 지니고 있기 때문에 단순히 카이제곱 통계량 검증만으로 모형의 적합도를 규정하는 것은 바람직하지 않다(배성우, 김이영, 2005). 적합도 측정을 위하여 추가적으로 적합도 지수(Goodness of Fit Index: GFI)를 확인한 결과 0.953으로서 적합도를 보여준다. 또한 조정 부합치(Adjusted Goodness of Fit Index: AGFI)는 0.907, 기준 적합도 지수(Normed Fit Index: NFI)는 0.955 그리고 비교 부합지수(Comparative Fit Index: CFI)는 0.982로 조사되었다. 이와 같이 실용적인 적합도를 나타내어 주는 지수들이 모두 .90을 상회함으로 제시된 모형이 적합하다고 말할 수 있다. 덧붙여 근사원소 평균자승오차((Root Mean Square Error of Approximation: RMSEA)도 0.0508로서 .05의 기준과 같은 수치를 보여주고 있으므로 적절한 모형이라고 볼 수 있다.

다음은 각각의 연구가설에 대한 검증결과를 살펴보았는데 다음과 같다.

H1 건강수준에 대한 가설 검증

H1-1 건강수준이 노동의욕에 영향을 미칠 것이라는 가설은 t값이 3.840으로서 채택되었다.

H1-2 건강수준이 직업준비에 영향을 미칠 것이라는 가설은 t값이
　　　-1.151로서 기각되었다.

H1-3 건강수준이 취업욕구에 영향을 미칠 것이라는 가설은 영향
　　　관계가 없는 것으로 나타나 기각되었다.

H2 심리·사회적 지지에 대한 가설 검증

H2-1 심리·사회적 지지는 노동의욕에 영향을 미칠 것이라는 가
　　　설은 t값이 0.758로서 기각되었다.

H2-2 심리·사회적 지지는 직업준비에 영향을 미칠 것이라는 가
　　　설은 t값이 1.832로서 기각되었다.

H2-3 심리·사회적 지지는 취업욕구에 영향을 미칠 것이라는 가
　　　설은 t값이 3.419로서 채택되었다.

H3 노동의욕에 대한 가설 검증

H3-1 노동의욕은 직업준비에 영향을 미칠 것이라는 가설은 t값이
　　　2.597로서 채택되었다.

H3-2 노동의욕은 취업욕구에 영향을 미칠 것이라는 가설은 t값이
　　　4.656으로서 채택되었다.

H4 직업준비에 대한 가설 검증

H4-1 직업준비는 취업욕구에 영향을 미칠 것이라는 가설은 t값이
　　　-0.283으로서 기각되었다.

　결과적으로 비장애 노인 그룹의 취업욕구 예측변인 간의 관계에서는 아홉 개의 가설 중 네 개만이 통계적으로 유의한 것으로 나타나서 노령 장애인 그룹과의 차이를 보이고 있다.

(3) 50세 미만 장애인 집단

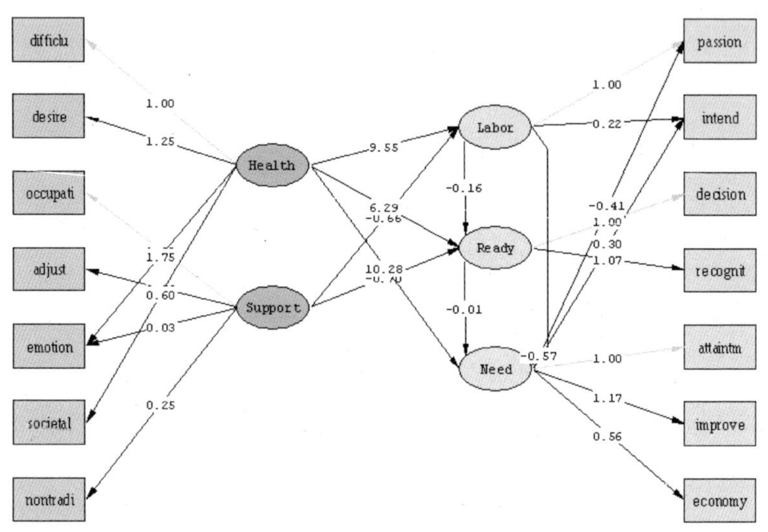

difficul: 건강양호 societal: 사회적 지지 recognit: 직업이해
desire: 취업희망 nontradi: 비정형화 attaintm: 사회에의 참여
occupati: 취업적 지지 passion: 열망 improve: 자신과 삶의 향상감
adjust: 적절한 조절 intend: 일하고자 하는 의향 및 역량 economy: 경제적 욕구
emotion: 정서적 지지 decision: 직업결정행동

그림 19. 50세 미만 장애인 집단의 연구가설 경로도

50세 미만 장애인 집단의 취업욕구에 영향을 갖는 변인들 간의 인과관계를 추정하고 각 외생변인과 내생변인들에 대한 모형 내 변인들의 총 효과(직접효과와 간접효과)의 크기를 산출하기 위한 추정모델을 구하였다. 연구모형은 네 가지의 주요한 예측변인에 의한 영향을 고려한 모형으로서 분석결과에서 표 75는 내생 잠재변수(η)의 측정모형(y)에 대한 계수 추정이며, 표 76은 외생 잠재변수(ξ)의 측정모형(x)에 대한 계수 추정이다.

표 75. 내생 잠재변수(η)의 측정모형에 대한 계수 추정

관측변수	잠재변수		
	노동의욕(η_1)	직업준비(η_2)	취업 욕구(η_3)
열망(y_1)	1.000	–	–0.408(0.728)
취업의향 및 역량(y_2)	0.223(0.065)	–	0.300(0.128)
직업결정(y_3)	–	1.000	–
직업이해(y_4)	–	1.070(0.093)	–
사회참여(y_5)	–	–	1.000
향상감(y_6)	–	–	1.174(0.062)
경제적(y_7)	–	–	0.559(0.046)

* ( ) 안의 값은 추정값의 표준오차(standard error)임

열망은 노동의욕뿐만 아니라 취업욕구에도 영향을 미치며 취업욕구에서는 음의 관계를 보이고 있다.

노동의욕이라는 잠재변수는 열망이라는 요인과 취업의향 및 역량이라는 관측변수에 영향을 주며 모형해석의 편의성을 위하여 노동의욕이 관측변수 중의 하나인 열망 요인에 대한 설명 정도를 1.00이라고 한다면, 의향 및 역량 요인은 0.223의 영향을 받고 있음을 알 수 있다.

잠재변수 직업준비는 직업결정행동과 직업이해에 영향을 주고 있다. 직업결정행동을 고정 특징 수 1.00을 할당하였는데, 직업이해는 1.070의 영향력이 있음을 알 수 있다.

잠재변수 취업욕구 요인은 사회참여, 자신과 삶에 대한 향상감, 경제적 욕구라는 관측변수를 설명해 주는데, 사회참여 요인이 1.00이라고 할 때, 향상감은 1.174, 경제적 욕구는 0.559의 영향력이 있음을 알 수 있어서 취업을 희망하는 이유가 자신과 삶에 대한 향상감이 높은 영향을 준다는 것을 알 수 있다. 50세 미만 장애인의 취업욕구는 열망과 취업의향 및 업무역량이라는 노동의욕 하위요인 외에도

영향을 받는 것으로 나타나고 있다.

외생변인인 건강과 심리·사회적 지지에 대한 검증결과는 표 76과 같다.

표 76. 외생 잠재변수(ξ)의 측정모형에 대한 계수 추정

관측변수	잠재변수	
	건강(ξ_1)	심리·사회적 지지(ξ_2)
건강양호(x_1)	1.000	–
취업희망(x_2)	0.253(0.319)	–
취업적 지지(x_3)	–	1.000
적절한 조절(x_4)	–	0.557(0.138)
정서적 지지(x_5)	1.750(0.410)	0.033(0.084)
사회적 지지(x_6)	0.600(0.212)	–
비정형화(x_7)	–	0.249(0.087)

* ( ) 안의 값은 추정값의 표준오차(standard error)임

건강은 건강양호와 취업희망이라는 하위요인 외에도 정서적 지지와 사회적 지지에 영향을 미치는 것으로 나타났다. 노령 장애인 그룹과 비장애 노인 그룹의 경우 정서적 지지와만 영향관계를 지녔지만, 50세 미만 장애인의 경우에는 정서적 지지 외에도 사회적 지지와도 영향관계를 지니는 것으로 나타나고 있다. 심리·사회적 지지는 다섯 개의 하위요인 중에 취업적 지지를 고정 특징 수 1.00을 할당하였는데, 적절한 조절은 0.557, 정서적 지지는 0.033, 비정형화에는 0.249의 영향력이 있음을 알 수 있다. 심리·사회적 지지요인의 하위요인인 사회적 지지와는 영향관계가 없는 것으로 나타난 것이 노령 장애인 그룹, 비장애 노인 그룹과의 차이로 나타난다.

다음은 잠재변인인 노동의욕, 직업준비, 취업욕구 사이에 나타나는 값(BETA)의 추정결과는 표 77과 같다. 노동의욕은 직업준비와 취업

욕구에 음의 관계를 지니며, 직업준비 또한 취업욕구와 음의 관계를 지니고 있다.

표 77. 내생 잠재변수(η) 상호 간의 효과 추정

잠재변수	잠재변수		
	노동의욕(η_1)	직업준비(η_2)	취업욕구(η_3)
노동의욕(η_1)	–	–	–
직업준비(η_2)	$-0.158(0.570)$	–	–
취업욕구(η_3)	$-0.566(0.676)$	$-0.013(0.243)$	–

* ( ) 안의 값은 추정값의 표준오차(standard error)임

모형의 분석결과에서 감마(GAMMA)는 외생변인 즉, 건강요인과 심리·사회적 지지요인이 잠재변수에 대해 갖는 값을 의미하는데, 그 결과는 표 78과 같다.

표 78. 외생 잠재변수(ξ)가 내생 잠재변수에 미치는 효과 추정

잠재변수	잠재변수	
	건강요인(ξ_1)	심리·사회적 지지(ξ_2)
노동의욕(η_1)	9.548(4.643)	$-0.660(0.477)$
직업준비(η_2)	6.289(6.362)	$-0.695(0.591)$
취업욕구(η_3)	10.280(6.348)	–

* ( ) 안의 값은 추정값의 표준오차(standard error)임

건강요인은 노동의욕, 직업준비, 취업욕구에 영향을 주고 있으나 t값을 살펴보면 노동의욕은 $t=2.057$, 직업준비는 $t=0.989$, 취업욕구는 $t=1.619$로 나타나 노동의욕에만 통계적으로 유의한 결과를 보여주고 있다. 심리·사회적 지지는 노동의욕과 직업준비에 영향을 주는 것으로 나타나고 있으나 t값을 보면 둘 모두 통계적으로 유의한 결과를

보여주지 않고 있다.

50세 미만 장애인 그룹의 취업욕구 연구가설의 구조방정식에 따른 결정계수(Squared Multiple Correlations for Structural Equations: SMC)에 따르면 구조방정식 모형에 따른 총설명력은 노동의욕이 60.2%로 나타나고 있으나 직업준비와 취업욕구에는 없는 것으로 나타났으며 y변인에 대한 결정계수(SMC)는 y_1(열망)은 100%, y_2(일하고자 하는 의향 및 역량)는 51.8%, y_3(직업결정행동)은 60.6%, y_4(직업이해)는 90.3%, y_5(사회에의 참여)는 77.6%, y_6(자신과 삶에 대한 향상감)은 80.0%, y_7(경제적 욕구)은 41.4%로 나타나서 y값이 관찰되는 정도에서 일하고자 하는 의향 및 역량과 경제적 욕구의 설명력이 상대적으로 약간 낮다고 할 수 있다.

x변인에 대한 결정계수(SMC)는 x_1(건강양호) 6.5%, x_2(취업희망) 21.2%, x_3(취업적 지지) 39.9%, x_4(적절한 조절) 18.1%, x_5(정서적 지지) 34.0%, x_6(사회적 지지) 4.4%, x_7(비정형화) 6.3%로 나타나서 건강양호, 사회적 지지와 비정형화에서 상대적으로 아주 낮다고 할 수 있다.

추정된 모형(그림 19)에 대한 적합도 분석을 보면 아래 그림(Q-plot)과 적합도 표 76과 같다. 그림 20은 표준화된 잔차의 Q 그림표를 나타내는데, 기울기가 45도인 직선과 거의 일치하게 나타나서 가정된 구조방정식 모형이 측정된 자료를 잘 설명하고 있음을 알 수 있다.

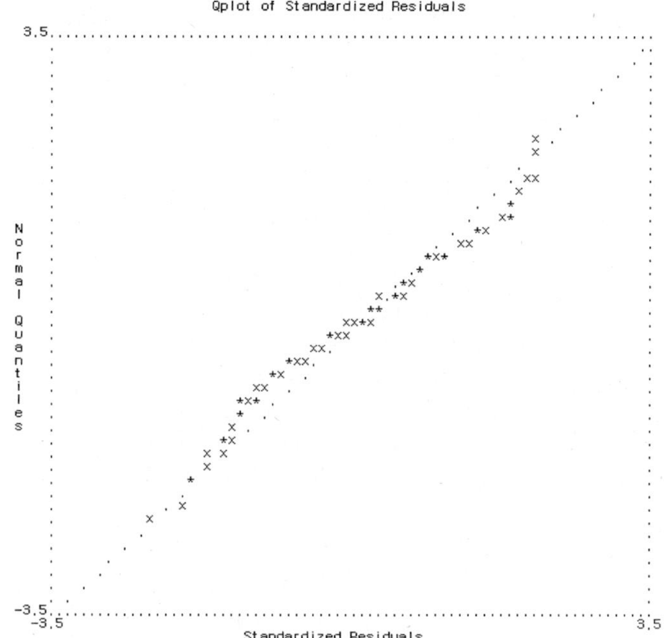

그림 20. 50세 미만 장애인 집단 연구모형의 표준잔차의 Q그림표

표 79. 50세 미만 장애인 집단의 연구모형 적합도

Goodness of Fit Statistics
Degrees of Freedom = 49
Minimum Fit Function Chi-Square = 42.316 (P = 0.739)
Normal Theory Weighted Least Squares Chi-Square = 42.354 (P = 0.738)
Estimated Non-centrality Parameter (NCP) = 0.0
90 Percent Confidence Interval for NCP = (0.0, 11.754)
Minimum Fit Function Value = 0.144
Population Discrepancy Function Value (F0) = 0.0
90 Percent Confidence Interval for F0 = (0.0, 0.0401)
Root Mean Square Error of Approximation (RMSEA) = 0.0
90 Percent Confidence Interval for RMSEA = (0.0, 0.0286)
P-Value for Test of Close Fit (RMSEA < 0.05) = 0.999
Expected Cross-Validation Index (ECVI) = 0.549

----

90 Percent Confidence Interval for ECVI = (0.549, 0.590)
ECVI for Saturated Model = 0.717
ECVI for Independence Model = 5.569
Chi - Square for Independence Model with 91 Degrees of
Freedom = 1603.756
Independence AIC = 1631.756, Model AIC = 154.354, Saturated AIC = 210.000
Independence CAIC = 1697.326, Model CAIC = 416.634, Saturated
CAIC = 701.776
Root Mean Square Residual (RMR) = 0.299
Standardized RMR = 0.0371
Goodness of Fit Index (GFI) = 0.980
Adjusted Goodness of Fit Index (AGFI) = 0.957
Parsimony Goodness of Fit Index (PGFI) = 0.457
Normed Fit Index (NFI) = 0.974, Non - Normed Fit Index (NNFI) = 1.008
Parsimony Normed Fit Index (PNFI) = 0.524
Comparative Fit Index (CFI) = 1.000, Incremental Fit Index (IFI) = 1.004,
Relative Fit Index (RFI) = 0.951
Critical N (CN) = 519.752

50세 미만 장애인 그룹의 구조방정식 모형의 적합도 기준을 살펴보면 카이스퀘어와 자유도는 적절한 값으로 나타났다(χ^2 = 42.316, df = 49, p = 0.739). 또한 기초 부합치(Goodness of Fit Index: GFI)는 0.980, 조정 부합치(Adjusted Goodness of Fit Index: AGFI)는 0.957, 기준 적합도 지수(Normed Fit Index: NFI) 0.974 그리고 비교 적합치(Comparative Fit Index: CFI)는 1.000으로 조사되었다. 이와 같이 실용적인 적합도를 나타내어 주는 지수들이 모두 .90을 상회함으로 제시된 모형이 적합하다고 말할 수 있다. 덧붙어 근사원소 평균자승오차((Root Mean Square Error of Approximation: RMSEA)도 0.0으로서 .05의 기준보다도 적은 수치를 보여주고 있으므로 모형의 적합도 지수는 모두 허용된 범위 안에 있다고 볼 수 있다. LISREL 검증이 제공한 적합도(Goodness of Fit Statistics) 지수들을 정리한 것은 표 80이다.

표 80. 연구가설 모형의 적합지수 결과

구 분	X^2	df	p−value	RMSEA	GFI	NFI	CFI	AGFI
권장수준	−	−	〉.05	〉.05	.90 이상	.90 이상	.90 이상	.90 이상
연구모형	42.316	49	0.739	0.0	0.980	0.974	1.000	0.957

각 예측변인이 취업욕구에 미치는 효과와 관계를 분석했을 때, 아홉 개의 예측변인들 중 건강수준이 노동의욕에 영향을 미칠 것이라는 가설만이 채택되어 앞의 두 집단과의 커다란 차이를 나타내고 있다.

각각의 연구가설에 대한 결과는 다음과 같이 나타낼 수 있다.

H1 건강수준에 대한 가설 검증

H1−1 건강수준은 노동의욕에 영향을 미칠 것이라는 가설은 t값이 2.057로서 채택되었다.

H1−2 건강수준은 직업준비에 영향을 미칠 것이라는 가설은 t값이 0.989로서 기각되었다.

H1−3 건강수준은 취업욕구에 영향을 미칠 것이라는 가설은 앞의 두 집단과는 다르게 영향관계를 보이는 것으로 나타났으나 t값이 1.619로서 가설이 기각되었다.

H2 심리·사회적 지지에 대한 가설 검증

H2−1 심리·사회적 지지는 노동의욕에 영향을 미칠 것이라는 가설은 t값이 −1.383으로서 기각되었다.

H2−2 심리·사회적 지지는 직업준비에 영향을 미칠 것이라는 가설은 t값이 −1.177로서 기각되었다.

H2−3 심리·사회적 지지는 취업욕구에 영향을 미칠 것이라는 가설에서 앞의 두 집단과는 다르게 영향관계를 나타내 보이지 않고 있어 연구가설은 기각되었다.

H3 노동의욕에 대한 가설 검증

H3-1 노동의욕은 직업준비에 영향을 미칠 것이라는 가설은 t값이
 -0.277로서 기각되었다.

H3-2 노동의욕은 취업욕구에 영향을 미칠 것이라는 가설은 t값이
 -0.838로서 기각되었다.

H4 직업준비에 대한 가설 검증

H4-1 직업준비는 취업욕구에 영향을 미칠 것이라는 가설은 t값이
 -0.052로서 기각되었다.

　연구가설 모형에 대한 이상의 결과를 요약해 보면 건강과 심리·사회적 지지와 노동의욕은 취업욕구와 유의한 영향관계를 지니는 것으로 나타나고 있다. 한편 직업준비는 취업욕구에 대한 직접적인 효과가 관찰되지 않는 것으로 나타났고 있지만 건강, 심리·사회적 지지, 노동의욕과의 영향관계에 있다는 것을 통해 취업욕구를 예측하는 변인들임을 알 수 있다. 그러나 직업준비가 직접적인 영향을 미치지 않는 것에 대한 이유를 살펴보면 장애를 지니고, 나이가 든 사람들에게는 다양한 직종의 직업을 선택하는 기회가 마련되어 있지 않는 현실적인 사회구조와 그에 대한 장애인과 노인의 인식이 잘 반영되어 있는 결과라는 것을 볼 수 있는 부분이라고 여겨진다. 이러한 직업에 대한 인식은 자신의 취업 및 재취업을 고려하는 데 있어 별로 도움이 되지 않는다는 행동으로 나타나게 되는데 따라서 개인 내적인 직업준비도 외에 사회가 제공하는 충분한 직업기회의 마련, 직업준비를 위한 프로그램의 제공, 이러한 문제에 대한 시설이나 기관이 지녀야 할 문제점의 인식 등의 직업준비와 관련된 부분도 면밀히 고려되어야 할 필요성이 대두된다는 것을 깊이 생각해 볼 수 있을 것이다.

Ⅴ 결 론

　본 연구의 목적은 노령 장애인의 취업욕구에 영향을 미치는 요인을 구명하고, 각각의 요인들에 있어서 장애를 지닌 집단과 비장애 집단 간의 차이를 밝히며, 취업욕구 활성화를 위한 이론적 가설 모형을 확정하는 데 있다. 본 장에서는 이러한 목적에 따라 분석된 연구결과를 요약·정리하고, 앞으로의 연구에 대한 제안과 결론을 제시하고 있다.

1. 요약 및 결과

　본 연구를 통해 나타난 주요 결과들은 다음과 같다.

　첫째, 가설적 이론모형에 사용된 변수들은 건강요인, 노동의욕 요인, 심리·사회적 지지요인, 직업준비 요인, 취업욕구 요인 다섯 개로 구성되어 있는데 요인분석을 실시한 결과 각각 2개, 2개, 5개, 2개, 3개의 요인으로 추출되었다. 각각은 다음과 같다. 건강요인은 건강양호와 취업희망으로 구성되었고, 노동의욕은 일에 대한 열망과 일하고자 하는 의향과 역량으로 구성되어 있었으며, 심리·사회적 지지는 취업적 지지, 적절한 조절, 정서적 지지, 사회적 지지, 비정형화와 같이 총 다섯 개로 구성되어 있고, 직업준비는 직업결정행동과 직업에 대한 이해로 구성되었다. 마지막 취업욕구는 사회에의 기여, 삶과 자신에 대한 향상감, 경제적 욕구로 구성되어 있다. 총 14개의 측정변수가 도출되었다.

둘째, 노령 장애인과 비교집단(비장애 노인, 50세 미만 장애인) 간의 분포를 면밀히 조사한 결과, 노령 장애인 집단과 비교집단(비장애 노인, 50세 미만 장애인) 간에는 차이를 가지고 있었다. 카이스퀘어 검정을 실시한 결과 집단 간 유의미한 차이를 나타내는 것으로 나타났다. 기본적으로 노령 장애인 집단과 비장애 노인 집단, 50세 미만 장애인 집단에서 인구통계학적 특성(연령, 교육수준, 결혼상태), 경제적 상태(의료비용, 지원 금액), 직업적 상태(과거 취업유무, 과거 취업기간, 과거 취업형태, 현재 직업유무, 최근 1년간의 일의 여부)에 있어 차이를 나타내고 있다.

셋째, 집단 간(노령 장애인과 비교집단)의 각 요인에서의 차이를 분석하고자 각 척도별 하위요인과 각 척도의 전체 점수를 합해서 분석을 실시한 결과, 건강요인에서는 건강양호와 건강전체 수준에서 차이가 있었고, 노동의욕에서는 일을 하고자 하는 의향과 역량, 노동의욕 전체 점수에서 차이가 나타났다. 또한 심리·사회적 지지에서는 적절한 조절, 정서적 지지, 사회적 지지, 비정형성, 그리고 심리·사회적 지지의 전체 점수에서 차이를 나타내었다. 결과적으로 장애를 지닌 집단이 심리·사회적 지지가 낮은 것을 알 수 있다. 다음으로 직업준비에 있어서는 직업결정행동, 직업에 대한 이해, 직업준비 전체 점수에서 차이를 보였으며, 취업욕구에서는 각각의 하위요인 모두와 전체 취업욕구 점수에서 차이를 나타냈다.

넷째, 일반적 특성에 따른 척도별 차이를 구명한 결과, *t*검증에서 성별은 취업욕구에서만 차이가 나타났다. ANOVA를 통한 평균비교에서는 건강수준에 영향을 미치는 것으로 나타난 것은 연령, 교육수준, 결혼상태, 지원 금액으로 나타났으며, 노동의욕은 연령, 교육수준, 결혼상태, 취업유형에서 차이를 보였다. 심리·사회적 지지는 연령, 교육수준, 결혼상태에서 차이를 보였고, 직업준비에서는 연령, 교육수준, 결혼상태, 취업기간, 취업유형에서 차이가 나타났다. 마지막 취업 욕구에서도 연령, 교육수준, 결혼상태, 과거 취업기간, 취업유형에서 차이를 보였다. 장애관련 특성에서의 차이를 분석한 결과, 장애발생 시기에서 건강인식 수준의 차이를 나타내었고, 노동의욕에서는 장애 발생 시기와 장애유형, 심리·사회적 지지에서는 장애유형과 장애발 생 원인, 직업준비에서는 장애와 관련된 네 가지 특성 모두에서 통계 적으로 유의미한 차이를 보였다. 취업욕구에 있어서는 장애발생 시기 에서 차이가 나타났다.

다섯째, 연구에 대한 가설을 검증한 결과 건강, 노동의욕, 심리·사 회적 지지, 직업준비, 취업욕구 다섯 개의 척도들 간에 관련성이 있 는 것으로 나타났다. 그러나 이론적 가설 모형에서의 직업준비는 직 접적인 관련성이 없는 것으로 밝혀졌다. 그러나 건강, 심리·사회적 지지, 노동의욕과 영향관계에 있기 때문에 취업욕구를 예측하는 변인 들로 볼 수 있다. 그리고 연구가설의 모형 적합도 지수는 모두 허용 된 범위 안에 있기 때문에 매우 적합한 모형으로 취업욕구를 예측할 수 있는 것으로 나타났다. 9개로 설정한 가설에서 6개의 가설이 채택 되었다. 건강요인은 노동의욕과 직업준비에 영향을 미치는 것으로 나 타나고 있고, 심리·사회적 지지는 노동의욕과 취업욕구에 영향을 미 치는 것으로, 노동의욕은 직업준비와 취업욕구에 영향을 미치는 것으 로 나타났다. 심리·사회적 지지는 노동의욕을 통해서 취업욕구에 간 접효과를 미친다고 볼 수 있다. 다음 직업준비는 취업욕구에 영향을 미치지 않는 것으로 조사되었다. 건강요인과 직업준비가 취업욕구에 영향을 미치는 않는 것으로 나타나고 있지만 건강요인은 노동의욕을 매개로 간접적인 효과를 미치는 것으로 나타나고 있다. 즉, 건강의 곤란은 직업준비와 취업욕구에서 제한점을 가져다주지만 노동의욕이 라는 요인에 의해서 취업욕구에 간접적 효과를 미친다는 것을 알 수 가 있다. 이 결과를 통해 노령 장애인의 취업 및 재취업 욕구는 건강, 심리·사회적 지지, 노동의욕, 직업준비라는 요인에 영향을 받는 다는 것으로 나타나 앞으로의 정책결정 및 서비스에서 이러한 요인들에 대한 충분한 고려가 이루어져야 한다는 것을 알 수 있다.

마지막으로, 연구에 대한 가설 검증을 각 집단별로 비교 분석하였다. 그 결과 이론적으로 설정한 모형은 노령 장애인 그룹에서만 가장 적절한 것으로 입증되었다. 따라서 노령 장애인의 취업프로그램 개발 시에는 이러한 결과를 충분히 고려하여 다른 집단과 차별화된 프로 그램이나 서비스가 제공되어야만 할 것이다.

2. 논의 및 제언

이상의 연구결과를 바탕으로 본 연구에서는 다음과 같이 결론을 도출하였다.

첫째, 개념적인 요인모형과 경험적인 요인모형이 일치하는 것으로 나타나 본 연구에서 제시한 다섯 개의 척도는 노령 장애인의 취업욕 구를 예측하는 데 유용한 정보를 제공하였다.

둘째, 연령, 교육수준, 결혼상태는 모든 집단에서 취업욕구의 차이를 예측하는 주요한 변수로 나타났다. 교육 정도가 취업에 유리하지 않은 것으로 나타나고 있으며, 결혼상태에 있어서는 별거·이혼·사별자가 취업욕구에서 낮은 점수를 보이는데 이들은 생계를 위해서 경제활동을 해야 하지만 취업하기는 어려운 현실을 보여준다. 노령 장애인의 경우 직업을 준비하는 과정에서도 많은 제한점, 그리고 계속된 실업으로 인한 실망감들이 직업준비와 같은 부분에 영향을 미친다는 것을 알 수 있다. 장애인 집단은 비장애 노인 집단보다 낮은 취업욕구를 보이고 있으며 장애인 집단 중에서도 노령 장애인이 가장 낮은 점수를 나타내고 있다. 노령 장애인의 경우 장애인과 노인 집단 어디에서도 서비스 대상이 되지 못하고 있다. 장애와 노령이라는 이중의 부담을 안고 있는 노령 장애인에 대한 관심과 제도, 정책이 필요시됨으로써 사료되며 그를 위해 우선적으로 정책적 뒷받침이 되는 노령 장애인의 취업희망, 취업욕구, 취업실태 등과 같은 연구가 선행되어야 할 것이다.

본 연구에서는 노령 장애인의 취업욕구에 영향을 미치는 영향을 제시하여 노령 장애인의 취업활성화를 위한 제도적 함의를 주고자 하였다. 결론적으로 직업재활상담사나 재활상담사들은 재활상담과정에서 임상적으로 많은 역할과 기능을 수행하여야 할 책무성을 지니고 있지만, 특히 그 가운데에서 노령 장애인들이 사회적으로 자신들이 소외되거나 고립되지 않고 충분한 지지자원들을 확보하고 있음을 느낄 수 있도록 심리·사회적 지지를 먼저 제공하고, 특히 일반생활에서 직면하는 다양한 상황에서 지지를 받을 수 있도록 접근하여야 할 것이다. 또한 스스로가 느끼는 직업준비에서의 비교집단과의 차이에서의 결과를 보면 노령 장애인 스스로 직업을 가지기 위한 준비행동, 직업이해 등의 동기부여를 해주고자 노력하여야 할 것이다. 아울러 제도적으로도 사회적 지지체계의 인프라를 구축하여 제공할 수 있도록 기반을 조성하고, 이들에 대한 적절한 취업형태의 조절을 마련하여야 할 것이다. 시간제 취업이나 격일제 취업 등과 같이 노령 장애인에게 적합한 체계적인 시스템을 마련함으로서 노령 장애인의 취업을 활성화시킬 수 있게 될 것으로 기대된다.

결국 계속되는 고령화 사회에서 노인인구의 구성은 점차 더 고령으로 증가할 것으로 예상되는바 생활주기에서 건강한 노령기와 의존적 노령기의 기간도 연장되고 있으며, 경제적, 신체적 등에서 차이가 커져서 앞으로 노인 집단은 훨씬 이질적이고 다양한 집단으로 구성될 전망이다. 따라서 이러한 집단에 대한 서비스의 개발을 위해서 우선적으로 지역사회 노령 장애인의 건상상태, 취업욕구 등에 대한 정확한 조사와 평가가 필요시되며 더불어 노령 장애인 개인적 측면에서뿐만 아니라 노동 공급적 측면에서의 요인을 덧붙여 폭넓고 다각화된 요인들을 구명하여야 할 것이다. 이를 위해 질적 연구와 같이 심도 있는 취업욕구 요인에 대한 연구가 필요할 것이다.

전문상담사, 재활상담사들은 노령 장애인 그룹에 대한 관심과 이해 부족으로 노인의 다양한 서비스 욕구를 방해하며 심각한 결과를 초래하게 된다. 특히, 서비스 조정과 균형은 다양한 노령인구에게도 제공되어야 하며 노인과 관련된 이슈와 문제에 대해 재훈련되어야 하고, 그들의 욕구에 민감해야만 한다. 또한 노령 장애인의 경제활동 참여를 높이기 위해서는 정부와 사회의 변화뿐만 아니라 장애인 스스로의 노력도 필요하다고 여겨진다. 장애인의 경우 일하려는 스스로의 의지가 상당히 중요하다고 추정된다. 결국, 장애인은 스스로가 사회로부터 소외되었다는 생각에서부터 벗어나 적극적으로 자신의 권리를 주장하며, 경제활동에 참여하려는 노력이 필요하다.

이상의 연구 결론에 덧붙여 노령 장애인의 취업욕구에 대한 보다 효과적인 접근을 위한 후속연구를 제언하면 다음과 같다.

첫째, 본 연구에서는 노령 장애인의 취업욕구를 예측하는 요인에 대해서 노령 장애인 개인측면에서만 연구를 실시하였다. 그러나 이러한 취업욕구는 노동 공급적 측면의 요인을 함께 고려할 때 더 잘 예측될 수 있을 것이다. 따라서 이후 전체적인 고려가 연구에 포함되어야 할 필요가 있다. 또 노령 장애인과 장애노인에 대한 질적인 연구를 수행할 필요가 있다.

둘째, 본 연구에서는 노령 장애인의 연령을 현행 고령자고용촉진법의 준고령자 이상으로 하였다. 노령 장애인으로 구분 지을 수 있는 연령기준에 대한 추후의 계속된 연구가 필요하다.

셋째, 계속되는 고령화 사회에 입각하여 나이 들고 장애를 지닌 노령 장애인에 대한 용어정의에도 충분한 검토 후의 용어선택이 필요하다.

참고문헌

고병헌 (2004). 왜 다시 평생교육이어야 하는가? 제3회 평생교육국제심 포지엄 자료집, pp.14-34.

김경희 (2002). 수도권 거주 노인의 생활만족도와 취업욕구에 관한 연구. 미간행 국민대학교 행정대학원 석사학위 청구논문.

김계수 (2002). AMOS 구조방정식 모형분석. SPSS 아카데미.

김동배 (2003). 노인의 소득창출과 연계한 능력개발 방안. 한국노년학회 2003년 세미나 자료집(고령화 사회와 노인인력의 활성화 방안), pp.83-102.

김미은 (1998). 퇴직노인의 취업욕구와 구인처의 요구조건에 관한 연구. 미간행 동국대학교 행정대학원 석사학위 청구논문.

김미혜, 신경림 (2005). 한국노인의 성공적 노후척도 개발에 관한 연구, Journal of the Korea Gerontological Society, 25(2), 35-52.

김성희, 고선정 (2004). 장애유형별 장애노인의 특성에 관한 연구. 한국 노년학 24(3). 171-195.

김수춘 (1995). 노인복지정책연구. 서울: 한국보건사회연구원.

김승아, 권희정 (1997). 특수학교 고등부학생의 장애유형에 따른 진로성 숙도에 관한 연구. 특수교육논집, 14(1), 73-90.

김정희 (1996). 한국노인의 신체적 건강과 사회인구요인. Journal of Korea Gerontological Society, 16(2), 120-136.

김종천 (1997). 정신장애인의 욕구결정요인. 미간행 중앙대학교 대학원 박사학위 청구논문.

권현주, 서혜경, 岡田進一, 白澤政和 (2002). 대도시 노인의 사회적 지지 선호도에 관한 한일비교연구. Journal of the Korea Gerontological

Society. 22(2), 1-17.

류진혜, 김태성 (1998). 자아존중감과 사회적 지지가 취업스트레스 및 스트레스 대처양식에 미치는 영향. 한양대학교 학생생활상담연구소, 16, 211-232.

문상웅 (2002). 노인취업욕구와 인력자원 조사를 통한 노인취업 활성화 방안. 미간행 세종대학교 행정대학원 석사학위 청구논문.

박상철 (2002). 한국의 백세인. 서울: 서울대학교 출판부.

박은숙, 김순자, 김소인, 전영자, 이평숙, 김행자, 한금선 (1998). 노인의 삶의 질 예측모형 구축-건강관리 모형을 중심으로. Journal of the Korea Gerontological Society, 18(3), 37-61.

박재국, 이미숙 (2001). 장애인의 삶의 질(QOL)의 연구동향. 특수교육재활연구, 40(2).

박헌일 (2000). 지각된 사회적 지지와 자기효능감의 관련성에 대한 문헌연구. 계명연구논집, 18. pp.5-23.

박혜전 (2003). 노령 장애인의 직업재활 욕구와 태도에 관한 연구. 미간행 대구대학교 대학원 석사학위 청구논문.

변재관, 전학석 (1997). 장애노인의 생활실태와 정책과제. 한국보건사회연구원.

배성우, 김미영 (2005). 사회복귀시설에서 제공한 서비스가 정신장애인의 삶의 질에 미치는 효과의 종단적 검증. 정신보건과 사회사업, 20, 69-84.

배성우, 신원식 (2005). CES-D 척도(The center for epidemiologic studies-depression scale)의 요인구조 분석: 확인적 요인분석 방법의 적용. 보건과 사회과학, 18. 165-190. 한국보건사회학회.

보건복지부 (2005). 2005년 노인보건복지사업 안내.

보건복지부 (2006). 2005년도 장애인실태조사 결과.

신승연 (1999). 노인복지욕구조사 및 정책과제: 평택시를 중심으로. 평택대학교 논문집 13, 183-202.

어수봉 (1996). 한국의 장애인노동시장 분석. 노동경제논집, 한국노동경제학회.

여운승 (2000). 사회과학과 마케팅 조사를 위한 다변량행동조사. 서울: 민영사.

오영희, 배화옥, 김윤신 (2006). 우리나라 노인의 주관적 건강인식과 신체적 및 정신적 기능상태의 관련성 연구. Journal of Korean Gerontological Sociey, 26(3), 461－476.

우해봉, 윤인진 (2005). 한국노인의 경제적 지위 결정요인과 세대 간 지원의 역할. 한국노년학회, 25(2), 73－93.

유동철 (2002). 장애인 실업의 원인: 생산성 또는 차별? 한국사회복지학, 48(3) 333－358.

유철규 (2004). 고령화라는 사회변동과 경제적 계급의 양극화. 황해문화, 43, 38－53.

윤경아 (1996). 사회적 지원과정에 관한 연구－강화노인의 사적 지원체계를 중심으로. 미간행 연세대학교 대학원 박사학위 청구논문.

윤경아, 이윤화, 이익섭 (2000). 장애노인의 사회복지서비스 욕구에 관한 연구. Journal of the Korea Gerontological Society, 20(3), 77－92.

윤순덕 (2004). 농촌노인의 생산적 활동과 심리적 복지. 미간행 서울대학교 대학원 박사학위 청구논문.

이가옥 (1994). 전국노인생활실태조사. 서울: 한국보건사회연구원.

이가옥, 이지영 (2005). 고령자고용정책의 대응전략에 대한 비판과 시민권(citizenship)의 원리를 통한 대안 모색, 한국노년학, 25(2), 171－193.

이달엽 (1997). 재활과학론. 대구: 형설출판사.

이달엽 (2004). 직업개발과 배치. 서울: 학지사.

이선우 (1997). 장애인의 취업 및 취업형태에 미치는 요인에 대한 분석. 한국사회복지학, 33. 287－313

이선우 (2001). 장애인의 경제활동 유형 결정요인에 대한 연구: Multinomial Logit(다항로짓)을 이용한 분석. 사회복지연구, 18, 가을호, 113－135.

이선우, 김성희, 임정기 (2001). 장애유형별 고용현황 및 직업재활방안. 한국보건사회연구원.

이순묵 (1990). 공변량구조 분석. 서울: 성원사.

이윤환, 최귀숙, 강임옥, 김한중 (1998). 노인의 주관적 건강평가에 영향을 미치는 요인. Journal of Korea Gerontological Society, 18(2), 110-124.

이인수 (2004). 21세기의 노인복지론. 서울: 대왕사.

이혜원 (1996). 노인복지론. 서울: 유풍.

임두택, 전리상 (2000). 장애인고용이론과 요인에 관한 고찰. 현대사회과학연구. 전남대학교 사회과학연구소.

장인협 (1995). 지방화 시대의 지역복지실천방법론. 서울: 서울대학교 출판부.

장인협, 최성태 (1990). 노인복지학. 서울: 서울대학교 출판부.

장지연 (2002). 고령화 시대의 노동시장과 고용정책. 서울: 한국노동연구원.

장지연, 김현숙 (2001). 사회적 지지의 개념모델. 김천과학대학 논문집. 27. 73-81.

장창엽 (1996). 장애인 취업준비체크리스트. 한국장애인고용촉진공단.

장창엽 (2006). 고령화 시대의 고령 장애인 고용지원 정책방안 모색. 서울시립북부장애인종합복지관 자료집(고령장애인 고용지원 정책의 과제와 전망), pp.9-22.

정경희 (1998). 전국노인생활실태 및 복지연구. 서울: 한국보건사회연구원.

정순돌 (2003). 사례관리 대상노인의 미충족 욕구사정: 욕구사정도구(Camberwell Assessment of Need)를 활용한 탐색적 연구. Journal of the Korea Gerontological Society, 23(4), 99-112.

통계청 (2005). 2005년도 고령자 통계.

한국뇌성마비복지회 (1995). 뇌성마비와 관련병세를 가진 사람들의 노령화. The International Cerebral Palsy Society Symposium 논문집.

한국장애인고용촉진공단 (1998). 장애인의 취업과 삶의 질. 연구보고서.

황수경 (2003). 장애인-비장애인의 취업확률 격차와 장애효과. 노동정책연구, 3(1), 141－169.

허정무 (1998). 퇴직자의 사회적응에 영향을 미치는 관련변인 탐색을 통한 퇴직준비교육프로그램 모델 개발, Journal of the Gerontological Society, 18(3), 1－18.

白澤政和 (1992). ケースマネジメントの理論と實際. 東京: 中央法規出版.

野口谷二 (1991). 高齡者のソーシャルㄴサポート:その槪念と測定 社會老年學, 34, 37－48.

日本障害者職業綜合センター (1999). 諸外國における職業上の障害に關する情報. 資料シリズ. 20.

日本障害者雇用促進協會 (2001). 知的障害者の加齡に伴う職業能力の変化と對策に關する綜合硏究委員會報告書.

Seizo Sakihara, Jon Yu., & Monoru Takakura (1999). Development of Social Support Scale for the Elderly in Okinawa, Japan: with its validity and reliability test. presented in The 6th Asia－Oceania Regional Congress of Gerontology, Seoul, Korea. June, 8－11, 1999.

Abramson, J. H., Michal, R., Gofin, J., & Kark J. D. (1992). Work－health relationships in middle－aged and elderly residents of a Jerusalem community. *Social Science & Medicine, 34*(7), 747－755.

Adelman, P., & Vogel, S. (1993). Issues in the employment of adults with learning disabilities. *Learning Disability Quarterly, 16*, 219－232.

Albert, W. (2003). Transition into retirement: Aging workers with disabilities. *The Aging American Workforce: The Impact on Persons with Disabilities. 15th Mary E. Switzer Memorial Semina*(pp.34－40).

Arnkil, R. (2004). 핀란드의 고령화 정책. *국제노동브리프, 2*(1), 54－60.

Baldwin, M. L. (1994). Gender differences in wage losses from impairments: Estimates from the Survey of Income and Program Participation, *The Journal of Human Resources, 29*(3), 865－887.

Baldwin, M. L. (1995). Labor market discrimination against women with disabilities. *Industrial Relations, 34*(4), 555－577.

Banfalvy, C. (1994). Quality of life and unemployment: An empirical study about the effects of unemployment on people with disability in Hungary, *Quality of life for persons with disabilities, International Perspectives and Issues* (pp.126－133). Cambridge Brookline Books.

Beatty, P., & Burroughs, L. (1999). Preparing for an aging workforce: The role of higher education. *Educational Gerontology, 25*(6), 595－611.

Berkman, P. L. (1971). Life stress and psychological well－being: A replication of Langner's analysis in the Midtown Manhattan study. *Journal of Health and Social Behavior, 12*(1), 35－45.

Bishop, M. (2005). Quality of life and psychosocial adaption to chronic illness and acquired disability: A conceptual and theoretical synthesis. *Journal of Rehabilitation, 71*(2), 5－13.

Bishop, M., & Allen, C. (2003). Epilepsy's impact on quality disability: Applications and implications. *Journal of Vocational Rehabilitation, 16*, 47－52.

Bishop, M., & Feist－Price, S. (2001). Quality of life in rehabilitation counseling: Making the philosophical practical. *Rehabilitation Education, 15*(3), 201－212.

Bordieri, J. E., Dreamer, D. E., & Taylor, D. W. (1997). Work life for employees with disabilities: recommendations for promotion. *Rehabilitation Counseling Bulletin, 40*, 191－201.

Bosse, R., Aldwin, C., Levenson, M., & Ekerdt, D. (1987). Mental health differences among retirees and workers: Finding from the normative aging study. *Psychology and Aging, 2*, 383－389.

Burton, J. & Schieber, S. (2001). Worker's compensation and older workers. *National Academy of Social Insurance, 3*, 2.

Choi, G. (2001). Relationship between life satisfaction and post−retirement employment among older women. *International Journal of Aging and Human Development, 52(*1), 45−70.

DeLeire, T. (2000). The wage and employment effects of the Americans with Disabilities Act. *Journal of Human Resources, 34*(4), 693−715.

Dienr, E., Shu, E. M., Lucas, R. E., & Smith, H. (1999). Subjective well−being: Three decades of progress. *Psychological Bulletin, 125,* 276−302.

Dijkers, M. (1997). Measuring quality of life. In M. J. Fuhrer(Ed.), *Assessing Medical rehabilitation practices; The promise of outcome research* (pp.153−179). Baltmore, MD: Paul H. Brooks Publishing Co.

Dreamer, D. E., & Bordieri, J. E. (1985). Hiring decisions for disabled workers: the hidden bias. *Rehabilitation Psychology, 30*(3), 157−164.

Drebing, C. E., Ormer, E. V., Krebs, C., Losardo, M., Penk, W., Nasser, E., Ray, H., Seibyl, C., & Rosenheck, R. (2002). Vocational rehabilitation and older adults: Patterns in participation and outcome. *Journal of Rehabilitation, 68*(3), 24−32.

Felce, D., & Perry, J. (1995). Quality of life: Its definition and measurement, *Research in Developmental Disabilities, 16*(1), 51−74.

Felce, D., & Perry, J. (1996). Exploring current conceptions of quality of life: A model for people with and without disabilities. In R. Renwick, I. Brown, & M. Nagler(Eds.), *Quality of life in health promotion and rehabilitation: Conceptual approaches, issues, and applications*(pp.52−62). Thousand Oaks, CA: Sage.

Fillenbaum, G. G. (1979). Social context and self−assessments of health among the elderly. *Journal of Health and Social Behavior, 20*(March), 45−51.

Flanagan, J. C. (1978). A research approach to improving our quality of life. *American Psychologist, 33*(2), 138－147.

Fuqua, D. R., Bathbun, M., & Gade, E. M. (1984). A comparison of employer attitudes toward the worker problems of eight types of disabilities. *Vocational Evaluation and Work Adjustment Bulletin, 15*(1), 40－43.

Gaitz, C., & Scott, J. (1972). Age and the measurement of mental health. *Journal of Health and Social Behavior, 13*(1), 55－67.

George, L., & Bearron, L. (1980). *Quality of life in older persons.* NY: Human Sciences Press.

Gilman, R., Easterbrooks, S., & Frey, M. (2004). A preliminary study of multidimensional life satisfaction among deaf / hard of hearing youth across environmental settings. *Social Indicators Research, 66,* 143－166.

Gore, S. (1978). The effect of social support in moderating the health consequences of unemployment, *Journal of Health and Social Behavior 19,* 157－165.

Hair, J. F., Anderson, R. E., Tatham, R. E., & Black, W. C. (1995). *Multivariate Data Analysis with Reading.* Prentice Hall.

Harley, D. (2003). *Rehabilitation and mental health practices for an aging population in the U.S－*Editor's Comment－Editorial.

Hoyer, W. J., & Roodin, P. A. (2003). *Adult development and aging* (5th ed.). NY: McGraw－Hill.

Irene H. Yen et al. (2001). *Two－way street: The relationship between health and employment in California,* 1999～2000.

Jackson P., & Warr, P. (1984). Unemployment and psychological ill－health: The moderating role of duration and age, *Psychological Medicine, 14,* 605－614.

Jalowiec, A. (1990). Issues in using multiple measures of quality of life. *Seminars in Oncology Nursing, 6,* 271－277.

Johnson, V. A., Greenwood, R., & Schriner, K. F. (1998). Work performance and work personality: Employer concerns about worker with disabilities. *Rehabilitation Counseling Bulletin, 32*, 50−57.

Keany, K. C., & Glueckauf, R. L. (1999). Disability and value change: An overview and reanalysis of acceptance of loss theory. In R. P. Marinelli & A. E. Dell Orto (Eds.), *The psychosocial and social impact of disability* (pp.139−151). New York: Springer.

Kessler R. C., Turner, J. B., & House, J. S. (1987). Intervening process in the relationship between unemployment and health, *Psychological Medicine, 17*, 949−961.

Kessler R., & Turner, J. (1989). Unemployment, reemployment, and emotional functioning in a community sample, *American Sociological Review, 54*, 648−657.

Larkin. V. M. (2003). Underpresented ethnically and racially diverse aging populations with disabilities: trend and recommendations: Rehabilitation and underrepresented aging populations. *Journal of Rehabilitation, 69*(2), 26−31.

Lawston, M., Moss, M., Fulcomer, M., & Kleban, M. H (1982). A Research and service oriented multilevel assessment instrument. *Journal of Gerontology, 37*(1), 91−99.

Liang, J. (1986). Self−reported physical health among aged adults. *Journal of Gerontology, 41*(2), 248−260.

Liang, J., Bennett, J., Whitelaw, N., & Maeda, D. (1991). The structure of self−reported physical health among the aged in the United States and Japan. *Medical Care, 29*(12), 1161−1180.

Livneh, H. (2001). Psychosocial adaptation to chronic illness and disability: A conceptual framework. *Rehabilitation Counseling Bulletin, 44*, 151−160.

Longitudinal Study of the Vocational Rehabilitation Service Program.

(2003). *User's guide.* Retrieved January 2, 2002, for the Cornell Rehabilitation Research and Training Center Web site: http://www.ilr.cornell.edu/ped/lsvrsp/UsersGuide.cfm.

Maarten L., & Marcel, K. (1999), *Health and work of the elderly: Subjective health measures, Reporting Errors and the Endogenous Relationship between Health and Work,* Proceeding.

Maddox, G., & Douglass, E. (1973). Self-assessment of health: A longitudinal study of elderly subjects. *Journal of Health and Social Behavior, 14*(1), 87-93.

Mete, C., & Shultz, P. (2002). Health and labor force participation of the elderly in Taiwan. *Center Discussion Paper, 846,* Economic Growth, Yale University.

Mirowshy, J., & Hu, P. (1996). Physical impairment and the diminishing effects of income. *Social Forces, 74*(3), 1073~1096.

Moller, V. (1992). *Quality of life in unemployment,* Pretoria: HSRC Publishers.

Mullahy, J., & Sindelar, J. (1991). Gender differences in labor market effects of alcoholism. *The American Economic Review 81*(2), 161-166.

Mutchler, J. E., Burr, J. A., Massagli, M. P., & Pienta, A. (1999). Work Transitions and Health in Later Life. *Journal of Gerontology, 54B*(5), S252-S261.

Mutran, E. J., Reitzes, D. J., Bratton, K. A., & Fernandez, M. E. (1997). Self-esteem and Subjective responses to work among mature workers: similarities and differences by gender. *Journal of Gerontology, 52*(B), S89-S96.

Murphy, O., & Williams, J. (1999). *Assessment of rehabilitative and quality of life issues in Boca Raton,* FL: CRC Press.

Myers, J. E. (1998). *Combating ageism: The rights of older adults.* In

C. C. Lee & G. R. Walz(Eds.), *Social action: A mandate for counselors* (pp.137−160). Alexandria, VA: American Counseling Association.

Norman, H. C. (2003). Pro−Work Stratigies for Older Workers with Disabilities: A Disability Management Approach. *The Aging American Workforce: The Impact on Persons with Disabilities. 15th Mary E. Switzer Memorial Semina*(pp.22−30).

O'Brien G., & Kabanoff, B. (1979). Comparison of unemployed workers on values, locus of control, and health variables, *Australian Psychologist 14*, 143−154.

Pampel, F., & Hardy, M. (1994). Status Mintenance and Change during Old Age. *Social Forces, 73*(1), 289−314.

Patrick, D., & Bergner, M. (1990). Measurement of health status in the 1990s. *Annual Review of Public Health. 11*, 165−183.

Rancho Los Amigos National Rehabilitation Center (2001). *Aging with disability*. Retrieved July 25, 2002.

Reitzes, D. C., Mutran, E. J., & Fernandez, M. E. (1996). Does Retirement hurt well−being? Factors influencing self−esteem and depression among retirees and workers. *The Gerontologist, 36*(5), 649−656.

Riddick, C. (1985). Life satisfaction for older female homemakers, retirees, and workers. *Research on Aging, 7*, 383−393.

Rowe, H. A. (1995). *Work readiness profile manual.* The Australian Council for Educational Research Ltd.

Schulz, R., & Heckhausen, J. (1996). A Life Span Model of Successful Aging, *American Psychologist, 51*(7), 702−714.

Schur, L. (2002). The difference a job makes: The effects of employment among people with disabilities. *Journal of Economic Issues, 36*(2), 339−347.

Sigelman, C., & Shaffer, D. (1995). *Life—Span Human Development*, CA: Brooks / Cole publishing Co.

Smith, S., & Kample, C. (2000). Characteristics of diversity and aging: Implications for assessment. *Journal of Rehabilitation Counseling, 31*, 33—39.

Solly, D. (1987). A career counseling model for the mentally handicapped. Techniques. *Journal for Remedial Education and Counseling, 3*, 294—300.

Stern, S. (1989). Measuring the effect of disability on labor force participation. *The Journal of Human Resources, 24(3)*, 361—395.

Stevens, M. (2005). *Old, wiser, and on the job: the current workforce is brimming with baby boomers and many of them are postponing retirement, either by choice or by circumstance.* This is a boon for employers in terms of retaining skilled and experienced workers, but with that boon comes a unique set of management challenges that must be addressed. April 15, 2005.

Szymanski, E. M., Ryan, C., Mertz, M., Trevino, B., & Johnson—Rodriquez, S. (1996). Psychosocial and economic aspects of work: Implications for people with disabilities. In E. M. Szymanski & R. M. Parker (Eds.), *Work and disability: Issues and strategies in career development and job placement* (pp.9—38). Austin: PRO—ED.

Threlkeld, R. M., & Dejong, W. (1982). Hiring the disabled in hospital settings: the behavioral intentions of rehabilitation counselors and health professional. *Rehabilitation Psychology, 27(3)*, 175—183.

Ullah P. M., Banks, H., & Warr, P. B. (1985). Social support, social pressures and psychological distress during unemployment, *Psychological Medicine 15*, 283—295.

U. S. Department of Commerce. (1993). *We the American elderly. Age and Sex Statistics Branch Population Division*, Bureau of the Census, Washington, DC: Author.

Vaillant, G., & Mukamal, K. (2001). Successful aging, *American Journal of Psychiatry, 158*(6), 839−847.

Wardsworth, J., & Kample, M. (2004). The Characteristics of Senior Applicants for Vocational Rehabilitation Services. *Rehabilitation Counseling Bulletin, 47*(2), 104−112.

Ware, J. J. (1987). Standards for validating health measures: definition and content. *Journal of chronic Diseases, 40*(6), 473−480.

Ware, J. J., Allyson, E. D., & Donald, C. A. (1978). *Conceptualization and measurement of health for adults in the health insurance study: Vol. V, general health perceptions*, R−1987 / 5−HEW. Santa Monica. CA: Rand Corporation.

Warr P., & Jackson, P. (1985). Factors influencing the psychological impact of prolonged unemployment and of re−employment, *Psychological Medicine 15*, 795−807.

Whitelaw, N., & Liang, J. (1991). The structure of the OARS physical health measures. *Medical Care, 29*(4), 332−347.

Wong, P. (1989). Personal Meaning and Successful Aging, *Canadian Psychology, 30*(3), 516−525.

Wu, S. C. (1990). *The structure of self−reported physical health: age, sex, and cultural differences.* Unpublished Doctorial Dissertation, The University of Michigan, USA.

Zaura, A., Beier, E., & Cappel, L. (1977). The dimensions of life quality in a community. *American Journal of Community Psychology, 5*(1), 85−97.

Zhan, L. (1992). Quality of Life: Conceptual and measurement issues, *Journal of Advanced Nursing. 17*, 795−800.

부 록 1. 연구모형 LISREL 프로그램

```
TI DA NI=14 NO=784
DA NI=14 NO=784 NG=1 MA=CM
LA
occupati  adjust  emotion  societal  nontradi  passion  intend  decision  recognit  attaintm  improve  economy  difficlu  desire
CM
8.010
2.630    4.800
2.030    0.920    4.660
-0.060   0.170    0.820    3.660
0.930    0.950    0.290   -0.120    2.430
5.960    2.730    7.270    1.020    0.910    31.460
4.460    1.930    3.540    0.640    0.760    13.430   12.790
3.380    2.100    5.250    1.400    1.580    17.370    7.460   29.220
3.480    2.300    4.270    0.730    1.440    15.820    8.210   18.860   21.780
6.030    3.010    5.220    0.210    1.040    18.170   10.960   12.620   12.000   27.720
8.380    3.420    6.530    0.750    1.570    20.930   13.720   16.550   14.380   26.550   39.750
3.630    1.640    2.680    0.210    0.740     9.950    7.580    6.950    7.170   11.590   14.990   15.080
0.670   -0.500    1.880    0.070   -0.410     5.520    1.450    2.770    1.880    2.830    2,870    0.720    7.200
1.480    0.610    1.410    0.130    0.080     5.560    3.040    2.870    2.530    4.430    4.280    2.370    0.920    3.210
ME
15.170   11.120   10.990    8.910    6.120    29.090   17.620   21.390   19.630   24.550   26.540   16.240    9.740    7.230
SE
  6        7        8        9       10        11       12       13       14        1        2        3        4        5/
MO NX =7 NY =7 NK =2 NE =3 LY =FU,FI LX =FU,FI BE =FU,FI GA =FU,FI PH =SY,FR PS =DI,FR TE =SY,FI TD =SY,FI
LE
Labor   Ready   Need
LK
Health Support
   FR    TH(1,1) TH(5,1) TH(2,6) TH(3,6) TH(3,2) TH(5,3) TH(6,3) TH(1,3) TH(1,7) TH(6,5)
   FR    TD(1,1) TD(2,2) TD(3,3) TD(4,4) TD(5,5) TD(6,6) TD(7,7)
   FR    TD(4,3) TD(4,1) TD(5,1) TD(7,4) TD(6,5) TD(7,5) TD(7,1)
   FI    PS(1,1)
   FR    LY(2,1) LY(4,2) LY(6,3) LY(7,3) LX(2,1) LX(4,2) LX(5,2) LX(6,2) LX(7,2) LX(7,1) LY(1,3) LX(6,1)
   FR    GA(1,1) GA(2,1) GA(1,2) GA(2,2) GA(3,2)
   FR    BE(2,1) BE(3,1) BE(3,2)
   FR    TE(1,1) TE(2,2) TE(3,3) TE(4,4) TE(5,5) TE(6,6) TE(7,7)
   FR    TE(3,2) TE(7,2) TE(6,1) TE(6,4)
   VA    1.000  LY(1,1) LY(3,2) LY(5,3) LX(1,1) LX(3,2)
   VA    3.0    PS(1,1)
   PD
```

부 록 2. 집단별 연구모형 LISREL 프로그램

(1) 노령 장애인

```
TI  DISABLED ELDER
DA  NI =15  NO =233  NG =1  MA =CM
LA
group  difficlu  desire  passion  intend  occupati  adjust  emotion  societal  nontradi  decision  recognit  attaintm  improve economy
CM
 0.00
-0.00   7.49
-0.00   1.38    3.39
-0.00   7.15    7.04    35.19
 0.00   1.95    3.41    14.28   13.12
 0.00   1.16    2.29    9.51    5.51    9.94
 0.00  -0.46    0.70    4.75    2.42    3.61    5.70
-0.00   2.43    1.45    6.77    2.85    2.05    1.00    4.52
-0.00  -0.10   -0.05   -0.42    0.29   -0.66   -0.05   -0.19    2.21
 0.00  -0.16    0.22    1.22    0.58    1.13    0.99    0.09   -0.25    2.42
 0.00   3.27    3.98    18.68   8.39    6.00    3.93    4.96   -0.87    1.64    29.68
-0.00   2.23    2.92    16.70   8.75    4.37    3.42    3.36   -0.76    1.19    18.26    22.23
 0.00   3.99    5.55    22.86   11.33   8.05    4.15    4.91   -1.39    1.75    15.88    13.91    34.22
-0.00   3.74    5.49    25.12   13.95   11.97   4.20    6.01   -1.18    1.84    20.38    15.41    31.99    47.39
 0.00   1.82    3.28    14.48   8.70    5.81    1.97    3.25   -0.57    0.75    11.08    9.52     15.20    18.58   17.85
ME
 1.00   8.83    7.31    28.46   17.90   15.16   11.31   10.73   8.72    6.19
20.56   19.49   23.82   25.49   16.27
SE
  4       5      11      12      13      14      15      6       7       8       9      10       2      3/
MO  NX =7  NY =7  NK =2  NE =3  LY =FU,FI  LX =FU,FI  BE =FU,FI  GA =FU,FI  PH =SY,FR  PS =DI,FR  TE =SY,FI  TD =SY,FI
LE
Labor  Ready  Need
LK
Health Support
 FI   PS(1,1)
 FR   LY(2,1)  LY(6,3)  LY(7,3)  LY(7,1)  LY(4,2)
 FR   LX(2,2)  LX(3,2)  LX(4,2)  LX(5,2)  LX(7,1)  LX(3,1)
 FR   BE(2,1)  BE(3,1)  BE(3,2)  GA(1,1)  GA(1,2)  GA(2,1)  GA(2,2)  GA(3,2)
 FR   TH(1,5)  TH(6,1)  TH(4,2)  TH(7,5)
 FR   TD(1,1)  TD(2,2)  TD(3,3)  TD(4,4)  TD(5,5)  TD(6,6)  TD(7,7)  TD(6,3)  TD(6,2)  TD(5,2)  TD(7,1)  TD(7,3)
 FR   TE(1,1)  TE(2,2)  TE(3,3)  TE(4,4)  TE(5,5)  TE(6,6)  TE(7,7)  TE(3,2)  TE(6,3)  TE(3,1)  TE(7,2)
 VA   1.00   LY(1,1)  LY(3,2)  LY(5,3)  LX(1,2)  LX(6,1)
 VA   3.00   PS(1,1)
PD
OU  ALL  ND =3  ME =ML
```

(2) 비장애 노인

```
TI non-disabled elder
DA NI=15 NO=257 NG=1 MA=CM
LA
group difficlu desire passion intend occupati adjust emotion societal nontradi decision recognit attaintm improve economy
RA=C:\WORK/PARK2.TXT
SE
   4      5      11     12     13     14     15     6      7      8      9      10     2      3/
MO NX=7 NY=7 NK=2 NE=3 LY=FU,FI LX=FU,FI BE=FU,FI GA=FU,FI PH=SY,FR PS=DI,FR TE=SY,FI TD=SY,FI
LE
Labor   Ready   Need
LK
Health Support
 FI    PS(1,1)
 FR    LY(2,1) LY(6,3) LY(7,3) LY(4,2) LY(2,3) LY(5,1)
 FR    LX(2,2) LX(3,2) LX(4,2) LX(5,2) LX(7,1) LX(3,1)
 FR    BE(2,1) BE(3,1) BE(3,2) GA(1,1) GA(1,2) GA(2,1) GA(2,2) GA(3,2)
 FR    TH(1,5) TH(6,1) TH(4,2) TH(7,5)
 FR    TD(1,1) TD(2,2) TD(3,3) TD(4,4) TD(5,5) TD(6,6) TD(7,7) TD(6,3) TD(6,2) TD(5,2) TD(7,1) TD(7,3)
 FR    TE(1,1) TE(2,2) TE(3,3) TE(4,4) TE(5,5) TE(6,6) TE(7,7) TE(6,3) TE(7,2) TE(3,2) TE(3,1)
 VA    1.00   LY(1,1) LY(3,2) LY(5,3) LX(1,2) LX(6,1)
 VA    3.00   PS(1,1)
PD
OU ALL ND=3 ME=ML
```

(3) 50세 미만 장애인

```
TI DISABLED PERSON
DA NI=15 NO=294 NG=1 MA=CM
LA
group difficlu desire passion intend occupati adjust emotion societal nontradi decision recognit attaintm improve economy
RA=C:\WORK/PARK3.TXT
SE
4      5      11     12     13     14     15     6      7      8      9      10     2      3/
MO NX=7 NY=7 NK=2 NE=3 LY=FU,FI LX=FU,FI BE=FU,FI GA=FU,FI PH=SY,FR PS=DI,FR TE=SY,FI TD=SY,FI
LE
Labor   Ready   Need
LK
Health Support
 FI    PS(1,1)
 FR    LY(2,1) LY(6,3) LY(7,3) LY(4,2) LY(2,3) LY(1,3)
 FR    LX(2,2) LX(3,2) LX(5,2) LX(7,1) LX(3,1) LX(4,1)
 FR    BE(2,1) BE(3,1) BE(3,2) GA(1,1) GA(1,2) GA(2,1) GA(2,2) GA(3,1)
 FR    TH(1,5) TH(7,5) TH(1,2) TH(4,3) TH(5,4) TH(1,3) TH(7,6) TH(5,5)
 FR    TD(1,1) TD(2,2) TD(3,3) TD(4,4) TD(5,5) TD(6,6) TD(7,7) TD(6,3) TD(4,3) TD(5,4) TD(4,1) TD(7,5)
 FR    TE(1,1) TE(2,2) TE(3,3) TE(4,4) TE(5,5) TE(6,6) TE(7,7) TE(7,2) TE(3,1) TE(7,1) TE(3,2)
 VA    1.00   LY(1,1) LY(3,2) LY(5,3) LX(1,2) LX(6,1)
 VA    3.00   PS(1,1)
PD
OU ALL ND=3 ME=ML
```

제2부

노령 장애인의 직업재활욕구와
태도에 관한 연구

Ⅰ 서 론

1. 연구의 필요성

우리나라는 지속적인 경제성장과 산업화의 진전에 따라 국민소득의 향상과 사회발전을 기하게 되었으나 성장의 부산물로서 나타나는 각종 사회적 문제와 관련한 분배적 투자와 장기적이고 체계적인 대책의 수립이 미흡했다. 특히 우리 사회의 대표적인 소외계층이라 할 수 있는 장애인에 대해서는 1981년 "세계 장애인의 해"와 1988년의 "장애인올림픽" 개최 이후 장애인복지법(1989), 장애인고용촉진 등에 관한 법률(1990), 특수교육진흥법(1994) 등 각종 법률의 제·개정 및 장애인들의 소득, 의료, 복지서비스 등의 프로그램의 실시 등으로 두드러진 발전이 있었으나 급여 및 서비스의 내용이나 수준에 있어서는 장애인들의 다양한 욕구에 부응하지 못하고 있는 실정이다.

해방 후 평균수명의 꾸준한 연장과 우리나라 인구정책의 성공으로 노인인구가 현저하게 증가하였다. 65세 이상 인구는 1960년 이후 급속하게 증가하여 2003년 현재 전체 인구의 8.3%(약 397만명)로서 고령화사회(aging society)에 진입하였다(통계청, 2003). 평균수명은 1990년 71.6세, 1995년 73.5세, 2000년 74.9세의 증가세를 보여 2020년경에는 78.1세로 연장될 전망이므로 초고령사회에 대한 대책이 필요하다(보건복지부, 2000).

OECD가 전망한 바에 따르면, 우리나라는 인구의 고령화로 인하여 고령인구 부양비가 가장 급격하게 증가하는 나라가 될 것이다. 다만, 유소년인구 부양비는 줄어들어 총부양비의 증가세가 약간 상쇄되지만, 2025년 이후에는 가장 급격하게 부양비가 상승하는 국가가 될 것이며, 2050년에는 노동력 인구의 규모와 비노동력 인구의 규모가 유사한 수준이 될 것으로 전망되고 있다(OECD, 2002).

일반적으로 65세 이상의 노인인구가 전체 국민의 7% 이상이 되면 고령화사회라고 하며, 14% 이상이면 고령사회, 그리고 21% 이상일 때 초고령사회 또는 후기 고령사회로 구분한다(UN 기준). 선진국의 경우에는 고령화사회에서 고령사회로 변화하는 소요기간이 길었기 때문에 노인문제 해결을 위한 자원조달과 서비스 개발을 비교적 오랜 기간동안 점진적이고 체계적인 방법으로 실시할 수 있었으나, 우리나라의 경우에는 짧은 기간동안 급격한 사회변동과 아울러 고령인구가 급증하기 때문에 각종 노인문제가 심각하게 대두되고 있다.

노인은 신체적·정신적 약화 현상으로 말미암아 질병에 대한 저항력이 저하되면서 각종 퇴행성 장애와 질병 등을 동반하게 된다. 즉 신체적·정신적 장애인으로 변화해간다고 볼 수 있으며, 노인인구의 증가는 바로 전체인구에서 노령 장애인이나 일상생활의 거동이 불편한 노인이 늘어간다는 것을 의미하는 것이다. 보건복지부(2000)는 65세 이상 노인의 87%가 장기치료나 요양을 필요로 하는 만성퇴행성 질병을 갖고 있다고 보고하고 있다. 그러므로 인구노령화에 의한 노령 장애인의 수는 앞으로 더욱 증가할 것으로 전망된다.

이들은 매우 취약한 집단임에도 불구하고 그 동안 노인복지나 장애인복지의 어느 한 분야에서도 집중적인 관심을 받지 못했기 때문에 장애노인을 위한 서비스나 정책개발이 제한적이고 미흡한 상황이다(윤경아, 이윤화, 이익섭, 2000). 따라서 이들에 대한 사회정책이 요청된다. 만 60세 이상 노인이면서 지체, 시각, 청각, 혹은 언어장애

를 지닌 장애노인의 증가에 따른 문제는 당사자와 그들 가족의 노력
만으로 해결될 문제가 아니라, 정부와 지역사회의 주도하에 해결되어
야 할 주요 국가정책 과제이다(권선진, 김항주, 전학석, 2001).

　지금은 정부가 "노인"과 "장애인"을 서로 다른 영역으로 분류하면
서 각자 독자적인 정책을 시행하고 있다. 그러나 "늙었고 동시에 장
애를 지닌 사람들"의 재활욕구에 대한 현황파악과 적절한 대책이 마
련되어야 한다고 생각되는 바, 이를 위해서 일차적으로 노령 장애인
의 인구사회학적 현황, 장애특성과 일반적인 실태와 경제 및 보건생
활실태, 취업실태를 분석하고 이를 토대로 정책방향을 모색하는 것은
매우 의의 있는 일로 사료된다.

2. 연구의 목적

　본 연구는 우리나라 장애인정책의 방향이 장애 특성의 변화와 대
상별 욕구에 바탕을 두고 수립되어야 할 것이라는 전제를 바탕으로
인구 고령화에 따른 노령 장애인의 직업적 실태와 욕구 및 태도를
파악하고자 다음과 같은 구체적인 목적을 설정하고자 한다.
　첫째, 우리나라 노령 장애인구의 실태와 특성 변화를 분석하고
　둘째, 노령 장애인구의 직업재활 욕구와 태도는 인구학적 특성의
관점에서 어떠한 차이가 있는지를 파악하며
　셋째, 경제적 상태, 보건생활 실태, 직업적 특성에 따른 각각의 요
인들이 직업재활 욕구와 태도에 어느 정도의 영향을 미치며, 또한 그
러한 각각의 변수들 간의 상호작용 효과를 밝혀서
　넷째, 노령 장애인 직업재활의 활성화를 위한 구체적 전략들을 제
시하고자 한다.

3. 연구의 제한점

본 연구는 다음과 같은 연구의 제한점을 가진다.

첫째, 노인 종합복지관을 비롯한 이용시설을 중심으로 조사하였으므로 조사결과는 우리나라 전체 노령 장애인들의 욕구로 일반화하기에는 한계를 가진다.

둘째, 노령 장애인의 직업재활서비스 체계와 현황에 대한 정책분석은 총체적인 측면을 감안하지 않고 현재 우리나라에서 이루어지고 있는 고령자 고용촉진법에 의거한 내용을 중심으로 파악한 한계점을 들 수 있다.

셋째, 본 연구에서는 노령화된 장애인(life-long disabled elderly)과 노인성 장애노인(late-life disabled elderly)을 구별하지 않고 한 범주에 포함시켜 조사한 한계점을 가진다.

4. 용어의 정의

1) 고령화

일반적으로 고령화(aging)는 노인인구가 증가하여 전체 인구구성이 고령화되어 가는 변화를 일컫는다. 이는 노인 인구가 다른 연령층의 인구보다 빨리 증가하는 현상을 의미한다(Cowgill, 1974). 또한 Harris와 Cole(1994)은 고령화란 사람들이 일생을 살아나가는 동안에 생물학적으로 성숙된 인간들에게 일어나는 모든 규칙적 변화라고 정의하고, 고령화는 신체구조나 기능에 있어서의 변화 뿐 아니라 인간의 적응이나 행동에 있어서의 변화 유형도 포함한다고 하였다. 본 연구에서는 만 50세 이상을 고령화로 간주하고 또한 노령화를 동일한 개념으로써 정리하기로 한다.

2) 노령 장애인

한 평생 동안 혹은 생의 대 부분을 장애인으로 노령에 이르는 사람들로 노령화된 장애인(life-long disabled elderly), 장기 장애인이라고도 부른다(한국뇌성마비복지회, 1995). 따라서 이들은 장애를 어떻게 대처할지를 배워 왔고, 또 서비스나 친분을 유지하는 요령을 알고 있는 것으로 본다. 한편 많은 심리적 상처를 축적했을 위험이 있다. 본 연구에서는 출산전·출생시 장애 혹은 중도장애 등으로, 노인이 되기 전에 젊어서 장애가 발생하여 장애인으로 현재 노령에 이른 사람들을 노령 장애인으로 정의한다.

3) 장애노인

노인성 장애인(late-long disabled elderly)으로 부르기도 하며 이들은 노인이 된 후에 처음으로 장애를 경험하고 장애의 결과와 싸워야 하는 특수한 문제들을 경험한다(한국뇌성마비복지회, 1995). 이들은 자기 자신을 장애인이라고 간주하거나 혹은 그들을 많이 도울 수 있는 사람들과 관련되기를 싫어할지도 모른다. 또한 이들은 복지서비스에 대해서 낮은 우선권을 가지게 되고 어떤 장애인에 주는 급여를 받을 권리도 거절될 수도 있다. 노령이 되어서 비로소 장애가 발생한 사람들을 장애노인으로 정의하며, 본 연구에서는 노령 장애인과 장애노인을 구별 짓지 않고 함께 조사하였다.

Ⅱ 이론적 배경

노령 장애인의 직업재활 욕구와 태도에 관한 연구를 위해서 먼저 욕구와 태도의 개념을 정리하고, 노령 장애인의 현황과 실태를 분석하기 위해서 노령 장애인의 증가와 같은 현재의 장애인구의 특성 변화를 살펴보고 그에 따른 일의 의미를 정리한다.

1. 욕구와 태도의 개념

욕구는 개인이나 집단이 인간의 생존과 성장발전을 위해 필요하여 구하는 것을 의미한다. 욕구는 해결되어야 할 문제라는 의미를 내포하고 있으며 이론가에 따라 욕구의 개념은 다르게 나타난다.

신승연(1999)은 어느 누구도 더 이상 내려가서는 안 되는 최하수준의 관점에서 상대적 개념으로 욕구를 정의한다. 그에 의하면, 각 사회 또는 지역사회는 최소한의 수준을 규정하게 되는데 어떤 집단은 필수재화 또는 서비스를 소유하는데 반하여 다른 어떤 집단은 이러한 것들에 접근하게 되지 못하게 될 때 사회적 욕구가 발생하게 된다고 본다.

욕구의 개념은 현재의 사회적, 정치적, 경제적 제도에 의해 영향을 받으므로 욕구 그 자체가 정적이고 절대적이라기보다는 탄력적이고 상대적이다.

성규탁(1994)은 사회적 차원에서 인간의 욕구를 6개의 범주로 나누어 구분하고 있다. ① 적절한 소득과 경제적 기회(고용, 소득, 자본) ② 기본적인 물질적 욕구를 충족하는데 필요한 조건(음식, 의복, 주택, 교통, 안전) ③ 적절한 보건(공중보건, 의료, 정신적 건강, 재활) ④ 적절한 지식과 기능(교육, 특수교육, 도서관) ⑤ 적절한 개인적, 사회적 적응 및 개발(가족상담, 아동보호, 위기개입, 휴양, 집단의 복지활동, 문화 및 종교활동) ⑥ 적절한 사회 조직체를 통한 활동(지역사회 및 정치적 조직, 커뮤니케이션, 조사연구).

사람들이 일반적으로 갖는 욕구도 있지만, 청소년, 노인, 장애인 등 특수한 집단이 특별히 갖는 욕구도 있다. 노인의 욕구는 기본적으로 사회적 안녕, 심리적 안녕, 신체적 안녕의 3가지 차원의 안녕에 대한 욕구로 구성된다. 사회적 안녕이란 노인들이 만족할 만한 사회적인 안전망을 갖고 있고, 비상시에 대비한 자금 및 여가 활동비와 같은 부수적인 경제적 안녕, 또한 자녀로부터의 도움을 받을 수 있는 환경적·주거적 안녕을 말한다. 심리적 안녕이란 낮은 경제적 수준에서도 심리적인 안녕을 가질 수 있고 자신의 생활에 만족할 수 있는 것이다. 또한 신체적 안녕은 자신의 건강상태, 그리고 일상적인 활동이나 영양상태 등을 말한다.

김성순(1990)은 노인의 욕구를 크게 3단계인, 기초생계 욕구, 기본생활보장욕구, 문화생활보장 욕구로 분류하고 있다. 첫째 단계는 생계가 어려운 빈곤노인에 대한 기초생계 보호단계로서, 이 경우 욕구는 매우 기초적인 것이어서 역시 낮은 수준으로 해결 할 수 있다. 둘째 단계는 기초생활보장 단계로, 생계유지뿐만 아니라 기본생활에 필요한 여러 가지 욕구, 예컨대 여가선용이라든가 노인이용시설, 기타 복지 서비스 프로그램이 필요한 단계이다. 셋째 단계는 문화생활 보장단계로서 노인복지 공급이 급격히 상승하게 되는 단계이다.

태도란 신체적 또는 정신적 양태(樣態)혹은 자세를 의미하며 사회학·심리학·사회심리학에서는 인간의 행동을 이해하는 기본적 개념의 하나로 쓰이며, 개인이 어떤 사건이나 문제, 물건이나 사람 등에 관해서 어떤 인식과 감정 및 평가를 가지며, 거기에 입각하여 그 대상에 대해 가지고 있는 반응의 준비상태를 가리킨다.

태도에는 인지적, 감정적, 행동적 성분이 포함되는데, 이것들이 균형을 유지하는 경우가 있는가 하면, 그 중의 어떤 한 가지가 특히 우세하거나 결핍된 경우도 있다. 태도들은 사물, 사람, 사건에 대하여 호의적이거나 호의적이지 않은 평가적인 진술들이다. 그것들은 어떤 것에 대하여 어떻게 느끼는지를 보여준다. 태도는 가치와는 같지 않지만 상호간에 관계는 있다.

세 가지 구성 요소(인지, 감정, 행동)로 구성되어진 태도를 보는 것은 태도와 행동 간의 잠재적인 관계와 그들의 복잡성을 이해하는데 도움을 준다. 그러나 명료성을 위해 세 가지 구성 요소 중 감정적 요소가 본질적으로 태도로 간주된다.

본 연구에서는 취업의사, 직업재활을 위한 취업관련 서비스에 대한 욕구 및 인지, 희망하는 직업재활의 방향과 태도에 대한 내용을 포함하게 되는데, 일반적인 특성들과 경제적 상태, 보건생활 실태, 직업적 실태를 요인으로 두어 직업재활 욕구와 태도를 파악하였다.

2. 장애인구의 특성 변화

2002년 장애인구 추정치 규모는 1,449천여명이고 실제 등록된 인원은 2002년 현재 1,217천명으로 과거에 비해 지속적으로 증가하고 있고, 이러한 증가추이는 인구 고령화와 각종 질병 및 교통사고나 산업

재해 등 각종 사고, 장애범위의 확대 등에 따라 가속화될 전망이다
(Lee & Lee, 2002). 이에 따라 장애관련 서비스 욕구의 특성은 보
다 다양하고 복잡해질 것으로 예상되고 있어, 변화추이에 대한 장기
적인 예측과 장애인구 대상별 특성에 따른 실태의 파악과 이를 기초
로 한 정책적 접근이 필요해지고 있다.

장애인 실태조사에서 나타난 주요한 특징으로는 후천적 원인(89.4%)
에 의한 중도장애인이 증가하고 있다는 점과 40대 이상의 중고령자
(72.8%, 60대이상 39.6%) 비율이 높다는 점이다(한국보건사회연구
원, 2001). 따라서 인구고령화에 의한 장애노인의 비중 증가를 들 수
있다. 이와 함께 장애관련서비스에 있어서는 장애인의 인구사회학적
특성이나 장애유형별로 다양한 욕구경향을 보이고 있고, 이에 따라
과거의 획일적인 정책이나 서비스로는 이러한 복합적인 욕구를 충족
시킬 수 없음을 시사한다.

1) 지체장애인의 증가

심신장애자복지법(1981)이 제정된 이후 1985년의 조사에서는 동통
장애인 약 76천명을 제외하고 약 455천명의 지체장애인이 1990년에
는 542천명으로 그리고 1995년에는 약 732천명으로 각기 증가한 것
으로 나타나고 있다. 이와 같은 증가는 지체장애의 경우 대체로 후천
적 원인에 의해 발생한다는 점과 사고 등과 함께 각종 근골격계 질
병에 의한 발생이 증가하고 있기 때문으로 볼 수 있지만 보다 근본
적인 원인은 전체인구의 평균수명 변화와 관계된 것으로 파악할 수
있다(한국보건사회연구원, 1996).

우리와 유사한 장애기준을 적용하고 있는 일본에서도, 장애형태별
로 구분해 보면 지체장애의 증가폭이 가장 큰 것으로 나타나고 있는

바, 대표적인 고령사회인 일본에서도 다른 장애가 완만히 증가하는 현상과는 달리 지체장애의 증가가 두드러진 것은 노령 장애인의 비중이 증가한 결과로도 볼 수 있을 것이다(厚生省, 1995). 어떻든 장애의 가장 큰 비중을 차지하고 있는 지체장애의 증가는 이와 같은 요인에 의해 앞으로도 지속될 것으로 전망되고 있다.

2) 후천적 장애인의 증가

장애인구 변화의 또 다른 특징은 후천적 원인에 의한 장애인의 증가가 두드러지고 있다는 점이다. 이것은 한 가지 요인에 의해 설명될 수 있는 것은 아니며, 다양한 요인이 복합적으로 작용하여 나타난 결과로 해석할 수 있다. 각종 질병의 후유증이나 사고 등에 의해 발생하는 장애인의 수가 늘어가고 있는데 의학기술의 발달로 인해 과거에는 치료하지 못했던 질병이 현재는 수술 등으로 치료가 되거나 생존이 가능한 경우가 많아지고 있다는 점과도 무관하지 않다. 이와 함께 이전에는 원인이 규명되지 않아 선천적 또는 유전적인 원인으로 분류되었으나 역시 출산전 또는 후천적 원인으로 규명된 경우가 포함되고 있어 이로 인해 일정부분 후천적 원인이 증가하는 것으로 볼 수도 있다.

1980년 이전에는 한국전쟁이나 월남전쟁 등 전상에 의한 장애인 비율이 상대적으로 높았으나, 다음 표에서처럼 최근에는 이러한 장애의 비율은 감소하고 대신 각종 질병, 산업재해나 교통사고, 노령인구 증가 등에 의한 장애인 비율이 높아지고 있어 후천적 원인에 의한 장애인 비율이 점증하는 추세에 있다. 나아가 전체적인 인구 수명증가로 인해 그리고 장애발생 시기상으로도 50세 이후에 만성질환이나 사고 등에 의해 장애가 발생하는 경우가 점차 많아지고 있다는 점이 크게 작용하는 것으로도 볼 수 있다.

표 1. 조사연도별 장애원인 변화추이

(단위: %)

구 분	1980	1985	1990	1995
선천적·출산전 원인	4.5	6.9	4.9	3.4
출산시 원인	1.2	3.0	2.7	1.9
후천적·출산후 원인	81.5	81.2	85.2	88.1
원인 미상	12.1	9.0	7.2	6.5
계	100.0	100.0	100.0	100.0

*출처: 한국보건사회연구원 (1996). 장애인 실태조사.

3) 노령 장애인 비중의 증가

장애인의 특성변화 중 가장 두드러진 점은 노령 장애인의 비율이 급격히 증가하고 있다는 것이다. 이는 의료기술 발달 및 생활수준의 향상 등으로 인하여 평균수명이 연장됨으로써 생긴 우리나라 전체의 인구고령화라는 구조적인 현상을 반영한다. 특히 인구고령화는 일반적으로 만성질환자의 증가를 야기시키고, 이에 따른 의료비 등 부양비용의 증가를 수반하고 있어 사회정책적인 주요 관심사가 되고 있는 실정이다. 이와 같이 노인인구 증가는 장애인 분야에 있어서도 큰 관심분야로 등장하고 있고 이러한 경향은 앞으로도 더욱 가속화될 것으로 전망되고 있어 적절한 대책이 필요하다고 할 수 있다.

우리나라에서는 전통적으로 노인을 장애인으로 간주하지 않고, 노인에게 발생하는 장애를 개인의 생애주기상 발생하는 일과적(一過的)인 과정으로서 또는 생로병사의 자연스런 현상으로서만 고려하였으나, 점차 노인의 욕구가 다양해지고 또한 그에 따른 사회적 지원의 필요성이 제기되면서 종합적인 대책이 필요해지고 있는 것이다. 이와 같이 전통적인 시각에서는 노인과 장애인을 구분하지 않고 또한 구분 자체가 용이하지 않으나 "장애" 또는 "장애인"이 지니는 사회적인 의미를 고려한다면, 장애인 중 상당한 부분을 노인이 차지하고 있는 것이 현실이다.

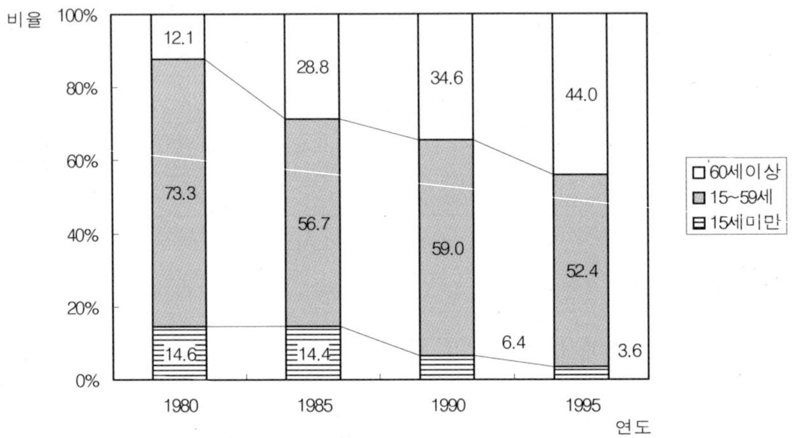

그림 1. 조사연도별 장애인의 연령구성비 추이(한국보건사회연구원, 1996)

각 조사 결과를 비교해 보면, 우리나라 장애인 가운데 노령 장애인의 비율이 지속적으로 증가한 것을 알 수 있다. 1980년에는 전체 장애인 중 60세 이상의 인구 비율은 12.1%였으나 1985년에는 28.8%, 1990년에는 34.6%로 증가하다가, 1995년에는 44.0%로 증가하여 증가추세가 전체인구의 노령화 비율보다 매우 급격하게 이루어지고 있음을 알 수 있다. 이는 노령인구의 특성상 장애 발생가능성이 젊은 연령층에 비해 높다는 점에서 비롯된 결과일 것으로 추정된다.

일반적으로 노인의 특성상 한 가지 이상의 만성 퇴행성 질환을 가지고 살아가는 경우가 많으며, 현대 의료기술로는 질환이 급격히 악화되었을 때 생명은 구하지만 그 결과로 심신의 장애가 초래되는 일이 흔하여 노인환자들에게는 질병 자체보다도 장애인으로서의 문제가 더 심각한 경향이 있다(岡本祐三, 1995). 미국의 경우에도 65세 이상의 노인 중 80% 이상이 최소한 한 가지 이상의 만성 질환을 갖고 있으며, 만성 질환으로 기능장애를 가지고 있는 성인의 60%가 65세 이상의 노인이며, 또한 65세 이후의 노인은 그 밖의 연령층에 비해 장애발생율이 2배 이상 되고, 활동의 제한을 받는 경우가 약 4배에 이른다는 보고도 있다(McNeil, 1997).

우리나라 전체 노인인구의 증가는 곧 장애의 중증화와 중복화를 수반하며, 이는 곧 중증장애인, 중고령 장애인에 대한 재활과 복지대책이 필요하다는 점을 시사하고 있다. 즉, 표면적인 기능장애뿐 아니라 중복장애, 정서나 건강관리에 대한 특별한 배려를 필요로 하는 장애, 뇌혈관장애, 성인병의 후유증에 대한 중복장애인도 우리 사회 내에서 확실하게 증가하고 있는 추세를 고려해야 한다.

일반적으로 노령장애의 효과적 예방이나 재활은 기술적으로 어렵지만 예방과 관리, 보호 등의 노력에 따라서는 발생율을 감소시킬 수는 있다(Okamoto, 1992). 따라서 노인과 장애인에 대한 서비스에 있어서 현행의 제도와 체계에 조정이 필요하며, 특히 노인복지와 장애인복지의 맥락에서 복지서비스의 연계와 체계화가 필요해지게 된다. 우리와 가까운 일본에서는 장애를 가진 고령자의 문제가 대표적인 사회문제로서 고령자 문제와 장애인 문제를 복합적으로 다루고 있으며, 고령화는 빈곤을 수반하고 또한 행동능력 감퇴 등 사회적 문제, 일상적인 생활의 문제와 직결된다고 본다(手塚直樹, 1995).

4) 욕구의 증가와 다양화

장애인들이 지니는 욕구는 매우 다양하다. 기본적으로는 의료재활에 대한 욕구를 비롯하여, 교육재활, 심리재활, 직업재활, 사회재활에 이르기까지 복합적이고 폭넓은 욕구를 지니고 있다. 과거에는 이들 욕구가 주로 의료와 소득을 중심으로 고려되었던 경향이 있다. 이 두 가지 욕구는 현재도 가장 중요한 정책요소가 되고 있지만, 산업화의 진전, 과학의 발달, 생활수준의 향상, 활발한 정보의 교류 등 제반 사회환경과 장애인들의 인식 변화 등으로 과거에 비해 양적으로나 질적으로 더욱 역동적으로 변화 해가고 있는 실정이다.

사회 정책적인 측면에서는 장애인들이 사회적으로 복지 수혜를 일방적으로 받기만 하는 대상으로서가 아니라 서비스를 소비하는 계층으로서 자신의 목소리를 내기 시작하고 있다는 점을 고려하여 거기에 맞는 정책적 측면이 고려되어져야 할 것이다.

장애인에 대한 과거의 대책은 장애인의 고용 문제와는 관련이 없었으며, 단지 장애인의 생계유지를 위한 국가 차원의 물질적 지원에 한정된 것이 사실이다(이달엽, 1996). 예컨대, 과거에는 비록 적은 양의 제한된 서비스나 급여를 받는 것 자체로 만족할 수 있었지만 이제는 자신에게 알맞고 충분한 급여와 서비스를 당연하게 받아야 한다는 인식으로 변화하고 있는 실정이다. 수혜적 성격에서 권리의 성격으로, 기존의 공급자 위주의 정책에서 이제는 소비자 또는 수급자 중심의 서비스 전환이 요구되고 있다.

한편으로 장애인의 범위가 점진적으로 확대되고 또한 장애 및 장애인의 사회적 의미가 변화함에 따라 정책적으로도 매우 복합적인 요인을 고려해야 하고 정책과 실제적인 서비스는 보다 세분화되어 준비될 필요가 있다.

3. 노령 장애인구의 장애유형과 발생원인

장애를 가진 노인의 문제는 복합된 형태로 일반 장애인 문제보다 더욱 심각한 양상을 띠며, 따라서 가일층 심각한 "노인문제"라고 말할 수 있다. 결국 장애를 가진 노인의 문제는 이중적으로 어려운 생활문제(double jeopardy)로 존재한다는데 그 특징이 있다고 할 수 있다(手塚直樹, 1995).

한국보건사회연구원이 발표한 2000년도 장애인 실태조사 결과에 따르면 전국의 장애인은 1,449천여명으로 95년의 1,053천여명에 비해 39만여명이 증가, 장애인 출현율이 95년의 2.35%에서 3.09%로 늘었다. 연령별 장애인은 10세미만이 0.6%, 40대 3.39%, 60대 8.46%로 40세 이상이 전체 장애인의 72.8%를 차지했다(한국보건사회연구원, 2001).

표 2. 전체연령별 장애출현율

(단위: 1/1000, 명)

성별 연령별	계		남		여	
	수	출현율	수	출현율	수	출현율
0~ 9세	41,852	0.60	25,541	0.70	16,311	0.50
10~19세	62,819	0.89	42,630	1.16	20,189	0.59
20~29세	96,228	1.37	67,506	2.10	28,722	0.76
30~39세	193,100	2.26	128,460	3.02	64,640	1.51
40~49세	242,577	3.39	168,466	4.59	74,111	2.13
50~59세	238,458	5.25	159,352	7.02	79,106	3.48
60~69세	284,108	8.46	168,382	11.15	115,726	6.26
70~79세	198,339	11.61	99,543	15.96	98,796	9.11
80세+	92,013	15.50	30,550	17.9	61,463	14.5
계	1,449,494	3.09	890,430	3.86	559,064	2.34

*출처: 한국보건사회연구원 (2001). 장애인 실태조사.

1995년 전국 실태조사에서 파악된 노령 장애인의 수는 1,470명으로 조사당시 우리나라 전체 노인인구(만 60세 이상)인, 약 4,047천명을 기준으로 조사구별로 가중치를 부여하여 산정 된 재가 노령 장애인 출현율은 인구 1,000명당 112명으로서 전국적으로 453천명으로 추정되고 있다. 전체노인 중 노령 장애인의 비율은 11% 정도이며, 전체 장애인 중 노령 장애인은 44%를 차지하고 있다(정기원, 권선진, 계훈방, 1995).

장애종류별 60세 이상 노령 장애인의 출현율을 살펴보면, 지체장애는 인구 천명당 76.24명, 청각장애 23.56명, 시각장애 10.01명, 언어장애 1.65명, 정신지체 0.5명의 순으로 나타나 지체장애의 숫자가 대다수를 차지하고 있다.

이를 다시 장애영역별 비중으로 나누어 보면 노령인구의 장애종류별 출현율을 만 60세 이상 노인층 연령별로 구분해 보면, 지체장애, 시각장애, 청각장애인 경우는 연령이 높을수록 장애출현율도 일관되게 증가하는 것을 알 수 있다. 이들 장애는 전체 연령대로 보더라도 60세 이후부터 장애출현율이 두드러지게 높아지는 것으로 나타나고 있다. 그러므로 특히 노인기에 접어들어 주로 발생하는 장애유형은 청각, 지체, 시각이라고 볼 수 있으므로, 이들 장애는 노인성 장애유형에 가깝다고 유추할 수 있다. 왜냐하면 언어장애와 정신지체의 경우에는 연령증가에 따라 동일한 증가 경향을 보이지 않기 때문이다.

표 3. 장애노인 연령별·장애종류별 장애출현율

(단위: 1/1,000)

연 령	지체장애	시각장애	청각장애	언어장애	정신지체	전 체
60~64세	55.69	5.46	7.36	1.46	0.51	70.49
65~69세	70.87	6.53	12.60	1.60	0.89	92.48
70~74세	87.82	10.87	26.22	2.29	0.71	127.92
75~79세	105.37	17.33	43.90	1.48	-	168.08
80세이상	109.73	26.46	86.30	1.41	-	223.90
계	76.24	10.01	23.56	1.65	0.54	112.00

*출처: 한국보건사회연구원 (1996). 장애인 실태조사.

　장애의 원인은 아래의 표에서처럼 크게 출산전 원인, 출생시 원인, 후천적 원인으로 구분할 수 있다. 전체적으로 질병, 사고 및 퇴행성 장애 등의 후천적 원인이 96.1%로 압도적으로 많았고, 그 외는 미미하지만 미상 3.4%, 출산전 원인 0.5%로 나타났다. 이를 장애종류별로 세분해 보면, 정신지체를 제외하고서 지체, 시각, 청각, 그리고 언어장애의 후천적 원인으로 인한 발생 비율은 93.6%부터 97.2%에 이르기까지 매우 높게 나타난다.

표 4. 장애종류별 노령장애 원인

(단위: %)

장애원인	지체장애	시각장애	청각장애	언어장애	정신지체	전 체
출산전 원인	0.5	-	1.1	-	-	0.5
후천적 원인	97.2	95.3	93.6	96.7	22.3	96.1
원인 미상	2.3	4.7	5.3	3.3	77.7	3.4
계	100.0	100.0	100.0	100.0	100.0	100.0

*출처: 한국보건사회연구원 (1996). 장애인 실태조사.

　장애의 발생시기를 출생시, 유·청소년기(19세 이하), 청장년기(20~49세), 준고령기(50~59세), 고령기(60세 이상)로 구분하여 살펴보았다. 노령장애의 발생시기를 보면, 전체적으로 응답자의 58.1%가 60세 이후에 장애가 발생한 것으로 밝혀졌다.

　준고령기를 기점으로 할 경우, 전체 장애노인의 3/4 이상이 50세 이후에 장애가 발생한 것으로 드러났다. 이를 장애종류별로 검토해 보면, 60세 이후에 장애가 발생한 비율로 기준으로 할 때, 언어장애(70.1%), 청각장애(66.7%), 시각장애(64.0%), 지체장애(54.9%) 등의 순으로 높은 비율을 나타내고 있었다. 이러한 결과도 이들 장애종류들이 노인성 장애유형에 보다 근접해 있음을 알 수 있다.

표 5. 장애종류별 노령 장애 발생시기

(단위: %)

장애발생시기	지체장애	시각장애	청각장애	언어장애	정신지체	전 체
출생시	0.5	-	1.7	-	22.7	0.8
19세 이하	5.6	9.8	7.3	3.3	77.3	6.6
20~49세	17.2	14.1	12.8	3.9	-	15.8
50~59세	21.3	12.1	9.9	22.7	-	18.0
60세 이상	54.9	64.0	66.7	70.1	-	58.1
미 상	0.5	-	1.5	-	-	0.7
계	100.0	100.0	100.0	100.0	100.0	100.0

*출처: 한국보건사회연구원 (1996). 장애인 실태조사.

4. 노령 장애인의 생활실태

1) 경제적인 특성

경제적 궁핍도는 한국 노인들이 다른 나라에 비해서 월등하게 높은 것으로 나타나고 있는데, 한국의 경우 경제적 궁핍도가 64.5%로 과반수 이상을 차지하고 있는데 반해 태국에서는 31.5%, 이탈리아 28.2%, 미국 17.8%, 일본 15.8%, 그리고 덴마크가 11.8%로 한국이 하위수준임을 시사하고 있다(한국갤럽조사연구소, 1984).

권례경(1999)에 의하면, 전체인구 중에서 생활보호 대상자의 비율은 3.9%에 지나지 않으나, 60세 이상 전체 노인인구 중에서 생활보호 대상노인의 비율은 13.4%로 노인인구의 상당부분이 심각한 경제적인 어려움에 처해 있다고 볼 수 있으며, 전체 생활보호대상자 중에서 극빈층이라고 할 수 있는 거택보호 대상자 중에서 노인인구가 차지하는 비율은 39.4%로 노인인구의 경제상태가 어렵다는 것을 말하고 있다.

　장애노인들의 자신의 경제상태에 대하여 스스로 어떻게 평가하는지를 알아보면 일상생활을 하면서 그들의 경제적 상태가 매우 어렵거나 또는 약간 어렵다고 생각하는 노인의 비율이 각각 30%, 29%로, 우리나라 장애노인의 59%는 경제적으로 어려움을 느끼고 있는 것으로 나타났다. 이와 반대로 어려움이 거의 없는 노인은 단지 5%에 불과하였다. 지역별로 보면, 도시지역 보다 농촌지역의 장애노인이 상대적으로 경제적 곤란함을 많이 느끼고 있다. 그리고 세대 구성별로 보면, 노인단독 세대 혹은 노인부양세대의 장애노인이 2세대 혹은 3세대 등의 자녀동거가구의 장애노인 보다 경제적으로 어려움을 많이 느끼고 있음을 알 수 있다(한국보건사회연구원, 1996).

　노령 장애인 가구의 월평균 가구 총소득의 분포를 살펴보면, 50만원 미만이 약 44%로 가장 많고, 50만원~99만원이 약 25%, 전체가구의 69% 정도가 100만원 미만의 소득이 있는 것으로 나타났다. 전체 장애노인가구의 월평균 총소득액은 77만 9천원으로 파악되었으며, 한편 비노령 장애인 가구의 월평균 총소득은 99만 9천이었으며, 전체 장애인가구의 경우는 90만 7천이었다. 이는 장애노인의 경제적 상황의 상대적 악화를 잘 보여주고 있다(김형수, 1996).

　김형수(1996)의 연구에 의하면 장애노인 중 돈을 벌 목적으로 일을 하는 경우가 어느 정도인지를 알아 본 경우 수입을 목적으로 취업을 하고 있는 노인은 14.0%(취업 장애노인의 월평균 근로소득은 35만 7천원임)에 불과하여 대다수의 노인들은 심한 장애와 고령으로 인한 신체적 부담감 등으로 일을 하고 있지 않은 것으로 판단된다. 이는 현재 취업하고 있지 않은 노인들을 대상으로 미취업 이유를 물어 본 결과를 보면 더욱 뚜렷해진다. 조사결과에 의하면, '장애가 심해서' 와 '나이가 많아서'라고 응답한 비율이 각각 45%를 차지하여 전체적으로 90%가 장애와 고령으로 인해 취업을 하고 있지 않는 것이다.

　또한 전체장애인 중에서 취업하고 있는 장애인은 31.8%(월평균 근로소득은 68만 3천원임)로 나타났으며, 비장애노인 중 취업장애인은 47%(월평균 근로소득은 77만 9천원임)로 나타나 장애노인이 장애와 노령이라는 복합형태의 이중적인 문제를 지니고 있어 상대적으로 열악한 경제상태임을 알 수 있다.

정경희, 조애저, 오영희, 변재관, 변용찬, 문현상(1998)의 연구에 의하면 우리나라 노인들이 일을 하고 있는 가장 큰 이유는 돈이 필요해서로 66.1%이며, 다음이 일이 좋아서 8.2%, 건강유지를 위해서가 7.2%, 일손이 모자라서가 6.9%의 순이다.

앞서의 몇몇 연구는 노인의 전반적인 경제상태가 열악함을 보여주는 것으로 이는 노인의 1.7%만이 동년배와 비교하여 매우 좋다고 평가하고 약간 좋다는 9.5%로 긍정적으로 평가하는 노인은 11.2%에 불과하다는 것을 알 수 있다. 반면 약간 나쁘다는 응답이 28.4%, 매우 나쁘다가 21.5%로 절반의 노인이 자신의 상대적인 경제상태를 부정적으로 판단하고 있다.

2) 보건생활 특성

노령 장애인들이 본인의 건강상태를 어떻게 생각하는지의 조사(한국보건사회연구원, 1995)에 의하면 전체 노령 장애인 중 53%가 전혀 건강하지 못하다(14%), 또는 건강하지 못하다(39%)라고 응답하여 절반 이상의 장애노인들이 자신이 건강하지 않은 것으로 스스로 평가하고 있음을 알 수 있다.

만성 질환은 연령이 증가함에 따라 유병률도 증가하기 때문에 노인층, 특히 후기노인층에게 더욱 심각하다. 노령 장애인 중 68%가 장애 이외의 만성 질환으로 인해 지난 1년 동안에 아파서 고생했던 적이 있는 것으로 나타났다. 성별·거주지별로 보면 남자노인 보다

여자노인이, 그리고 도시지역 보다 농촌지역의 만성 질환 유병률이 상대적으로 높았다. 한편 비노령 장애인과 전체장애인의 장애 이외의 만성 질환 유병률은 각각 52%와 58.9%로 나타나고 있다. 이것 역시 장애노인의 건강상태의 상대적 심각성의 일면을 보여 주고 있다.

비장애노인 중에서도 자신의 건강이 나쁜 것으로 인식하고 있는 노인이 58.9%이며 65세 이상 노인의 86.7%가 만성 질환을 한 가지 이상 앓고 있음을 알 수 있다(박영란, 2001).

장애노인들이 집안에서 활동하는데 불편을 느끼는 정도를 알아보면 집안활동을 하는데 "매우 불편하다"(42%), '약간 불편하다"(35%)로 나타나 전체적으로 대부분(77%)이 집안에서 거동하는데 불편을 느끼고 있음을 알 수 있다. 이와 반면에 '전혀 불편함이 없다'라고 응답한 비율은 4%에 불과하였다. 한편 비장애노인의 경우에 매우 불편하다 23%, 약간 불편하다 31% 전체 60세 이하의 비장애노인중 54%가 집안활동시에 불편을 느끼고 있으며, 전체장애인의 경우는 매우 불편하다 31.5%, 약간 불편하다 32.9%로 나타나 전체적으로 64.4%가 일상생활에서 불편을 느끼고 있었다(김형수, 1996).

한국보건사회연구원과 보건사업진흥원의 조사에 의하면 평균수명은 74.4세이지만 건강수명은 64.3세로 10.1년은 질병이나 장애로 보내는 셈이다(중앙일보, 2001). 이처럼 우리나라 노인들의 가장 큰 관심과 문제는 건강으로 나타나고 있다.

3) 취업욕구 특성

한국보건사회연구원(1995)의 조사에 의하면 현재 일하고 있는 노인의 80% 정도가 계속 취업하기를 원했으며, 반면 취업을 그만두고 싶은 노인은 20%정도에 불과하였다. 취업유지를 원하는 노인들 중에

서도 60대 초반에 있는 초기노인(81.2%)이 75세 이상의 노인(60.6%)
보다 많았고, 남자노인(82.2%)이 여자노인(68.0%)보다 취업지속의사
가 더 높았다. 앞으로 평균수명 및 건강수명이 더욱 연장되고 고령노
인수가 증가함에 따라 취업노인들의 취업유지에 대한 희망률도 더욱
높아지고, 일단 은퇴한 노인들의 재취업에 관한 욕구도 높아질 것으
로 전망된다.

　노인들의 취업유지 또는 재취업 희망이유를 살펴보면, 경제적인 이
유가 높은 비율로 나타나고 있다. 1985년에는 생계유지, 돈이 필요해
서 등의 경제적 이유가 57.5%이었는데 1994년에는 72.2%로 증가하
고 있다. 그밖에 건강유지를 위해서, 친교를 위해서 등 비경제적인
이유는 상대적으로 낮은 비율이었다. 한편 노인들이 취업을 원하지
않거나 취업을 하지 못하고 있는 이유는 건강문제가 가장 많았고, 그
다음으로는 적당한 일자리가 없어서 또는 쉬고 싶어서 등의 이유를
보였다. 즉 건강의 약화와 적합한 일자리의 부족이 노년기의 재취업
을 방해하는 요인으로 나타났다.

　김성순(1990)에 의하면 고령자취업은 ① 생계, 용돈 등의 소득보
장, ② 역할부여를 통한 무료함의 해소, ③ 국가적인 차원에서의 사
회보장비의 절감, ④ 정신적, 정서적인 유용감의 부여, ⑤ 건강증진의
기여라는 측면에서 그 필요성을 찾을 수 있을 것이다.

　일찍부터 고령화사회에 진입한 일본의 각종 의식조사 결과를 보면
일본 고령자들의 취업의욕은 매우 높게 나타나고 있다. 1992년 일본 총
리부의 근로의식에 관한 세론조사에서는 회답자 전체의 57%, 남자는
65%가 65세 정도 혹은 그 이상까지 일하고 싶다고 답하고 있으며, 또
한 1988년 고연령자취업실태조사에서도 취업자의 평균퇴직희망 연령이
50대 후반의 남자의 경우 65.2세였다(허재준, 김장호, 신영수, 1999).

　일본의 고연령자취업실태조사에 의하면 고연령취업자의 취업이유
는 남녀 공히 경제상의 이유가 가장 많지만 연령이 증가함에 따라

건강상의 이유, 사는 보람, 사회참여를 위해, 부탁 받았기 때문, 시간에 여유가 있기 때문이라는 비율이 높아지고 다양화된다. 연금수급자의 취업 이유로는 남녀 공히 "연령이 증가함에 따라 연금액에 상관없이 일하고 싶기 때문"이 증가하고 있다.

취업방식에 관한 희망도 다양한데 1992년의 일본 고연령자취업실태조사에 의하면 60~64세 연령층에서는 35%가 단시간근무를, 그리고 16%가 자유업을 희망하고 있고 정규근무 희망자는 22%에 그치고 있다. 희망뿐만 아니라 실제 취업형태도 다양하고 특히 연령과 함께 단시간 근무자가 증가하고 있다. 남녀 공히 퇴직과정이 진행됨에 따라 취업자에서 피용자의 비율이 감소하고 자영업자, 자유업의 비율이 증가한다.

4) 보장구 사용 및 장애등록

장애인들에게 있어 의수족, 보조기, 안경, 지팡이, 보청기 등의 보장구는 재활뿐만 아니라 일상생활을 영위하는데 매우 중요하며 필수적이다. 한국보건사회연구원(1995)조사에 의하면 노령 장애인의 53%가 보장구를 가지고 있는 것으로 나타났으며, 47%가 보장구를 가지고 있지 않은 것으로 나타났다.

보장구가 필요하지만 현재 갖고 있지 못하다고 응답한 장애인 중 보장구를 구입하지 않은 이유로 구입비용 때문이 56%로 가장 많고, 미관상 흉해서가 16%, 사용해도 별 효과가 없을 것 같아서가 11% 등으로 나타나고 있다.

장애인 등록제도에 관한 인지도에서는 노령 장애인중 장애인 등록제도를 알고 있는 경우는 22%에 지나지 않았고, 등록제도를 아는 노령 장애인의 등록여부에서는 전체 노령 장애인의 10%만이 등록을 하고 있는 것으로 나타났다.

전체 노령 장애인을 대상으로 장애와 관련해서 사회나 국가에 대한 요구사항을 조사(한국보건사회연구원, 1995)한 결과, "의료혜택의 확대"가 43.1%로 가장 많고, 다음으로 "생계보장"이 34.7%로 나타나고 있다. 이러한 결과는 장애노인들이 장애와 만성질환으로 고통을 당하고 있고 아울러 고령과 장애로 소득원을 상실한 결과 경제적 어려움을 또한 겪고 있음을 알 수 있다.

5. 노령화와 노동참여

한 나라의 인구구조 형태는 노동시장에서 노동공급을 어떻게 원활하게 공급할 수 있느냐를 결정하는 중요한 변수가 되기 때문에 인구구조는 국가경제에 큰 영향력을 갖는다. 일반적으로 고령인구가 많으면 노동시간에서의 노동력 공급이 원활하지 못하게 된다.

우리나라의 경우 앞으로 생산연령 인구가 지속적으로 감소하고 65세 이상의 고령인구가 증가할 것으로 예상하고 있다. 달리 표현하면, 2000년대 이후 노동시장의 생산인력은 상당부분 고령인구로 충당될 수밖에 없으며, 특히 단순노무직, 서비스직의 노령자 종사인력이 증가 할 것이다.

2001년도 경제활동 인구 중 55세 이상이 차지하는 비중이 16.4%이었고 이는 2030년에는 35%가 될 것으로 전망하고 있다(이원덕, 2002). 그러므로 이들 연령계층의 실업증가가 우려되며, 따라서 노인고용 정책에 있어서는 60대 후반, 70대 까지도 자신이 쌓아 온 경력을 끊임없이 개발하고 기술과 환경의 변화에 잘 적응할 수 있도록 하기 위해서 40-50대 때에도 계속 재교육의 기회를 부여해야 한다. 이러한 의미에서 노동부는 노인에게 적합한 고용형태를 창출, 확산하기 위해 2003년 6월에는 노인적합 직종을 160여 가지로 지정했다(사회복지신문, 2003, 6). 기업에 노인고용을 위한 유인을 제공할 필요가 있으며 이러한 정책적 지원을 통해 노인이 그들의 능력과 노하우를 활용할 수 있는 기회를 지속적으로 가질 수 있도록 해야 한다.

우리나라 고령자 고용촉진법에 의하면 300인 이상을 고용하고 있는 기업체는 전 근로자의 3%이상을 55세 이상 고령자를 채용하도록 되어 있다. 일본의 경우를 보면, 고령자 고용촉진법에 의해 60세 이상 고령자를 전체 종업원의 6%를 의무적으로 고용하도록 되어 있다. 일본의 경우 고령자를 고용하지 않을 경우 무거운 부담금과 함께 기업의 이름을 공개한다.

1) 21세기의 노령화의 의미

우리 사회는 이미 고령화 사회에 진입하였으며, 계속해서 빠른 속도로 고령화가 진전되고 있다. 고령화는 다시 양적인 고령화와 질적인 고령화로 나뉘며, 이는 다시 각각 사회적 의미의 양적·질적 고령화와 개인적 의미의 양적·질적 고령화로 나뉠 수 있다.

표 6. 노령화의 구분

	양 적	질 적
사회적	인구증가	질적 향상 (고학력)
개인적	수명연장	삶의 질 욕구

양적 고령화는 두 가지를 의미한다. 첫째는 사회적 차원에서의 양적인 고령화인데, 이는 일반적으로 사람들이 알고 있듯이 노인인구의

절대적 상대적 숫자가 늘어나는 현상을 말한다. 노인인구가 증가하면, 전통적 부양인구인 노인에 대한 사회적 비용과 복지부담이 증가할 뿐 아니라 상대적인 경제활동인구가 감소함으로써 노동력 수급은 물론 여러 경제적 문제들이 야기된다. 둘째로 개인적 측면에서의 양적인 고령화는 수명의 연장을 의미한다. 수명의 연장은 단순히 한 개인이 오래 산다는 의미뿐만 아니라 그 개인의 일생에서 노인기가 차지하는 비중이 증가한다는 것을 의미한다. 한 개인이 그의 일생중 노인으로 살아가야 하는 기간이 더 길어지기에, 개인적인 의미에서의 고령화는 노후설계와 노후생활의 중요성과 직접적으로 연관된다.

질적인 고령화 역시 사회적 차원과 개인적 차원의 고령화로 갈라진다. 먼저 사회적인 질적 고령화는 노인층의 특성변화, 즉 질적 향상을 의미한다. 사회의 전반적인 경제수준과 교육수준, 문화수준이 향상되면서 노인들의 경제적, 교육적, 문화적 수준도 함께 향상되어가고 있다. 우리나라의 고등교육(2년제 전문대 이상) 취학률은 2000년 현재 80%를 상회하고 있다. 따라서 지금 고등교육에 취학한 인구가 노인이 되는 2040년경에는 노인의 대부분이 대학 이상의 학력을 지닌 고학력자가 될 것으로 예측해 볼 수 있다. 학력과 경제력, 문화력까지 갖춘 노인들은 그만큼 사회에서 많은 권력과 영향력을 갖게 된다. Dychtwald(1999)는 이미 미국사회에서는 베이비 붐 세대가 노인층에 들어오면서 이러한 현상이 현실로 나타나고 있음을 지적한 바 있다.

표 7. 우리나라 고등교육(전문대 이상) 취학률

(단위: %)

년 도	1970	1980	1990	2000
고등교육 취학률	8.4	15.9	37.7	80.5

*출처: 통계청 (2001). 통계 DB 2001.

한편 개인적인 차원에서의 질적 고령화는 단순히 오래 사는 장수의 의미만이 아니라, 더 풍요롭게 노년을 영위해 나가고자 하는 삶의 질에 대한 욕구와 관련된다. 노인들은 점점 그들의 노후 삶의 질에 대하여 강력한 욕구를 갖게 될 것이다(한정란, 2002).

고령화로 평균수명이 늘어나고 있을 뿐 아니라 의료·보건기술의 발달로 노인들의 건강수준도 개선되고 있다. 건강의 수준은 그 개인의 활동 수준과 욕구를 결정한다. 따라서 이러한 변화들은 보다 활동적인 노인, 보다 적극적으로 사회에 참여하기를 열망하는 노인들을 만들어낼 것이다. 이미 법적인 정년 자체가 폐지된 미국이나 대부분의 사기업에서 60세 이상의 정년규정을 두고 있는 일본 등 선진 고령화 사회들에 비하여, 우리는 아직도 대부분 기업들이 정년을 55세로 규정하고 있다. 이러한 실정에 비추어 본다면, 우리나라에서는 직업세계에서 떠나 노년기에 접어드는 시기가 훨씬 일찍부터 시작된다고 할 수 있다. 1997년 현재 55세 퇴직을 한 남성들은 퇴직 후 평균 20.7년을, 같은 연령의 여성들은 그 후에도 평균 25.9년 동안을 노인으로서 살아가게 되는 것이다(통계청, 2001).

2) 노령과 일의 의미

고용은 개인의 지역사회 내에서 경제적인 독립을 제공하고 자아-개념, 동료관계, 및 기본적인 정체성 개발에 공헌한다(Kiernan, Schalock, & Kuntson, 1989). 인간이 노동을 하는 이유는 오로지 경제적인 것에만 있지 않으며, 사회심리적 목적에서도 노동을 하게 된다. 일이라는 것은 경제적 기능 이외에 사회적 윤리적 심리적 기능도 동시에 지니며, 이것은 때때로 경제적 기능 이상으로 각 개인에게 있어서 더욱 중요한 의미를 지니기도 한다.

박석돈(1997)은 일은 인간에게 자아존중감(self esteem), 정체감(identity), 질서의식(a sense of order)을 부여해 준다고 하였다. 이처럼 은퇴한 노인들의 취업활동은 노후생활에 필요한 소득원을 확보해 줄뿐만 아니라 신체적, 정신적 건강을 유지시키며, 생산적 활동을 계속하므로 의미 있는 역할 수행에 대한 자부심, 유용감, 자아정체감 등을 갖게 해 준다.

개인은 일을 통해서 직장이라는 사회집단 또는 사회제도에 소속됨으로써 사회에 참여할 수 있는 길을 마련하게 되며, 친구관계나 직장 동료와의 관계 등의 사회적 관계망을 유지할 수 있으며, 직업에 따라 사회적 역할과 지위 그리고 권력을 부여받게 되며, 사회성원으로서의 도덕적 책임을 완수할 수 있는 기회를 제공받게 된다. 그리고 인간은 일을 통하여 자신의 능력을 확인하고 자신의 존재가치를 의식하게 되며, 자신감을 갖게 되고 자신이 누구인가를 확인할 수 있게 된다. 나아가 생활에의 기본적인 리듬과 규칙성을 갖게 되고, 정서적 만족감을 갖게 된다. 이와 같이 모든 개인은 노동 또는 일을 통하여 경제적 목적과 아울러 사회적 목적을 동시에 성취할 수 있게 되며, 심리적 목적까지도 달성할 수 있게 되므로, 일의 만족도에 관계없이 모든 인간은 일 그 자체를 필요로 하고 있는 것이다.

현대사회에서 노인인력 활용의 과제는 필연적으로 제기 될 수밖에 없는 문제라고 했고, 노인들에게 무엇인가 일자리를 부여한다는 것은 그들을 정신적, 정서적으로 안정시킬 뿐 아니라 생계유지, 용돈마련, 건강관리, 무료함 제거 등에 크게 기여한다고 본다.

특히 노인의 경우에는 외로움과 소외감이 가장 큰 심리적 고통이므로 일이 더욱 큰 의미를 갖게 된다. 하지만 노년기에 이르게 되면 신체 및 정신기능의 약화로 인한 노동력의 저하, 현대화에 따른 경제적 생산기술과 생산체계의 변화에 대한 적응능력의 부족 등으로 인하여 노동시장에서 탈락하게 된다.

노동시장에서 탈락하게 된 노인들은 소득감소 또는 상실로 인한 경제적 고통뿐만 아니라 역할상실, 지위하락, 생활관계의 축소, 생활만족도의 저하, 여가활동 및 문화활동과 생활공간 축소 등과 같은 사회심리적 문제도 함께 겪게 된다. 즉, 경제활동을 하지 못하는 노인들은 적극적인 사회참여를 하지 못하게 되고, 생활의 장이 축소되어 생활만족도나 안녕감이 낮아지게 된다.

따라서 이러한 노인들에게 어떤 형태로든 일감을 찾아주고 일을 할 수 있게 해 준다는 것은 노인복지에 있어서 가장 핵심적인 부분이 된다. 이와 같이 노인취업은 그 자체로서 노인복지이며 동시에 노인복지의 예방적인 성격도 가지고 있는 것이다.

3) 중년 및 노령 근로자의 직업잠재력에 대한 평가와 재훈련

노령 근로자의 능력에 대한 종합적인 연구는 Welford(1958)로부터 시작되었다. 그의 주장에 따르면, 고령 근로자들이 연령증가에 따라서 적응기능을 상실하게 된다고 단순하게 결론지어서는 안 되며, 이들이 그 쇠퇴한 감각·지각 능력 등을 어떻게 보상하고 있는가를 보아야 한다고 본다. 즉, 안경이나 보청기의 사용, 실내조명의 개선, 작업 속도의 자율적 조절, 노력과 작업시간의 적절한 배당 등을 동시에 고려해야 할 것이다.

또한 그는 작업능률측정의 지표로써 소요시간, 생산량, 노력의 양, 오류의 수, 재료의 손실 등을 이용하여 고령 근로자들의 능력수준을 평가했다. 그 결과 미로추적 작업에서 고령자일수록 오류가 많았고, 웩슬러형 지능검사 가운데 숫자-도형 바꿔쓰기 에서도 성적이 나빴다. 이와 같은 작업성적의 부진은 단순한 근육운동의 수준에서 쇠퇴가 일어난 것이라기보다는 중추신경계 과정에서 정보처리 속도가 줄어들기 때문으로 추측된다. 왜냐하면, 전보치기와 비슷한 키 빨리 누르기, 단순한 리듬운동, 지렛대 누르기 과업 등과 같이 말초 신경계가 작용하는 측면에서는 고령자라 하더라도 별다른 능력의 쇠퇴를 보이지 않고 있기 때문이다.

외국의 많은 연구결과 현재까지 75세까지 노화에 따른 생산성의 저하는 큰 변화가 없거나 미약하다는 것이다(Birren, 1990; Habib, 1990). 실제로 한 연구(Rosen & Jerdee, 1995)에서 고용주들에게 가상적인 상황을 제시하고 30세와 61세의 피고용자들의 직무능력을 평가하였다. 그 결과 고용주들은 61세의 근로자들은 재훈련 효과가 없고 적응력과 능력이 떨어질 것이라고 자동적으로 평가했다.

Dedrick와 Dobbins(1991)는 젊은이들의 실패는 경험 부족으로 인한 일시적인 것이며 훈련 후 향상될 수 있다고 보았으나, 나이든 사람의 실패는 능력 부족으로 인한 것이며 훈련해도 소용없을 것이라고 평가했다. 그러나 직장생활 5년 이상 한 사람과 초년생과는 수행능력이 뚜렷이 차이나지만 중견 경력자와 은퇴를 앞둔 사람과는 유의미한 차이가 없다는 주장에서 볼 때 이것은 선입견에 불과하다(Stern & Miklos, 1995).

노인에 대한 편견과 노인에게 기회를 주지 않음으로써 노인 능력 발휘의 기회가 제한되어 결국은 노화에 따른 생산성이 저하된다는 고정관념이 유지, 확산되고 있다고 해도 과언이 아니다(Butler, 1990). 오히려 은퇴를 앞둔 나이든 근로자가 적어도 하나의 자질은 더 우수하다는 사실이 밝혀지고 있다(Birdi, Warr, & Oswald, 1995; Clark, Oswald, & Warr, 1996).

한편 중년기 이후의 고령 근로자들에게는 현직에 필요한 지식과 기술에 대한 연수는 물론, 새로운 제2의 취업에 대한 교육과 훈련이 중요하다. 이와 같이 장년 및 노년기의 근로자들에 대한 재훈련의 실시와 그 효과의 평가를 전문적으로 다루는 분야를 산업노년학

(industrial gerontology)이라고 부르는데 이 연구 분야는 최근 고령 근로자의 수가 증가하고, 급속한 과학기술의 발달로 말미암아 이에 대응할 수 있는 장·노년기 근로자들에 대한 재훈련의 필요성이 대두됨에 따라 새로이 각광을 받고 있다(Sheppard, 1970).

일반적으로 볼 때, 연령 증가에 따라 작업수행 능력이 쇠퇴한다는 견해가 지배적이었다. 이 견해에 따르면 반응속도의 감퇴, 시각·청각 능력의 쇠퇴, 조심성·내향성·수동성 등 성격 특성의 부정적 변화에 따른 직무수행 능력의 감퇴 등을 예상할 수 있다. 그러나 이러한 예상, 특히 고령 근로자들의 능률이 떨어지는가의 여부에 대해서는 아직껏 논란이 계속되고 있으나 이 문제는 고령 근로자에 대한 적절한 직무설계와 재훈련을 통하여 어느 정도 까지는 극복할 수 있는 것으로 보여 진다.

특히 40세 이후의 중년 및 고령 근로자의 수효가 증가하고, 또한 조기 정년퇴직과 평균수명 연장으로 인한 고령 근로자의 재취업이 절실히 요청되는 오늘날 고령 근로자의 재훈련 문제는 커다란 사회적 의미를 가진다.

4) 고령자의 취업 저해요인

오늘날의 우리 사회에서 노인이 점유하는 위치는 옛날과 같이 존경받는 권위의 주체가 아니라 다음 세대에게 주역의 자리를 넘겨준 은퇴자이다. 우리 사회가 산업화 되면서 개인의 기능, 생산성을 최우선적인 요건으로 중시하게 되었다. 따라서 노인들은 생산능력이 떨어지거나 환경과 시대의 변화에 대한 적응력이 약하다는 이유로 사회발전에 큰 도움이 되지 않는 집단으로 분류되고 있다. 이로 말미암아 노인들이 갖는 사회 내에서의 발언권이나 실권 행사 범위가 좁아지고, 극단적인 경우 노인의 존재가치를 의문시하는 사회적 경향도 생겨나고 있다. 이로부터 미루어보면, 노년기에 들어 늙어 가는 것에 적응해야 하는 사람에게는 사회 일반의 환경이 노인 자신의 자존심을 약화시키고 이어서 부정적인 자기평가를 가져 올 위험이 있다.

이 문제를 체계적으로 해명해 보려는 연구가 Kuypers와 Bengtson (1973)의 사회적 낙인이론(social labelling theory)에 이론적 근거를 두고 있는데 노인이나 고령자에 대한 부정적인 사회적 편견이 생겨나게 된 과정을 자세히 설명해 주고 있다. 즉, 인생의 후반기에 접어든 고령자가 그 사회에서 하나의 일탈자(deviant)가 되는 것은 그 개인의 결함 때문이라기보다는 단순히 사회가 일탈자 혹은 결함 있는 인물로 명명(命名)하고 낙인 찍어버리기 때문이다. 다시 말하면, 어느 한 사회에서 "이상(異常)"이라고 규정해 버린 어느 특정한 행동을 누군가가 하게 되면 그는 주위 사람들로부터 "일탈자"라는 주목을 받게 된다. 그 다음 단계에서는 스스로 자아개념이 낮아지게 되고 일반적인 규범에서 벗어난 행동을 스스로 할 가능성이 높아진다. 특히 인생의 후반기인 고령자나 노인의 경우, 사회 및 가정에서의 역할상실(role loss), 노년기에 대한 공식적인 사회화 과정의 결여, 그리고 인생후반기에 적합한 사회적 규준(normative guidance characteristics)의 부재가 함께 작용하여 외부에서 주어지는 자극이나 단서에 의존하지 않을 수 없게 된다. 이러한 외부자극에 대한 취약성 때문에 결국 노년기의 심리적, 사회적 적응에 곤란을 겪게 되고, 이러한 악순환은 계속 이어지게 된다.

그림 2에서 볼 수 있는 바와 같이, 노인이 스스로 무능력하다고 평가하게 되는 것은 질병이나 연령 때문이라기보다는 사회적 와해증후(social breakdown syndrome: SBS)때문이라고 한다. 역할상실 등으로 인하여 사회적 규준이 없어지고, 또한 자존심이 약화되고, 따라서 사회에서의 평가에 의존할 수밖에 없어진다. 그런데 주위 사람들과

사회 일반에서는 "무능하고 낡은 세대"라는 고정관념 하에서 낙인을
찍고 말기 때문에 그나마 갖고 있던 능력이나 기능, 기술 등도 더욱
쇠퇴하게 되고 마침내는 스스로 무능력하다고 평가하게 된다. 이것은
하나의 악순환이며, 어디에선가 그 고리를 끊지 않으면 계속해서 악
순환을 낳게 된다(윤진, 1985).

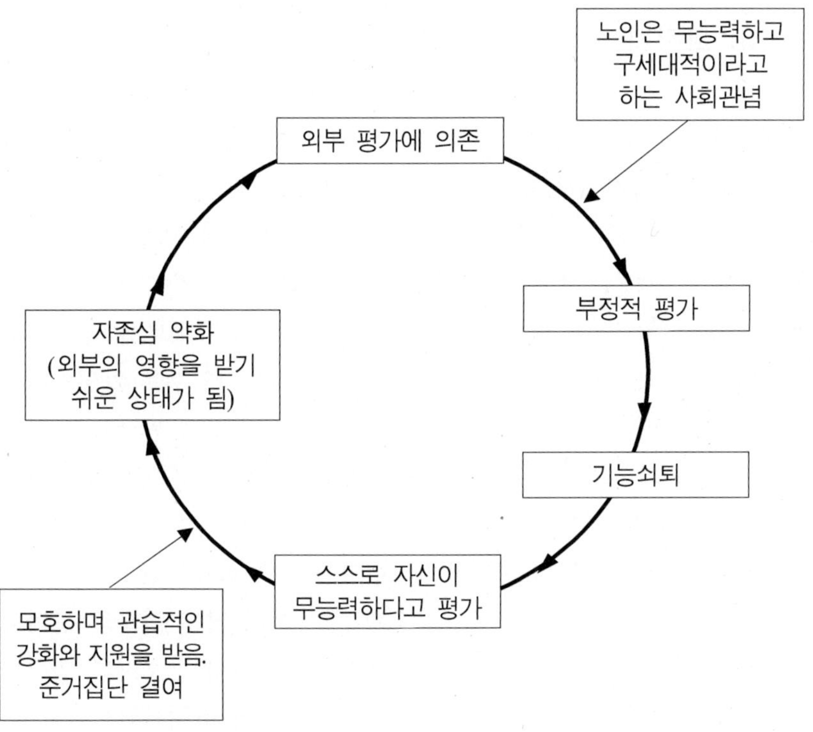

(윤진, 1985 p. 290. 재인용)

그림 2. 사회적 와해증후군 체계를 노년기에 적용한 도식

그러므로 현재의 노인에게 불리한 사회환경을 개선하기 위해서는 노인에게 적절한 일과 역할을 제공하고, 다양한 사회화 과정 등을 통하여 인생의 후반기에 대한 적절한 사회적 규준(social norm)을 제공함으로써 늙어 가는 것에 대처하여 새로운 정체감을 형성할 수 있도록 지원하여야 할 것이다.

5) 고령자 노동시장의 현항

우리나라의 고연령층의 경제활동 참가율은 일본보다 낮은 편이지만 경제성장 과정에서 우리나라 고연령층 노동시장은 상대적으로 고용사정이 나아지는 방향으로 변화를 거듭해 왔다(장지연, 2002; 허재준, 전병유, 1998a). 1980년에서 1997년간 총취업자 증가율이 연평균 2.4%였던 반면 55세 연령층의 취업자 증가율은 4.9%로서 총취업자 증가율보다 2배 이상 높았다. 경제 전체로 보나 산업부문 차원에서나 고연령자의 고용상태가 특별히 취약한 상황에 있다고 판단되지 않았다. 고연령층의 실업률은 전체 실업률의 20~30% 수준으로서 마찰적 실업수준이라고 판단되었다.

재직시 습득했던 직업능력이 고연령기에 지속적으로 활용되지 못하고 상당수의 고연령층이 단순노무직에 종사하게 되는 것으로 판단되었다(허재준, 전병유, 1998a). 또한 대졸 화이트칼라 근로자의 연령별 임금구조는 젊은 연령대에 임금 증가폭이 일본에 비해 훨씬 크고 일본보다 일찍부터 감소하기 시작하지만 고연령층에서의 임금 감소폭은 일본보다 상대적으로 작았다. 그리하여 대졸 화이트칼라 고연령자의 임금이 생산성에 비해 높을 가능성이 상대적으로 크다고 판단되었다(허재준, 전병유, 1998a; 허재준, 전병유, 1998b). 또한 외환위기 이전까지 우리나라의 연령계층간 임금격차는 지속적으로 감소해 왔다.

2001년에 45세인 남성은 63.8세까지, 여성은 58.7세까지 일할 것으로 예상되며 우리나라의 은퇴연령은 계속 상승추세에 있었으나 경제위기를 기점으로 낮아지고 있다. 상용근로자와 임시직 근로자의 연령이 증가하면 은퇴가능성이 크게 증가하지 않는다. 국제적 기준에서 보면 우리나라 고령자의 경제활동 참가율이 높고 은퇴연령이 높지만 이는 주로 자영업, 농업, 일용직에서 고령자의 비중이 높은 데 기인하며 정규직 임금근로자의 경우에는 고연령기에 자신의 경력을 연장할 기회가 크지 않다.

6. 외국의 고령자 현황 및 직업교육 훈련실태

1) 미국의 고령자 직업훈련과 직업 프로그램

미국은 역사적으로, 보통 직업 연령(65세 혹은 70세)을 넘었다라고 인정되는 사람들은 공립재활 환경 안에서 광범위한 제공을 받지 못하였다. 특히 장애를 가진 노인에 대한 논리는, 작업장에의 참여를 희망하거나 필요로 하지 않는 것으로 보았다. 예외가 있긴 하였지만, 성공적으로 재활을 하는 노인들의 수가 매우 적었다. 하지만 65세를 넘은 사람들이 미국 인구 중 가장 빠른 성장 부분을 구성하게 되었으며 이 연령집단의 성인들은 2030년까지 21% 정도로 나타날 것으로 예상되었다(Lewis, 1989; Zola, 1989).

(1) 고령자 직업교육훈련

① 미국노인법

미국노인법(The Olden American Act)에서는 55세 이상이나 취업 전망이 어두운 저소득 노인들을 위해 지역봉사활동을 시키는데 대부분 시간제 근무형태이다.

이 법에 의한 프로그램을 원만히 진행하기 위해 각 주에 노인부 (Department of Aging)를 신설하였으며 고령자 지역사회 고용프로그램(The Senior Community Service Employment Program: SCSEP)을 운영하고 있다.

② 연령차별 금지법

미국에서 고령노동자를 위한 체계적이고 영향력 있는 법안은 「고용에 있어서 연령차별금지법(The Age Discrimination in Employment Act: ADEA)」이다. 이 법은 고용에 있어 연령차별을 금지하는 내용으로 되어있으며, 1986년 개정시에는 노동자의 은퇴연령 자체를 아예 삭제해버렸다.

③ 직업훈련 협력법

미국 직업훈련 협력법(The Job Training Partnership Act: JTPA)은 노동시장에서 불리한 위치에 놓여있는 사람들을 대상으로 하는 고용과 훈련 프로그램 및 재정지원법이다.

JTPA의 Title I는 소외된 청소년과 성인들을 대상으로 고용 훈련 서비스 및 훈련 프로그램을 명시하였고 Title II는 부적절한 직무를 가진 노동자를 대상으로 하며 여기에 장기간 실업상태에 있는 자와 고령자를 포함하고 있다. 특히 55세 이상의 고령자를 위한 고용과 훈련 프로그램은 명시적으로 제시하고 있다. 주 정부의 연간 직업훈련비 중 3%를 고령자의 직업훈련비로 배정해 놓고 있으며 경제적으로 불리한 위치에 있는 고령노동자를 위한 훈련을 적극적으로 하고 있다.

(2) 미국의 고령노동자를 위한 직업훈련 프로그램

① 고령자 지역사회 고용프로그램

고령자 지역사회 고용프로그램(The Senior Community Service

고령자 재취업을 위한 수강비용의 원조, 각종 기술 및 자격증 습득을 위한 정보의 제공, 전직의 알선, 고령기 직업생활설계, 자기계발을 위한 연수 등을 원조하고 있다.

또 급속한 기술혁신에 대응하는 정책으로서는 사업주에게 지급하는 자기계발 조성급부금과 재직노동자에게 지급하는 중고령노동자 수강장려금 제도가 있다. 이 수강장려금제도란 45세 이상의 재직 노동자에 대하여 고령기에 고용안정에 도움이 될 것이라고 인정되는 교육훈련코스의 입학금, 수강료의 절반 정도를 노령 장애인에게 원조한다 (이이정, 1998).

(2) 일본의 퇴직자 준비 지원프로그램

80년대 이후 급격히 늘어난 고령인구 때문에 일본 정부에서도 노인문제에 관하여 많은 정책들이 발표되었다. 그 중에서도 정년퇴직 이후의 고령노동자들이 관심을 가지고 있는 노후정보에 대한 프로그램이 많다.

사업주에게 부과된 노후 프로그램은 첫째, 생애생활설계의 방법, 건강, 경제생활 등의 퇴직 프로그램이 있다. 예를 들면, 퇴직 후 인생에 대한 강의, 건강관리에 필요한 지식 및 의료제도에 대한 지식제공, 퇴직금·연금 등 퇴직 후 수입과 자산의 운용·지출 및 세금 등 경제생활에 관한 지식제공, 재취직의 상황과 구조·재취직과 자립을 위한 훈련과 자격취득을 위한 각종정보 및 고용보험 등 직업생활에 관한 지식제공, 취미나 자원봉사 등 삶의 보람을 창조하기 위한 지식제공, 주택과 가정생활에 관한 지식제공 등이 다. 둘째, 퇴직 후의 생활을 위한 지식, 교양을 습득하기 위한 비용지원이 있다. 셋째, 장래의 생활설계, 자격취득시험의 수험준비, 취미 등을 통한 삶의 보람 만들기 등을 위한 특별유급휴가의 제공 등이 있다.

일본 노동성에서는 고령자를 위한 훈련과를 설치하고 정년퇴직예정자들의 재취업원조사업, 고연령자 직업능력개발 원조사업을 실시하고 있으며, 고령자에 대한 단기의 직업훈련을 실시하고 있다.

동경도 고령자기술전문학교에서는 훈련참여자에게 수업료, 교재대금면제, 고용보험대상자에게 고용보험지급, 공공직업안정소의 지시에 따라 입소한 사람의 훈련수당지급, 그리고 훈련수료자에게는 취업알선을 해준다.

동경도 고령자 취업센터에서는 고령자에 대한 구체적인 취업알선, 취업상담, 인재계발, 취업정보 제공, 중소기업에 대한 상담 등을 한다. 또 산하에 「고령자취업상담소」를 17개 개설하여 지역사회 고령자의 취업에 관한 서비스를 제공한다.

고령자 취업센터는 고령자의 취업과 능력 활용에 관한 정보를 고령자와 사업주, 시민에게 제공한다. 따라서 공공직업안정소, 중소기업단체, 실버인재센터, 고령자 직업학교 등 기관과의 네트워크를 통해 인력수요처에 인재를 공급하는 등 다양한 업무를 수행하고 있다.

3) 우리나라의 고령자 훈련 및 직업 프로그램

우리나라에서는 1960년대 이후 평균수명이 크게 연장되어 노인인구 수와 비율도 크게 증가하고 있다. 노인인구가 많아짐에 따라 어려움을 당하는 노인들의 수도 크게 증가하고 있고 그러한 어려움은 자신이나 가족의 잘못이 없더라도 사회변동과 사회제도상의 문제점으로 인하여 많은 노인들에게 나타나고 있다. 우리나라에서는 1970년을 전후하여 노인문제가 사회문제로 드러나기 시작하였고, 1990년대에 이르러서는 문제의 양상은 더욱 다양해지고 심각성도 더해가고 있다. 이렇듯 현대사회로 오면서 노인문제가 두드러지게 나타나는 원인으로는 노령인구의 증가와 가족구조의 핵가족화 현상으로 인한 가족 속에서 노인의 역할과 기능의 약화, 공업화의 진전으로 인한 노인들의 역할상실, 그리고 가치관 의식의 변화이다(이금자, 2001).

우리나라의 취업프로그램은 보건복지부와 노동부로 나뉘어서 실시하고 있다.

(1) 보건복지부 고령자 취업프로그램

① 노인취업알선센터

정부는 노인의 취업상담 및 취업알선을 통하여 여가선용 및 소득 증진기회를 부여하고자 1981년부터 노인능력은행을 설치, 운영하다가 1996년부터 종래 운영해 오던 [노인능력은행]을 [노인취업알선센터]로 확대, 개편하고 보다 적극적인 노인취업활성화를 도모하고 있다.

② 노인공동작업장

정부는 노인공동작업장 설치를 위해 경로당 또는 노인복지시설로서 작업장 설치가 가능한 시설을 우선 활용하고, 공업단지 또는 생산업체와의 연계생산이 가능한 시설을 우선 지원하고 있다. 그리고 특별한 기술훈련을 하지 않고도 노인의 적성과 능력이 적합한 일거리를 선정하고, 작업량이 계속 확보되도록 업계와 유기적 협력 체제를 유지하는데 노력하고 있다.

③ 생업지원 사업

국가 또는 지방자치단체, 기타 공공단체가 설치 관리하는 공공시설 안에 식료품 사무용품 신문 등 일상생활용품의 판매를 위한 매점이나 자동판매기의 설치를 허가 또는 위탁할 때에는 노인에게 우선적으로 허가하도록 해야 한다. 그리고 담배소매인 또는 홍삼류판매인 지정신청이 있는 경우에도 노인에게 지정하도록 노력해야 한다.

(2) 노동부 고령자 취업 프로그램

노동부는 고령자고용촉진법에 의하여 다양한 고용촉진정책을 실시하고 있다. 즉, ① 고령자 구인 구직에 관한 정보의 수집 ② 고령자에 대한 직업훈련 ③ 고령자고용 사업주에 대한 고용지도 ④ 고령자고용 사업주에 대한 지원 ⑤ 취업알선 기능의 강화 등의 사업을 수행하고 있다. 이러한 사업을 효율적으로 수행하기 위해 고령자고용정보센터 및 고령자인재은행 등을 운영하고 있다. 또, 고령자고용을 늘이기 위해 사업주로 하여금 고령자고령계획을 수립하게 하고, 고령자고용촉진을 위한 세제지원과 기준고용률을 초과하여 고령자를 고용하는 사업주에게는 고용지원금을 지급하고 있다. 그 외에도 고령자고용적합직종을 개발하여 적합직종 사업주들에게 고령자를 우선 채용하도록 권고하는 등의 노력을 하고 있다. 그러나 현실적으로 실효성이 적고 현재 적극적으로 추진하고 있는 것으로는 고령자 적합직종개발 및 채용, 고령자 인재은행의 지정, 고용지원금의 지급 등이다.

(3) 고령자 고용촉진 장려금 제도

노동부는 고령노동자들의 다수고용, 신규고용, 재고용 등을 촉진하기 위하여 장려금제도를 실시하여 왔다. 55세 이상 고령근로자 고용비율이 전체 회사원의 6% 이상인 경우, 고령자고용촉진법에서 요구하는 3%이상의 초과 인원에 따라 지급 보상하는 고용장려금제도가 1998년 7월부터 5인 이상 기업으로 확대되어 적용하고 있으며(다수고용), 한 분기동안 고령자를 5인 이상 또는 월평균 근로자수의 5% 이상 신규 고용시 신규 고용한 고령자에게는 사업주가 지급한 임금의 1/4(대기업의 경우에는 1/5)를 6개월간 지급하고 있다(신규고용). 그리고 45-55세 이하인 자에 한해 경영상의 이유, 정년퇴직, 질병, 부상, 통근 곤란 등으로 퇴직한 자 중에서 퇴직 후 2년 이내에 재고용하는 경우 노동부장관이 매년 고시하는 금액(1999년 현재 1인당 80-160만원)을 재고용자 1인당 1회 지원하고 있으나(재고용) 55세 이상 고령자는 혜택을 받을 수 없게 되어있다(노동부, 1999).

(4) 우리나라의 고령자 직업교육프로그램

한국산업인력관리공단의 노인 재취업교육과 기업체에서 제공되는 퇴직자 준비교육으로 분류할 수 있다.

첫째, 한국산업인력관리공단의 준고령자 고용촉진을 위한 단기적응 교육훈련으로서는 단기 적응훈련과정이 있다. 이 과정은 고령자 중 취업을 희망하는 자들에게 1개월 이내의 단기간 직장적응훈련을 실시하여 고용촉진을 도모하고, 직업안정 및 노후가계안정에 기여함을 목적으로 하고 있다. 이 단기 적응훈련과정은 고령자 적합직종과 취업용이 직종을 중심으로 1~2주간의 과정을 개설하여 직업생활과 안전관리, 직종별 기본교육을 중심으로 교육하고 있다(이병준, 1999b).

둘째로는 기업체에서 시행하는 퇴직자 대상 재취업교육이 있다. 이 프로그램은 퇴직자 전직 및 창업지원이 주축을 이루고 있다(SK텔레콤의 경우). 또, 퇴직자 또는 퇴직예정자를 대상으로 퇴직 후 생애설계를 위한 교육지원과 새로운 삶에 대한 자신감과 비전을 심어주기 위해 창업과정과 재취업 전직과정을 운영하고 있다.

한편 정부는 한국노인복지회 등 69개 기관을 단기적응 훈련시설기관으로 지정하여 운영하고 있다. 훈련직종은 건물관리원, 주차관리인 등 '고령자 적합직종' 중에서 수요가 많은 직종으로 선정한다. 각 직종별로 작업수행능력훈련을 실시하고 직업관 등 직업생활의 기본 소양교육과 작업장 안전수칙 등 산재예방 및 안전관리 요령을 훈련시키는 것이 그 내용이다.

　고용보험은 고연령자의 직업훈련을 촉진하기 위한 장려금을 지급하고 있는데 50세 이상인 근로자로서 자비로 직업훈련기관, 교육훈련기관 또는 고용촉진 훈련학원에서 실시하는 훈련을 수강한 자에게 100만원을 한도로 전액 지원하는 고령자 수강장려금 제도가 그것이다.

Ⅲ ▶ 연구방법

1. 연구대상

본 연구에서는 현행 고령자고용촉진법에 의해 55세 이상을 고령자, 50세 이상을 준고령자로 분류하고 있는 점과 직업재활이라는 측면을 감안할 때, 전국의 장애인 종합 복지관 및 노인종합복지관, 노인전문 병원, 주간보호센터, 노인취업알선센터, 고령자인재은행 등에서 서비스를 받고 있는 50세 이상 장애인을 대상으로 하여 조사하였다.

2. 연구기간 및 방법

본 연구는 2003년 2월부터 5월까지 문헌연구와 조사도구를 제작완료하고 2003년 7월부터 9월31일 까지 전국에 있는 장애인복지관 70곳, 주간보호센터 15곳, 노인복지관 13곳, 노인취업알선센터 11곳, 고령자인재은행 25곳을 이용하는 노령 장애인을 방문조사 및 우편조사하였다. 또한 연구문제를 분석하기 위하여 조사지를 활용하였으나 시설을 이용하는 대상자들의 평균 연령이 높고 문해자(文害者)들의 경우 기관의 직업재활 담당자, 그리고 청각장애의 경우에는 수화통역사의 도움을 받은 면접이 병행되었다.

3. 연구도구

본 연구의 조사도구는 이론적인 연구내용을 기본 틀로 하여 연구목적에 따른 질문지 형태의 조사표를 작성했다.

본 연구에서 사용된 질문지는 각각의 영역별 특성은 정경희 외(1998)의 전국노인생활 실태 및 복지욕구조사를 위한 설문지를 목적에 맞게 재구성하였고, 노령 장애인의 직업재활 욕구와 태도에 관한 사항은 노동연구원(2003)의 산재근로자를 위한 사회적응프로그램 모델개발과 이승욱(2002)의 정신장애인, 가족, 재활스텝들의 직업재활에 대한 인식연구에서 직업재활 서비스에 관한 내용을 목적에 맞게 재구성하여 사용하였다. 신뢰도는 크롬바하 알파 계수 .8997(욕구), .9172(태도) 이상으로 나타났다.

각 조사 문항수와 조사도구의 구성내용은 다음과 같다.

표 8. 조사표 구성내용

항 목	질 문 내 용	문항수
일반적 사항	성별, 연령, 결혼상태, 가족수, 거주지역, 장애유형, 장애등록 등	12
경제적 사항	수입원, 월수입, 주거형태, 이동수단	7
보건생활 사항	의료비 유무, 의료시설 이용여부, 건강상태, 보장구 사용과 종류, 운동종류,	9
직업관련 사항	직업유무, 취업경험, 취업직종, 취업의사, 취업가능일수, 희망임금, 희망직종, 취업알선, 취업기관에의 희망사항,	24
직업재활 욕구 및 태도에 관한 사항	훈련수당에 대한 경제적 지원, 장애인 전용 프로그램에의 참여, 직업상담, 직업평가, 직업탐색, 의료평가, 사후지도 인식도, 직업재활서비스 인식도	18
합 계		70

4. 자료처리

본 연구에서 수집된 자료는 SPSS 10.0을 사용하여 통계 처리하였다. 조사응답자의 일반적인 특성은 빈도와 백분율로 나타내었고 경제적 상태, 보건생활 실태, 직업적 특성과 같은 요인들이 직업재활 욕구와 태도에 영향을 미치는 정도를 파악하기 위해 t-test와 일원 분산분석(one-way ANOVA)과 변수간의 상호작용 효과를 살펴보기 위하여 요인분산분석(factorial ANOVA)을 실시하였다. 그리고 노령 장애인들의 직업재활 욕구와 태도에 영향을 미치는 변수들의 상대적 기여도를 알아보기 위하여 회귀분석(regression analysis)을 실시하였다. 조사문항이 무응답인 경우에는 결측처리하였다.

Ⅳ ▶ 연구결과

연구목적을 달성하기 위하여 인구통계학적 특성들을 기술하고, 그러한 각각의 요인들이 직업재활 욕구와 태도에 영향을 미치는 정도를 조사하였다. 또한 직업재활 욕구와 태도에 영향을 미치는 변인들의 상호작용 효과를 살펴보았고, 직업재활 욕구와 태도에 영향을 미치는 변수들의 상대적 기여도는 어떠한지를 조사, 분석하였다.

1. 조사응답자의 인구통계학적 특성

1) 일반적 특성

전국에 있는 장애인종합복지관과 노인종합복지관, 주간보호센터, 노인취업알선센터, 고령자인재은행을 이용하는 노령 장애인을 대상으로 517부의 조사지를 배포하여 210명의 응답설문지를 분석하였다. 장애인종합복지관을 이용하는 응답자가 가장 많았고, 노인취업알선센터나 고령자인재은행의 경우에는 비장애노인들을 대상으로 한 취업관련이 주류를 이루고 있었기에 조사에 적합한 대상자를 찾기가 어려웠다.

표 9. 조사지 배포 및 회수율

(단위: 개수, %, 전체대비)

구분	배포	회수	비율	자료처리
서울	121	41	33.8	19.52
부산	40	15	37.5	7.14
대구	70	26	37.1	12.38
광주	12	4	33.3	1.90
울산	16	5	31.2	2.38
경기	43	17	40.0	8.10
강원	15	6	40.0	2.86
충청	50	15	30.0	7.14
경상	50	16	32.0	7.62
전라도	70	52	74.2	24.77
제주도	30	13	43.3	6.19
합계	517	210	40.6	100

그 결과는 표 9와 같이 전라도 52부(74.2%), 서울 41부(33.8%), 대구 26(37.1%)의 순으로 회수율을 보였다. 전체 회수율은 40.6%로 나타났다.

전체 응답자 210명 중 남자가 141명(67.1%)을 차지하고 있으며 여자는 69명(32.9%)이다. 조사응답자의 연령은 50대가 110명(52.4%), 60대가 66명(31.4%), 70대가 29명(13.8%), 그리고 80대가 5명(2.4%)을 차지하고 있다. 조사대상자의 평균연령은 60.19세이며, 60세 이상의 응답자도 47.6%를 차지하였는데 이는 의료발전과 생활환경의 변화로 인한 노인들의 평균연령 신장을 증명하는 결과로 볼 수 있을 것이다.

표 10. 조사응답자의 일반적 특성

(단위: 명, %)

변수	척도	빈도	퍼센트	합계
연령	50-59	110	52.38	210
	60-69	66	31.43	
	70-79	29	13.81	
	80-89	5	2.38	
성별	남자	141	67.14	210
	여자	69	32.86	
결혼	가족	144	68.57	210
	미혼	11	5.24	
	이혼(사별)	53	25.24	
	기타	2	0.95	
학력	초등졸이하	86	40.95	210
	중졸	44	20.95	
	고졸	50	23.81	
	전문대졸	5	2.38	
	대졸이상	25	11.90	
종교	기독교	78	37.14	210
	천주교	24	11.43	
	불교	49	23.33	
	무교	59	28.10	
거주	대도시(광역시)	91	43.33	210
	중도시(시)	92	43.81	
	소도시이하(군)	27	12.86	

학력은 초등졸 이하가 86명(41.0%), 중졸이 44명(21.0%), 고졸이 50명(23.8%), 전문대졸이 5명(2.4%) 그리고 대졸이상이 25명(11.9%) 이었다. 이는 역시 학력이 낮은 노령 장애인의 비율이 높음을 나타내고 있다.

　결혼상태는 기혼으로 배우자가 있는 경우는 144명(68.6%)으로 가장 많았고 미혼이 11명(5.2%), 이혼 및 사별이 53명(25.2%)으로 나타나고 있다.

　조사응답자의 종교는 기독교가 78명(37.1%), 천주교가 24명(11.4%), 불교가 49명(23.3%), 무교가 기독교 다음으로 가장 많은 59명(28.1%)을 차지하고 있다.

　지역적으로 광역시가 91명(43.3%), 중도시 92명(43.8%) 그리고 소도시 27명(12.9%)을 차지하고 있다.

　조사응답자의 가족수는 혼자 생활한다고 답한 사람이 46명(21.6%)이며 동거가족 형태를 살펴보면 부부로만 생활한다고 응답한 사례가 74명(35.2%)으로 가장 많은 비율을 나타내고 있다. 또한 3명, 4명이 함께 살고 있는 경우는 미혼자녀나 기혼자녀와 생활하고 있음을 알 수가 있다. 이 조사에서는 미혼자녀와 동거하고 있는 비율이 높음을 알 수 있는데 이는 응답자의 대부분이 50대에 있어 아직 자녀를 출가시키지 않았기 때문으로 여겨진다.

　조사응답자 중 장애등록을 한 사람이 183명(87.1%), 등록을 하지 않은 사람이 27명(12.9%)을 차지하고 있다. 이는 최근 들어 장애인 등록을 하는 비율이 높아짐과도 상관이 있고, 장애인복지관을 이용하고 있는 장애인의 응답이 많은 결과라고 볼 수 있겠다.

　10개 장애유형 중 지체장애가 두드러지게 많은 83명(42.6%)이며, 그 다음이 청각장애 46명(23.6%), 시각장애가 24명(12.3%), 뇌병변장애가 23명(11.8%)으로 나타났다. 중복장애의 경우에는 청각장애와 언어장애가 가장 많이 나타났다.

　장애급수는 조사응답자 123명중 2급이 가장 많은 49명(39.8%)이었고, 그 다음으로 1급이 25명(20.3%), 3급이 28명(22.8%)의 순으로 나타났다.

　장애의 원인을 살펴보면 질병이 92명(43.8%), 선천적 이유가 30명

(14.3%), 원인불명이 26명(12.4%), 산업재해 및 기타 사고가 23명(11.0%), 교통사고가 21명(10.0%) 그리고 기타가 8.6%를 차지했다. 이는 장애원인 중 후천적 원인에 의한 원인(83.8%)이 높아지고 있는 장애인 실태조사 결과를 잘 반영하고 있다.

표 11. 장애발생 원인과 시기

(단위: 명, %)

변수	척도	빈도	퍼센트	합계
장애유형	지체장애	83	42.56	195
	뇌병변장애	23	11.79	
	시각장애	24	12.31	
	청각장애	46	23.59	
	언어장애	4	2.05	
	정신장애	7	3.59	
	정신지체	3	1.54	
	심장장애	2	1.03	
	신장장애	3	1.54	
장애원인	선천적	30	14.29	210
	질병	92	43.81	
	교통사고	21	10.00	
	산업재해,기타사고	23	10.95	
	원인불명	26	12.38	
	기타	18	8.57	
장애발생시기	출생시	14	7.11	197
	유, 청소년기(19세이하)	61	30.96	
	청년기(20-39세)	19	9.64	
	장년기(40-49세)	30	15.23	
	준고령기(50-59세)	36	18.27	
	고령기(60-69세)	29	14.72	
	70-79	8	4.06	

장애발생 시기에 대한 질문에는 모두 197명이 응답하였는데 조사 응답자 중 출생전과 출생시가 14명(7.1%)으로 나타났고, 출생이후에서 19세 까지가 61명(31.0%), 20세에서 39세까지가 19명(9.6%), 40세에서 49세까지 30명(15.2%), 50세에서 59세까지가 36명(18.3%), 60세에서 69세까지가 29명(14.7%), 그리고 70세 이상이 8명(4.1%)을 차지했다. 이는 장애의 발생시기가 40세 이후의 중고령(52.3%)에서 많이 나타나고 있음을 반영하고 있다.

국가로부터 받는 혜택에 있어서 조사응답자 210명 중 국민건강기초생활수급이 59명(28.1%), 국민건강보험이 27명(12.9%), 장애연금이 21명(10.0%), 의료보호 2종이 20명(9.5%), 의료보호 1종 11명(5.2%), 경로연금이 11명(5.2%)으로 나타나고 있다. 한편 국가로부터 아무런 혜택을 받지 못한다고 대답한 사람이 55명(26.2%)이었는데 이는 노령 장애인의 열악한 경제상황을 고려할 때 부정적으로 생각될 수 있는 요소이다.

2. 노령 장애인의 특성 변화

노령 장애인의 특성 변화를 살펴보기 위하여 본 장에서는 경제적인 상태, 보건생활상태, 직업적 상태로 구분하여 조사하였다.

1) 경제적인 특성

노령 장애인 가구의 주된 수입은 정부로부터가 54명(25.7%), 일을 해서 벌어서가 37명(17.6%), 자식의 소득으로가 36명(17.1%)으로 각기 높게 나타났다. 역시 가구원의 근로소득이 59.5%로 장애수당과 같은 급여나 생활지원금 보다는 가족 스스로 생계를 유지해야하는 상황에 놓여 있음을 알 수 있다.

월평균 소득은 50만원 미만이 96명으로 전체의 56.5%를 차지하고 있으며, 100만원에서 150만원미만이 26명(15.3%), 150만원에서 200만원 미만이 18명(10.6%), 50-100만원미만이 13명(7.6%)으로 나타났으며 한편 200만원이상이 8명(4.7%)으로 나타났다. 1996년 김형수의 조사연구에서 50만원미만이 약 44%로 나타난 것에 비해 높은 수치로서 노령 장애인의 열악한 경제상황을 아주 잘 나타내고 있다.

조사응답자의 한달 용돈을 살펴보면 5만원 미만이 19명으로 조사응답자 169명 중 11.2%를 차지하고, 5만원에서 10만원 미만은 27명(16.0%), 10만원에서 15만원 미만은 38명(22.5%)을 차지하였다. 백분율로 살펴보았을 때 15만원 미만의 용돈을 사용하는 응답자가 49.7%로 절반에 가까운 수치를 보이고 있다.

주거형태는 본 조사의 응답자 중 84명(40.1%)은 자가에서 거주하는 것으로 나타났고, 전세가 30명(14.35%), 월세나 임대가 52명(24.8%)으로 자택보유자가 많은 것으로 나타나고 있으나 자신의 생활에 대한 만족도 조사에서는 부족하다고 생각하는 사람이 73명(34.8%)을 차지하였고, 매우 부족하다고 여기는 사람이 46명(21.9%), 자신의 생활이 그저 그렇다고 느끼고 있는 사람은 74명(35.2%), 풍족하다, 매우 풍족하다고 느끼는 사람은 17명(8.1%)으로 나타났다.

이동수단은 버스가 72명(34.3%), 자가용이 그 다음으로 많은 55명(26.2%), 지하철 33명(15.7%), 택시 25명(11.9%), 그 다음이 자전거나 도보 25명(11.9%)으로 나타났다. 지체장애의 경우 자가용을 이동수단의 첫 번째로 꼽는 비율이 높았는데 이는 장애유형별 이동수단에 차이를 보이는 결과로 해석할 수 있을 것이다.

표 12. 경제적인 특성

(단위: 명, %)

변수	척도	빈도	퍼센트	합계
월수입	49만원이하	96	56.47	170
	50-100만원 미만	13	7.65	
	100-150만원 미만	27	15.88	
	150-200만원 미만	18	10.59	
	200-250만원 미만	8	4.71	
	250-300만원 미만	1	0.59	
	300만원이상	7	4.12	
주거형태	자 가	84	40.19	209
	전 세	30	14.35	
	월세, 임대	52	24.88	
	영구임대	39	18.66	
	기 타	4	1.91	

2) 보건생활 실태

건강상태는 응답자의 주관적인 판단에 의한 것인데, 매우 건강하다, 건강한 편이라고 응답한 경우가 각각 14명과 53명으로, 두 집단을 합하여 전체의 31.9%, 보통이상이라고 응답한 사람도 83명(39.5%)을 차지했다. 따라서 조사응답자의 71.4%가 자신의 건강에 특별한 문제가 없다고 보고 있음을 알 수 있다.

자신의 건강이 허약하다고 생각하는 사람들에게 취업을 하는 데에 어려움을 느끼는 지를 조사한 결과, 지장이 있다고 생각하는 사람이 22명(20.6%), 약간 그렇다고 느끼는 사람이 42명(39.3%), 그렇지 않다고 느끼는 사람이 22명(20.6%), 그리고 매우 그렇다고 생각하는 사람이 21명(19.6%)으로 나타났다.

노령 장애인들의 또 다른 문제점은 한 가지 이상의 만성 질병을 지니고 있는 것이다. 심장병(13.8%), 당뇨병(20.7%), 고혈압(13.8%), 관절염(10.3%), 그리고 중풍(6.9%)을 앓고 있었으며 그 밖에 허리디스크라든가 백내장, 파킨스씨병과 같은 질병을 지니고 있는 것으로 나타났다.

의료비의 지출이 있는 가의 문항에서는 있다고 응답한 사람이 131명(62.4%)이며, 없다고 응답한 사람은 79명(37.6%)으로 나타났다.

조사응답자의 평균 의료비용은 10만원미만이 69명(55.2%), 10만원-20만원미만이 35명(28.9%), 30만원-40만원미만이 8명(6.0%), 40만원- 50만원미만이 1명, 50만원이상이 8명(1.6%)으로 조사되었다.

2002년도 입원한 내용에 대한 조사에서는 입원을 한 적이 있다고 응답한 사람은 171명(81.4%), 없다고 한 사람이 39명(18.6%)이었다. 입원일수는 1개월 미만이 15명(53.6%), 1개월에서 3개월 미만이 5명(17.%), 3개월에서 6개월 미만이 3명(10.7%), 6개월에서 9개월 미만이 2명(7.1%), 9개월에서 12개월 미만이 1명(3.6%), 12개월 이상도 2명(13.3%)을 차지했다.

현재 보장구를 사용하는지의 문항에서는 현재 사용중 이라고 대답한 사람이 87명(41.4%), 필요하지만 사용하지 않는다는 사람이 14명(6.7%), 사용하지 않는다고 대답한 사람이 가장 많은 109명(51.9%)을 차지했다. 가장 많이 사용하는 보장구는 목발(지팡이)로 36명(38.7%)이었고, 그 다음이 휠체어 15명(16.1%), 안경과 보청기가 각각 12명(12.9%)과 11명(11.8%)으로 나타났다.

종합복지관이나, 주간보호센터 등의 기관 이용 관련 문항에 대해서는 주 5회 이용한다고 응답한 사람이 35명(29.9%), 2회 이용한다고 응답한 사람이 18.8%, 3회가 13명(11.1%)으로 나타나고 있었다. 그리고 이들이 주로 받는 서비스는 물리치료가 가장 많은 18명(17.5%), 그 다음이 컴퓨터와 같은 정보화교육이 다음으로 많은 15명(14.6%)

으로 나타났고 그 밖에 무료건강진료, 노래교실, 사회교육, 직업상담이나 직업재활과 관련된 서비스를 받는 것으로 나타났다.

운동에 대한 문항에서는 168명의 조사응답자 중 61명(36.3%)이 산보를 하는 것으로 나타났고, 그 다음 순으로 등산, 헬스, 달리기. 휠체어 달리기, 배드민턴 등의 운동을 하는 것으로 나타났다.

표 13. 보건생활 특성

(단위: 명, %)

변수	척도	빈도	퍼센트	합계
건강상태	매우 건강함	14	6.67	
	건강한 편	53	25.24	
	보통	83	39.52	210
	허약한편	47	22.38	
	매우 허약함	13	6.19	
건강상태가 취업에 미치는 정도	그렇다	22	20.56	
	약간 그렇다	42	39.25	
	그렇지 않다	22	20.56	107
	매우 그렇다	21	19.63	
보장구	사용중이다	87	41.43	
	필요하지만 사용하지 않는다	14	6.67	210
	사용하지 않는다	109	51.90	

3) 직업적 특성

직업유무에 관한 문항에서 169명(80.5%)의 조사응답자가 직업이 없었고, 직업이 있다고 응답한 사람들은 41명(19.5%)에 지나지 않았다. 이는 노령 장애인들이 무위고(無爲苦)에 시달리고 있는 것으로 보여 졌다.

이전의 취업경험 여부를 조사한 결과 취업경험이 있다고 응답한 사람은 147명(70.0%), 취업경험이 없다고 응답한 사람은 64명(30.0%)을 차지했다.

취업경험이 있는 조사응답자를 대상으로 취업기간을 조사한 결과 1년에서 3년 미만이 가장 많은 30명(25.4%), 1년 이하 21명(17.8%), 3년에서 5년이 13명(11.0%), 5년에서 10년이 17명(14.4%), 10년에서 15년 사이가 8명(6.8%), 그 다음이 15년에서 30년 동안 근무한 사람이 26명(22.0%)을 차지하였고, 30년 이상 근무한 사람이 3명(2.5%)을 차지했다.

취업시의 취업임금을 조사한 결과는 최저임금 이하를 받은 사람이 18명(14.5%), 100만원 미만이 가장 많은 70명(56.5%), 100만원에서 150만원을 받은 사람이 21명(16.9%), 150만원에서 200만원을 받은 사람이 12명(9.7%), 200만 이상을 받은 사람이 3명(2.4%)으로 나타났다.

취업시의 근로형태는 정규직이 64명(43.0%), 계약직이 20명(13.4%), 시간제가 28명(18.8%), 자영업이 23명(15.4%), 고용주가 6명(4.0%)으로 나타났다.

노령 장애인의 취업의사 관련 문항에서 매우 취업을 하고 싶다고 응답한 사람이 78명(37.1%), 조금 하고 싶다고 응답한 사람이 64명(30.5%)을 차지하여 전체 응답자 중 142명(67.6%)이 취업을 하고 싶은 것으로 나타났다. 이들의 희망이유는 생활비 마련이 100명(60.2%)으로 단연 1위를 나타내었고 사회적 활동을 위해서가 31명(18.7%)을 차지하였다. 이외에 시간이 무료해서 17명(10.2%), 용돈마련을 위해서가 14명(8.4%), 을 차지했다.

한편, 취업을 희망하지 않는다고 응답한 사람들은 자신의 건강이 좋지 않아서가 83명(53.2%)으로 가장 많았고, 그 다음이 수입이 너무 적어서가 36명(23.1%)으로 나타났다. 그 밖에 일하고 싶은 생각이 없어서, 가족의 반대 등으로 취업을 희망하지 않는 것으로 나타났다.

취업을 희망하는 직종은 단순작업이나 생산직, 자신의 능력에 맞는 일, 힘들지 않는 일, 또는 아무 일이나 괜찮다고 한 응답자가 많은 것으로 나타났다.

취업을 한다면 가능하다고 생각하는 근무일수를 조사한 결과 시간제 근무를 원하는 사람이 29명(19.2%), 하루 근무 가능하다고 응답한 사람이 2명(1.3%), 2일이 7명(4.6%), 3일 22명(14.6%), 4일이 28명(18.5%), 5일 이상 근무 가능이 63명(41.7%)으로 높은 취업욕구를 나타내고 있었다.

취업을 한다면 원하는 임금이 어느 정도 인지를 조사한 결과 50만원에서 80만원 미만이 49명(37.1%)으로 가장 높게 나타났고, 그 다음이 100만원이상 130만원 미만이 29명(16.7%), 80만원에서 100만원이 29명(22.0%)을 차지했다.

표 14. 직업적 특성

(단위: 명, %)

변수	척도	빈도	퍼센트	합계
과거 취업시 근로형태	정규직	64	43.0	149
	계약직	20	13.4	
	시간제	28	18.8	
	자영업	23	15.4	
	고용주	6	4.0	
	기 타	8	5.4	
취업시 고려사항	힘들지 않은 것	75	42.1	174
	출, 퇴근 시간이 일정한 곳	29	16.3	
	출, 퇴근 시간이 자유로운 곳	15	8.4	
	혼자 일할 수 있는 곳	16	9.0	
	회사까지 데려다 주는 곳	14	7.9	
	타인의 간섭을 별로 받지 않는 곳	9	5.1	
	임금이 어느 정도 되는 곳	16	9.0	

변수	척도	빈도	퍼센트	합계
취업 희망이유	생활비 마련을 위해서	100	60.24	166
	사회적 활동을 위해서	31	10.24	
	시간이 무료해서	14	8.43	
	용돈 마련을 위해서	31	18.67	
	기타-재활치료비 마련을 위해서	4	2.41	
희망 취업형태	시간제	97	55.43	175
	전일제	50	28.57	
	재택근무	28	16.00	
국가의무	노령장애인에 대한 인식개선활동	73	35.10	208
	직업능력개발 및 직업훈련	41	19.71	
	취업상담 및 알선	34	16.35	
	취업정보제공	22	10.58	
	의무 고용제 준수유도	19	9.13	
	임금보조	18	8.65	
	기 타	1	0.48	
취업과 관련한 희망사항	취업알선	85	48.6	175
	직업훈련	32	18.3	
	창업(자영업)지원	31	17.7	
	직업상담	11	6.3	
	기 타	16	9.1	
취업알선 기관에 바라는 희망사항	직종의 개발	75	36.6	205
	취업알선 센터 증설	65	31.7	
	취업교육 실시	29	14.1	
	가족상담	9	4.4	
	직업능력	25	12.2	
	기 타	2	1.0	

취업시 고려사항을 조사한 결과에서는 힘들지 않는 것으로 대답한 사람이 75명(42.1%), 그 다음이 출, 퇴근 시간이 일정한 곳으로 29명(16.3%), 반면에 출·퇴근 시간이 자유로운 곳도 15명(8.4%)을 차지

했다. 그 밖에 혼자 일할 수 있는 곳이나, 회사까지 데려다 주는 곳이 각각 16명(9.0%), 14명(7.9%)으로 나타났고, 임금이 어느 정도 되는 곳이 16명(9.0%), 타인의 간섭을 받지 않는 곳이 9명(5.1%)으로 나타났다.

또한 희망하는 근무형태는 시간제가 97명(55.4%), 전일제 근무가 50명(28.6%), 재택근무가 28명(16.0%)을 차지하여 노령 장애인은 유연한 일자리를 선호하는 것으로 해석된다.

조사응답자들이 취업을 하는 데에 가장 어려운 것이 무엇인가를 조사한 결과 장애로 인한 사회적 편견이라고 대답한 사람이 48명(26.8%), 그 다음이 건강문제로 42명(23.5%), 일자리 부족이라고 대답한 사람이 39명(21.8%), 본인의 능력 부족이라고 대답한 사람이 30명(16.8%), 또한 직장 내의 대인관계의 어려움이라고 대답한 사람도 13명(7.3%)이나 되었다.

취업과 관련하여 가장 원하는 서비스는 취업알선 85명(48.6%), 직업훈련이 32명(18.3%), 창업지원이 31명(17.7%)으로 나타났으며, 취업알선을 제공하는 기관에 바라는 사항으로는 직종의 개발이 75명(36.6%), 취업알선 센터 증설이 65명(31.7%), 취업교육실시 등으로 나타났다.

장애인의 직업재활을 위한 국가의무에서는 노령 장애인의 인식개선 활동이 가장 많은 73명(35.1%), 그 다음이 직업능력 개발 및 직업훈련으로 41명(19.7%), 취업상담 및 취업알선 34명(16.3%), 취업정보제공 22명(10.5%), 의무고용제 준수 유도 19명(9.13%), 임금보조 18명(8.05%)으로 나타났다.

3. 조사응답자의 직업재활 욕구와 태도의 차이 비교

두 번째 연구목적인 노령 장애인들 사이의 직업재활 욕구와 태도 차이를 알아보기 위해 t-검정과 ANOVA를 실시하였다.

직업재활 욕구와 태도에 영향을 미치는 변수를 파악하기 위하여 욕구척도의 합과 태도척도의 합을 이용하였다. Liang 등(1990)은 여러 개의 측정변수를 사용하는 대신에 합산점수를 사용하는 것이 이론적·경험적으로 정당화 될 수 있다고 주장하였다. 또한 각각의 합산점수에 대한 측정 오차나 신뢰도를 알고 있을 때 합산점수를 사용하는 것은 일반적인 관행이라고 알려지고 있으며 이들 경우 신뢰도는 더욱 높아지는 것으로 나타난다(김한준, 1998).

1) 의료비용

조사응답자의 의료비용 유무에 따른 직업재활 욕구와 태도의 차이를 비교한 결과 의료비용이 있다고 응답한 사람들이 없다고 응답한 사람들보다 직업재활 태도와 욕구에 있어 모두 높게 인식하는 것으로 나타났다.

표 15. 의료비용 여부에 따른 비교

	의료비용	N	평균	표준편차	t	자유도	유의확률
욕구	예	69	34.22	4.53	2.24	51.00	0.03*
	아니오	35	31.46	6.55			
태도	예	69	41.91	5.51	3.54	49.36	0.00***
	아니오	35	36.37	8.38			

*p<.05, ***p<.001

이 결과는 의료비용이 있는 사람들이 취업을 통해서 의료비 지출경비를 충당하려고 하기 때문이라고 여겨진다. 과다한 의료비용의 지출을 위해서는 취업이 이루어져야 하며, 그러한 취업을 위해서 장애인고용촉진공단이나 장애인종합복지관과 같은 고용관련기관에서의 취업알선서비스와 구직에 대한 정보가 제공되어야 하며 또한 경제적인 지원이 필요하다고 인식하는 것으로 해석된다.

2) 장애등록

장애등록에 따른 비교에서도 장애등록을 한 사람들이 하지 않은 사람들보다 직업재활 욕구와 태도에 있어 높게 인식하는 것으로 나타났다.

표 16. 장애등록에 따른 비교

	장애등록	N	평균	표준편차	t	자유도	유의확률
욕구	예	183	33.01	5.71	2.25	30.30	0.03*
	아니오	27	29.52	7.76			
태도	예	183	39.67	7.30	3.63	208.00	0.00***
	아니오	27	34.07	8.64			

*p<.05, ***p<.001

장애등록을 한 사람들은 장애인종합복지관과 같은 기관에서 장애인 등록제도를 알게 되며, 또한 그러한 기관에서 직업재활 서비스가 제공되고 있음을 등록을 하지 않은 사람들보다 더 높게 인식하게 됨으로써 직업재활서비스에 대한 욕구와 태도를 더욱 높게 갖는 것으로 사료된다. 이것은 장애인 직업재활 사업에 있어서 홍보노력과 인식개선 노력이 매우 중요함을 반영한다.

3) 기관인식 여부

한국장애인고용촉진공단이나 장애인종합복지관과 같이 취업을 제공하는 기관에 대한 인식여부에 대한 차이를 조사한 결과는 아래 표와 같다.

표 17. 기관인식 여부에 따른 비교

	기관인식	N	평균	표준편차	t	자유도	유의확률
욕구	예	107	33.86	5.28	3.19	194.92	0.00***
	아니오	103	31.21	6.62			
태도	예	107	39.32	7.21	0.71	208.00	0.48
	아니오	103	38.56	8.19			

***p<.001

자료분석 결과 직업재활 욕구에서 차이를 보였는데, 기관을 알고 있는 사람들이 기관을 알지 못하는 사람들보다 장애인종합복지관이나 한국장애인고용촉진공단과 같은 기관이 장애인의 구직정보와 취업알선 서비스의 창구가 되어야 한다고 생각하며, 자신의 장애에 맞는 직업을 위한 검사의 필요, 그리고 그러한 직업에 잘 적응할 수 있도록 하는 직업상담이나 직업재활 훈련비용이나 수당 등의 경제적 지원과 같은 직업재활 서비스를 강하게 요구하는 것을 알 수 있다.

4) 연 령

조사응답자들의 연령에 따른 직업재활 욕구와 태도의 차이를 분석한 결과 아래의 표와 같이 통계적으로 유의미한 차이가 나타났다. 분

석결과에 따르면 모든 연령에서 직업재활 욕구와 태도에 있어 통계
적으로 유의미한 차이를 보였다.

이들 간의 구체적인 차이를 살펴보기 위해 Scheffe 사후검정을 실
시한 결과 욕구에서는 50대의 사람들과 60대, 70대, 80대의 사람들
사이에 차이가 있음이 밝혀졌고 50대와 70대, 그리고 50대와 80대의
사람들 사이에서 통계적으로 차이가 있는 것으로 나타났다.

표 18. 연령에 따른 비교

	연령	N	평균	표준편차	자유도	F	유의확률	사후검증
욕구	50-59	110	34.55	4.98	3 206	11.29	0.00***	50-60대* 50-70대* 50-80대*
	60-69	66	31.14	6.03				
	70-79	29	29.55	6.22				
	80-89	5	25.20	11.71				
	합계	210	32.56	6.11				
태도	50-59	110	40.92	7.17	3 206	7.04	0.00***	50-70대* 50-80대*
	60-69	66	37.68	7.22				
	70-79	29	35.72	7.24				
	80-89	5	31.00	13.86				
	합계	210	38.95	7.69				

*p<.05, ***p<.001

이러한 이유는 50대의 사람들이 가장 왕성하게 취업활동을 하는
시기이며 따라서 취업에 대한 직업재활 서비스의 인식이 다른 연령
대보다 높게 나타나기 때문이라고 사료된다. 50대의 사람들은 활발한
취업이 이루어지기 위해 장애수준에 맞는 의료평가나 고용관련기관
에서의 구직정보의 제공 등을 높게 기대하며, 직업상담, 직업평가, 직
업탐색, 진로상담 등을 통한 직업재활 서비스의 필요성을 높게 인식
함을 분석 결과 알 수 있었다.

5) 장애발생 시기

장애발생 시기에 따른 직업재활 욕구와 태도에 차이가 있는지를 분석한 결과 욕구와 태도에서 유의한 차이를 나타내었다.

이들의 차이를 Scheffe 사후검정을 통해 살펴본 결과 40대에 장애가 발생한 사람들과 60대에 장애가 발생한 사람들 사이에 차이가 있었다. 이는 40대라는 연령대는 생의 전반적인 과정에서 아직은 직업적인 면을 60대의 사람들보다는 더 많이 고려하고 유지시키려고 하며, 또한 기회가 남아 있다는 생각이 지배적이기 때문이라고 사료된다. 따라서 40대에 장애가 발생한 사람들이 60대에 장애가 발생한 사람들보다 직업재활 욕구에서 높게 반응한 것이라고 생각된다.

표 19. 장애발생 시기에 따른 비교

	장애발생시기	N	평균	표준편차	자유도	F	유의확률	사후검증
욕구	0-1	14	32.50	5.47	6 190 196	3.36	0.00***	40-60*
	2-19	61	33.10	4.77				
	20-39	19	31.68	10.01				
	40-49	30	34.87	4.14				
	50-59	36	33.86	4.99				
	60-69	29	29.59	5.09				
	70-79	8	28.50	7.41				
	합계	197	32.62	5.83				

*p<.05, ***p<.001

6) 장애인복지관 등의 기관 이용 횟수

조사응답자들의 기관이용 횟수에 따른 직업재활 욕구와 태도에 차

이가 있는지를 분석한 결과, 욕구와 태도에서 유의한 차이를 보이고
있었다.

표 20. 기관이용 횟수에 따른 비교

	횟수	N	평균	표준편차	자유도	F	유의확률	사후검증
욕구	0회	4	38.50	3.00	7 109 116	3.27	0.00***	0-7* 4-7*
	1회	18	30.06	6.12				
	2회	22	33.32	5.32				
	3회	13	31.85	7.93				
	4회	10	35.30	5.10				
	5회	35	32.34	7.10				
	6회	11	30.55	7.43				
	7회	4	20.00	8.00				
	합계	117	31.99	7.01				
태도	0회	4	47.75	2.63	7 109 116	3.41	0.00***	0-7*
	1회	18	34.67	6.53				
	2회	22	38.64	7.35				
	3회	13	38.15	9.75				
	4회	10	42.40	6.11				
	5회	35	38.40	8.45				
	6회	11	37.00	8.12				
	7회	4	25.00	10.00				
	합계	117	37.91	8.42				

*p<.05, ***p<.001

Scheffe 사후검정을 실시해 본 결과 기관을 4번 이용하거나 한번
도 이용하지 않는 사람들과 기관을 7번 이용한다는 사람들 사이에
직업재활 욕구와 태도에 차이가 있음을 알 수 있었다. 분석결과 기관
을 이용하는 사람들이 기관을 이용하지 않는 사람들 보다 직업재활

욕구와 태도가 낮게 나타나고 있는데 그 이유는 기관을 이용하는 사람들이 주로 받는 서비스가 물리치료나 운동과 같은 것에 편중되어 있는 점과 무관하지 않는 것으로 여겨진다. 그러한 점에서 기관을 이용하지 않는 사람들이 기관에 대해서 직업과 관련된 사항을 높게 인식하는 것이 아닌가로 여겨진다.

7) 취업의사

취업의사에 따른 직업재활 욕구와 태도의 차이를 분석한 결과 욕구와 태도에서 모두 통계적으로 유의한 차이를 보이고 있었다. 취업이 매우 하고 싶다고 생각하는 사람들과 조금하고 싶다고 생각하는 사람들이나 하고 싶지 않다고 생각하는 사람들 사이에 차이가 있음이 나타났다.

표 21. 취업의사에 따른 비교

	취업의사	N	평균	표준편차	자유도	F	유의확률	사후검증
욕구	매우 하고싶다	80	35.24	4.95	2 207 209	14.80	0.00***	매우-조금* 매우-않다*
	조금 하고싶다	64	31.55	5.99				
	하고 싶지않다	66	30.30	6.35				
	합계	210	32.56	6.11				
태도	매우 하고싶다	80	41.43	7.23	2 207 209	7.09	0.00***	매우-조금* 매우-않다*
	조금 하고싶다	64	37.36	6.98				
	하고 싶지않다	66	37.48	8.21				
	합계	210	38.95	7.69				

*p<.05, ***p<.001

이 결과를 통해 취업의사가 높다고 밝혀진 사실은 아직도 노령 장애인들이 취업 자체를 포기하는 깊은 좌절감에 빠져 있지 않기 때문에 정책의 효과성에 대한 기대가 가능한 상황이라고 분석된다.

8) 노인법

조사응답자들의 노인법에 대한 직업재활 욕구와 태도의 차이를 분석한 결과 욕구와 태도에서 통계적으로 유의미한 차이를 보였다.

표 22. 노인법에 따른 비교

	노인법	N	평균	표준편차	자유도	F	유의확률	사후검증
욕구	매우 필요하다	104	33.97	4.95	3 204 207	9.15	0.00***	매우-별로* 필요-별로*
	필요하다	78	32.28	5.67				
	별로 필요하지 않다	17	26.35	8.35				
	필요하지 않다	9	30.22	9.40				
	합 계	208	32.55	6.11				
태도	매우 필요하다	104	40.78	6.43	3 204 207	10.19	0.00***	매우-별로* 필요-별로*
	필요하다	78	38.64	7.28				
	별로 필요하지 않다	17	30.94	8.97				
	필요하지 않다	9	34.89	11.27				
	합 계	208	38.92	7.69				

*p<.05, ***p<.001

Scheffe 사후검정을 실시해 본 결과 노인법이 매우 필요하다고 느끼는 사람들과 별로 필요하지 않다고 생각하는 사람들, 또한 노인법이 필요하다고 느끼는 사람들과 별로 필요하지 않다고 응답한 사람들 사이에 욕구와 태도에서 통계적으로 유의미한 차이를 보였다. 노인법이 매우 필요하다고 생각하는 사람들이 취업에 대한 욕구와 태도가 여실히 높음을 밝혀주는 중요한 결과라고 여겨진다.

9) 취업, 재취업을 위한 훈련의사

조사응답자들이 취업이나 재취업을 위해 새로운 기술 또는 직업훈련을 받을 의사가 있는지에 따른 직업재활 욕구와 태도에 차이를 분석한 결과 욕구와 태도에서 모두 통계적으로 유의미한 차이를 보였다.

표 23. 훈련의사에 따른 비교

	훈련의사	N	평균	표준편차	자유도	F	유의확률	사후검증
욕구	A	36	35.64	3.57				
	B	91	33.93	5.05	3			A-B*
	C	63	28.57	7.22	202	16.49	0.00***	B-C*
	D	16	33.31	4.13	205			
	합계	206	32.54	6.15				
태도	A	36	41.78	5.75				
	B	91	39.75	6.88	3			A-C*
	C	63	34.62	8.59	202	13.97	0.00***	B-C*
	D	16	44.94	3.07	205			
	합계	206	38.94	7.72				

*p<.05, ***p<.001
주: A: 적극적으로 받겠다 B: 기회가 되면 받겠다 C: 받을 의사가 없다 D: 기타

Scheffe 사후검정을 실시한 결과 적극적으로 취업훈련을 받을 의사가 있다고 대답한 사람들과 기회가 되면 취업훈련을 받겠다고 응답한 사람들과 기회가 되면 받겠다는 사람과 직업훈련을 받을 의사가 없다고 응답한 사람들 사이에 욕구에서 통계적으로 유의미한 차이가 있음이 나타났다. 또한 적극적으로 훈련을 받겠다는 사람과 받을 의사가 없다고 응답한 사람과 기회가 되면 직업훈련을 받겠다고 생각하는 사람들과 받을 의사가 없다고 응답한 사람들 사이에서도

태도에서 유의미한 차이가 밝혀졌다. 이 결과를 통해 노령 장애인의 취업에 대한 욕구가 매우 높음을 유추할 수 있다.

10) 기타 요인

조사응답자들의 거주지역이 직업재활 욕구와 태도에 차이가 있는지를 분석한 결과 직업재활 욕구(F=2.641, p<.01)와 태도(F=3.138, p<.001)에서 통계적으로 유의미한 차이가 있는 것으로 나타났다. 다음으로 조사응답자들의 장애원인에 따른 직업재활 욕구와 태도 차이를 분석한 결과에서는 태도에서만 유의한 차이를 나타냈다(F=3.077, p<.05). 주거형태에 따른 직업재활 욕구와 태도에 차이가 있는지를 알기 위해 분산분석을 실시한 결과, 태도에서 유의한 차이를 보이고 있었다(F=3.216, p<.05). 이들의 차이를 분석하기 위해 Scheffe 사후검정을 실시하였으나 수행할 수가 없었다.

장애연금에 따른 직업재활 욕구와 태도에 차이가 있는지를 밝히기 위해 ANOVA를 실시한 결과 욕구(F=2.757, p<.05)에서 통계적으로 유의한 차이를 보이고 있었다. 한편 조사응답자 중 장애연금이 풍족하다고 응답한 사람이 한 명도 없었는데 이는 장애연금이 장애가구에 얼마나 부족한가를 여실히 보여주는 결과라고 생각된다. 조사응답자의 의료비용 정도에 따른 직업재활 욕구와 태도의 차이를 분석한 결과에서는 태도(F=3.276, p<.01)에서 유의한 차이를 보였다.

기관에서 제공받는 서비스 종류에 따른 비교에서는 욕구(F=2.041, p<.05)와 태도(F=2.172, p<01)에서 유의한 차이를 보였으며, 운동종류에 따른 직업재활 욕구와 태도에 차이가 있는지를 알기 위해 ANOVA를 실시한 결과에서도 욕구(F=2.613, p<.05)에서 유의미한 차이를 보이는 것으로 나타났다.

한편 취업직종에 따른 분석에서는 태도($F=1.670$, $p<.05$)에서 통계적으로 유의한 차이를 보였고, 연구대상자들의 취업시 받은 임금에 따른 차이를 분석한 결과 직업재활 욕구($F=5.215$, $p<.001$)와 태도($F=3.975$, $p<.001$)에서 유의한 차이를 보이고 있었다. 그 차이가 어디에 있는지를 알아보기 위해 Scheffe 사후검정을 실시하였으나 집단차이를 나타내 보이지 않았다.

그 외에도 취업시 근로형태에 따른 직업재활 욕구와 태도의 차이를 분석한 결과에서는 태도($F=2.202$, $p<.05$)에서 유의한 차이를 보이고 있었으며, 희망직종에 따른 직업재활 욕구와 태도의 차이를 분석한 결과에서는 욕구($F=2.278$, $p<.01$)와 태도($F=2.204$, $p<.01$) 모두에서 유의미한 차이를 보였다.

그 밖에 취업시 근무가능 일수에 따라서도 욕구($F=2.638$, $p<.05$)에 차이가 나타났으며, 취업난관에 따른 항목에서는 직업재활 태도($F=2.858$, $p<.05$)에서만 유의미한 차이를 보였다.

취업알선 주체에 따른 직업재활 욕구와 태도의 차이 분석에서는 태도($F=2.894$, $p<.05$)에서 유의한 차이를 보였고 취업관련 희망 서비스에 따라서도 태도($F=3.459$, $p<.01$)에서만 유의미한 차이를 보이고 있었다.

11) 변수간의 상호작용 효과

노령 장애인의 직업재활 욕구와 태도에 영향을 미치는 각 변인들의 상호작용 효과를 밝히고자 분산분석을 실시하였다. 종속변수로는 직업재활 욕구와 태도를 두었고, 독립변수로는 일반적, 경제적, 보건생활적, 직업적 요인들을 변인들로 두었다.

먼저 연령과 생활비간의 직업재활 욕구와 태도에 대한 상호작용 효과를 분석한 결과는 아래 표 24와 같다.

표 24. 직업재활 욕구와 태도에 대한 연령과 생활비간의 상호작용

	분산원	제곱	자유도	평균제곱	F
욕구	연령	606.23	3	202.08	4.46*
	생활비	442.60	6	73.76	1.52
	연령×생활비	768.18	18	54.87	1.85*
	연령×생활비 오차	5514.64	186	29.65	
태도	연령	588.84	3	196.28	.096
	생활비	683.37	6	113.86	.315
	연령×생활비	1431.53	18	102.25	.020*
	연령×생활비 오차	9508.55	186	51.12	

*p<.05

위의 표에서 제시된 바와 같이 욕구에 있어서는 연령($F=4.46$, $p<.05$)에는 통계적으로 유의차가 나타났으나, 생활비에서는 통계적으로 유의차가 나타나지 않았다. 한편 연령과 생활비가 함께 작용을 할 때에는 상호작용 효과($F=1.85$, $p<.05$)가 나타나는 것을 알 수 있었다.

연령과 생활비간의 태도에 대한 상호작용 효과에서는 위의 표에서 나타난 바와 같이 연령과 생활비가 각각으로는 태도에 영향을 미치지 않는 것으로 나타났으나, 이 둘이 함께 작용할 때에는 상호작용 효과($F=.020$, $p<.05$)가 일어나는 것으로 파악되었다.

다음으로 연령과 종교간의 직업재활 욕구에 대한 상호작용 효과를 분석한 결과는 아래 표 25와 같다. 연령($F=5.69$, $p<.05$)은 욕구에 통계적으로 유의한 차이를 보였고 종교는 유의차를 보이지 않았다. 그러나 연령과 종교가 함께 작용을 할 때에는 상호작용 효과($F=2.35$, $p<.05$)가 일어나는 것으로 파악되었다. 이 결과, 욕구에 있어 연령과

종교가 서로 상호작용을 하고 있음을 알 수 있었다.

표 25. 직업재활 욕구에 대한 연령과 종교간의 상호작용

	분산원	제곱	자유도	평균제곱	F
욕구	연 령	1077.69	3	359.23	5.69*
	종 교	494.67	3	164.89	2.83
	연령×종교	576.85	9	72.11	2.35*
	연령×종교 오차	5990.92	195	30.72	

*p<.05

다음으로는 연령과 장애원인 간의 직업재활 욕구에 대한 상호작용 효과를 살펴보았다. 그 결과는 다음과 같다.

표 26. 직업재활 욕구에 대한 연령과 장애원인간의 상호작용

	분산원	제곱	자유도	평균제곱	F
욕구	장애원인	595.19	5	119.04	2.27
	연령	1374.43	3	458.14	8.41**
	장애원인×연령	728.68	15	66.24	2.23*
	장애원인×연령 오차	5642.58	190	29.70	

*p<.05, **p<.01

연령(F=8.41, p<.01)에서는 통계적으로 유의차가 나타났으나, 장애원인에서는 통계적으로 유의차가 나타나지 않았다. 한편 연령과 장애원인이 함께 작용을 할 때에는 욕구에서 상호작용 효과(F=2.23, p<.05)가 나타나는 것을 알 수 있었다.

의료비와 기관이용이 직업재활 욕구와 태도에 있어 상호작용효과가 일어나는지를 분석한 결과는 표 27과 같다.

표 27. 직업재활 욕구와 태도에 대한 의료비와 기관이용간의 상호작용

	분산원	제곱	자유도	평균제곱	F
욕구	의료비	106.09	1	106.09	1.53
	기관이용	1262.43	7	180.35	2.07
	의료비×기관이용	610.07	7	87.17	2.17*
	의료비×기관이용 오차	4065.03	101	4.025	
태도	의료비	92.83	1	92.83	.934
	기관이용	1885.76	7	269.39	2.170
	의료비×기관이용	868.99	7	124.14	2.135*
	의료비×기관이용 오차	5873.97	101	58.16	

*p<.05

의료비와 기관이용이 각각으로는 욕구에 영향을 미치지 않는 것으로 나타났으나, 이 둘이 함께 작용할 때에는 상호작용 효과($F = 2.17$, $p < .05$)가 일어나는 것으로 파악되었다.

태도에 대한 결과는 의료비와 기관이용이 각각으로는 영향을 미치지 않는 것으로 나타났으나, 이 둘이 함께 작용할 때에는 상호작용 효과($F = 2.135$, $p < .05$)가 일어나는 것으로 파악되었다.

다음은 직업재활 태도에 있어 의료비와 보장구간의 상호작용 효과를 분석한 결과이다.

표 28. 직업재활 태도에 대한 의료비와 보장구간의 상호작용

	분산원	제곱	자유도	평균제곱	F
	의료비	11.67	1	11.67	.075
태도	보장구	49.00	2	24.50	.111
	의료비×보장구	441.75	2	220.87	3.84*
	의료비×보장구 오차	11724.73	204	57.47	

*p<.05

표에서 나타난 바와 같이 의료비와 보장구는 각각으로는 태도에 영향을 미치지 않는 것으로 나타났으나, 이 둘이 함께 작용할 때에는 상호작용 효과($F=3.84$, $p<.05$)가 일어나는 것으로 파악되었다.

종교와 장애원인 사이의 상호작용 효과를 분석한 결과는 표 29와 같다. 종교와 장애원인이 각각으로는 태도에 영향을 미치지 않는 것으로 나타났으나, 이 둘이 함께 작용할 때에는 상호작용 효과($F=1.83$, $p<.05$)가 일어나는 것으로 파악되었다.

표 29. 직업재활 태도에 대한 종교와 장애원인간의 상호작용

	분산원	제곱	자유도	평균제곱	F
	종교	154.19	3	51.39	.611
태도	장애원인	725.51	5	145.10	1.72
	종교×장애원인	1449.47	15	96.63	1.83*
	종교×장애원인 오차	9834.06	186	52.87	

*p<.05

다음은 노령 장애인의 직업재활 욕구와 태도에서 취업의사와 취업 경험간의 관계를 살펴보았다.

표 30. 직업재활욕구와 태도에 대한 취업의사와 취업경험간의 상호작용

	분산원	제곱	자유도	평균제곱	F
욕구	취업의사	1103.64	2	551.82	4.36
	취업경험	59.52	1	59.52	.471
	취업의사×취업경험	252.94	2	126.47	3.97*
	취업의사×취업경험 오차	6495.67	204	31.84	
태도	취업의사	1045.98	2	522.99	2.57
	취업경험	127.02	1	127.02	.625
	취업의사×취업경험	406.94	2	203.47	3.77*
	취업의사×취업경험 오차	11022.97	204	54.03	

*p<.05

취업의사와 취업경험 각각은 직업재활 욕구에 평균차를 보이지 않았다. 한편 취업의사와 취업경험이 함께 작용을 할 때에는 상호작용 효과(F=3.97, p<.05)가 나타난 것으로 파악되었으며 태도에 있어서도 취업의사와 취업경험이 각각으로는 통계적인 유의차를 보이지 않았으나 취업의사와 취업경험이 함께 작용을 할 때에는 상호작용 효과(F=3.77, p<.05)가 나타난 것으로 파악되었다.

직업유무와 취업경험이 직업재활 욕구와 태도에 있어서 상호작용 효과가 일어나는지를 분석한 결과는 아래 표 31과 같다.

표 31. 직업재활 욕구와 태도에 대한 직업유무와 취업경험간의 상호작용

	분산원	제곱	자유도	평균제곱	F
욕구	직업유무	188.01	1	188.01	1.30
	취업경험	3.02	1	3.02	.000
	직업유무취업경험	144.29	1	144.29	4.01*
	직업유무×취업경험 오차	7416.38	206	36.002	
태도	직업유무	188.08	1	188.08	.41
	취업경험	11.03	7	11.03	.03
	직업유무×취업경험	436.90	1	436.90	7.72**
	직업유무×취업경험 오차	11666.18	206	56.63	

*p<.05, **p<.01

위의 표에서 나타난 바와 같이 직업유무와 취업경험에 따른 직업재활 욕구에 대한 주효과는 통계적으로 유의한 차이를 보이지 않았다. 한편 직업유무와 취업경험이 함께 작용을 할 때에는 상호작용 효과(F=4.01, p<.05)가 나타난 것으로 파악되었으며 태도에 대한 주효과는 각각으로는 통계적으로 유의한 차이를 보이지 않았다. 그러나 직업유무와 취업경험이 함께 작용을 할 때에는 상호작용 효과(F=7.72, p<.01)가 나타난 것으로 파악되었다.

직업재활 욕구와 태도에서 취업관련희망서비스와 취업의사간의 상호작용 효과를 분석한 결과는 다음과 같다.

취업관련희망서비스와 취업의사는 각각으로는 욕구에 영향을 미치지 않는 것으로 나타났으나, 이 둘이 함께 작용할 때에는 상호작용 효과(F=2.101, p<.05)가 일어나는 것으로 파악되었다.

표 32. 직업재활 욕구에 대한 취업관련희망서비스와 취업의사간의 상호작용

	분산원	제곱	자유도	평균제곱	F
욕구	직업재활	206.003	4	51.501	.941
	취업의사	207.397	2	103.70	2.067
	직업재활×취업의사	417.137	7	59.59	2.101*
	직업재활×취업의사 오차	4566.074	161	28.36	

*p<.05

4. 조사응답자의 직업재활 욕구와 태도에 영향을 미치는 변수

세 번째 연구목적인 직업재활 욕구와 태도에 영향을 미치는 주요 변수들을 파악하기 회귀분석을 실시하였다.

욕구와 태도의 합산점수를 종속변수로 하고 일반적인 사항들과 각 요인점수들을 독립변수로 해서 직업재활 욕구와 태도에 영향을 미치는 주요변수가 무엇인지를 밝혀보았다.

1) 일반적인 특성이 직업재활 욕구와 태도에 미치는 영향

(1) 일반적 특성이 직업재활 욕구에 미치는 영향

일반적인 특성들을 동시입력방식으로 직업재활 욕구에 대해 회귀 분석을 하였다.

다중 상관계수(R)는 .514이고, 적합계수(R2)는 .264로 나타나서 직 업재활 욕구에 대해 약 26.4%의 설명력이 있는 것으로 밝혀졌다. 이

것을 다중 회귀방정식으로 표시하면 다음과 같으며, 전체 회귀식에 대한 F값은 2.156으로 모형적합도가 통계적으로 유의미하다는 것을 말해준다(p<.001).

일반적인 독립변수들 중에서 직업재활 욕구에 가장 많은 영향을 주는 것은 연령(t=-4.03)과 장애급수(t=2.78)와 종교(t=-.2.05)로 나타났다. 가장 높게 영향을 주는 것은 연령으로 연령이 낮을수록 직업재활 욕구가 높게 나타났다. 또한 다음으로 영향을 주는 것은 장애급수로 장애급수가 높을수록, 장애가 경증일수록 직업재활 욕구가 높은 것으로 나타났다.

표 33. 일반적 특성에 따른 직업재활 욕구에 대한 회귀분석결과

욕구		비표준화 계수		표준화 계수	t	유의확률
		B	표준오차	베타		
(상수)		42.92	6.59		6.51	0.00
X1	연령	-4.23	1.05	-0.45	-4.03	0.00***
X2	성별	-1.15	1.47	-0.08	-0.78	0.44
X3	결혼	0.65	0.80	0.09	0.81	0.42
X4	학력	0.08	0.50	0.02	0.17	0.87
X5	가족수	-0.27	0.56	-0.06	-0.49	0.63
X6	동거인	0.45	0.62	0.08	0.73	0.47
X7	종교	-0.78	0.38	-0.21	-2.05	0.04*
X8	거주지역	0.01	0.23	0.01	0.03	0.98
X9	거주번호	-2.25	1.62	-0.26	-1.39	0.17
X10	장애유형	-0.36	0.44	-0.09	-0.80	0.42
X11	장애급수	1.58	0.57	0.31	2.78	0.01**
X12	장애등록	-0.85	4.76	-0.02	-0.18	0.86
X13	장애원인	-0.43	0.42	-0.10	-1.03	0.31
X14	장애시기	0.75	0.44	0.19	1.70	0.09
X15	혜택	-0.18	0.24	-0.08	-0.73	0.46

*p<.05, **p<.01, ***p<.001

이 결과에서 노령 장애인의 취업을 위해서는 경제적 활동이 왕성한 시기 이전에 취업을 위한 각종의 서비스의 제공과 발굴이 이루어져야 하며 장애정도가 경증인 경우에는 다양한 취업에 종사할 수 있도록 각종의 구직정보나 취업알선이 제공되어야 할 필요가 있다. 나아가 장애 정도에 따른 어려움을 극복할 수 있는 방안을 모색하여야 할 것임을 유추할 수가 있다.

2) 영역별 특성이 직업재활 욕구와 태도에 미치는 영향

변수들이 직업재활 욕구와 태도에 어떠한 영향을 주는가를 알아보기 위해서 직업재활 욕구와 태도에 대한 문항의 총합과 영역별 특성들 서로 간에 Pearson 적률 상관분석을 우선적으로 선행하였다.

표 34. 영역별 특성과 욕구와 태도에 대한 상관분석표

	욕구			태도		
	상관계수	유의확률	N	상관계수	유의확률	N
생활만족	.091	.190	210	.169*	.014	210
장애연금	.188*	.024	143	.188*	.024	143
운동종류	-.245**	.001	168	-.093	.231	168
취업경험	-.146*	.035	210	-.147*	.033	210
취업의사	-.343**	.000	208	-.218**	.002	208
근무일수	.212**	.009	151	.113	.168	151
노인법	-.290**	.000	208	-.314**	.000	208
기관인식	-.217**	.002	210	-.049	.479	210
훈련의사	-.317**	.000	206	-.136	.051	206

*p<.05, **p<.01

상관분석 결과를 살펴보면, 생활만족, 장애연금, 운동종류, 취업경험, 취업의사, 근무일수, 노인법, 기관의 인식여부, 훈련의사가 유의한 상관을 지니고 있었다.

(1) 영역별 특성이 직업재활 욕구에 미치는 영향

각 영역별 독립변수들을 동시입력 방식으로 통계처리 했을 때 표 35와 같은 결과가 나왔다.

다중 상관계수(R)는 .652로 나타났고, 적합계수($R2$)는 .425로 나타나 종속변수인 직업재활 욕구에 대해 약 42.5%의 설명력이 있음을 의미한다. 다음과 같이 나타난 다중 회귀방정식의 F값은 5.426으로 모형적합도가 통계적으로 유의미하다는 것을 말해준다($p<.05$).

영역별 독립변수 중에서 직업재활 욕구에 가장 많은 영향을 주는 것은 취업경험($t=-2.32$)이었고, 한국장애인고용촉진공단이나 장애인종합복지관과 같은 기관인식이 있는 경우($t=-2.13$)가 직업재활 욕구에 영향을 주는 것으로 나타났다. 취업경험이 있는 사람이 취업경험이 없는 사람들보다 직업재활 욕구가 높게 나타났으며, 한국장애인고용촉진공단이나 장애인복지관과 같은 기관을 인식하고 있다고 응답한 사람들이 기관을 인식하지 못하는 사람들보다 높은 직업재활 욕구를 가지고 있는 것으로 나타났다. 취업에 대해 보다 적극적인 태도를 지닌 것이다.

표 35. 영역별 특성에 따른 직업재활 욕구의 회귀분석결과

욕구		비표준화 계수		표준화 계수	t	유의확률
		B	표준오차	베타		
(상수)		45.48	5.85		7.77	0.00
X1	생활만족	0.40	0.78	0.05	0.51	0.61
X2	장애연금	1.13	0.64	0.20	1.76	0.08
X3	운동종류	-1.15	0.61	-0.19	-1.89	0.06
X4	취업경험	-3.52	1.51	-0.24	-2.32	0.02*
X5	취업의사	-1.62	0.98	-0.18	-1.66	0.10
X6	근무일수	0.17	0.35	0.05	0.47	0.64
X7	노인법	-0.96	0.85	-0.11	-1.14	0.26
X8	기관인식	-2.93	1.37	-0.22	-2.13	0.04*
X9	훈련의사	-1.04	0.92	-0.11	-1.13	0.26

*p<.05

이 결과에서 노령 장애인들을 위한 기관에서의 취업알선이나 직업상담, 직업평가, 직업탐색, 그리고 사후지도와 같은 직업재활 서비스가 제공되도록 하며 노령 장애인들의 취업을 활성화시킬 수 있는 방안을 준비해야 한다는 것을 알 수 있다.

Ⅴ. 결론 및 제언

1. 요약 및 결론

본 연구는 노령 장애인의 특성 변화를 살펴보고, 인구사회학적 특성과, 경제적인 상태, 보건생활 실태, 직업적 특성으로 나누어서 현재의 노령 장애인의 실태를 파악하여 그 각각의 요인 등이 노령 장애인의 직업재활에 대한 욕구와 태도에 어떠한 차이를 주는지를 밝히고자 하였다. 또한 노령 장애인의 직업재활 욕구와 태도에 영향을 미치는 변수를 분석하고 변수간의 상호작용 효과를 밝혀, 그 결과를 바탕으로 노령 장애인의 직업재활서비스에 대한 방향성을 모색하는데 연구 목적이 있다.

이를 위해 전국에 있는 만 50세 이상의 노령 장애인을 대상으로 방문 및 설문조사를 실시하여 수거된 자료에서 각 특성들이 직업재활 욕구와 태도에 어떤 영향을 미치는지 살펴본 결과는 다음과 같다.

첫째, 노령 장애인의 실태 및 특성변화를 조사한 결과, 40대 이후의 중고령에서의 장애발생이 52.3%를 차지하였고, 후천적 원인에 의한 장애발생도 83.8%로 나타나고 있다. 또한 경제적 상태에서는 월평균 소득이 50만원 미만이 1995년도 조사에서는 44%인 것에 비교해 56.5%를 나타내어 과거 보다 더욱 열악한 경제상태임에 처해있음이 확인되었다. 그러나 보건생활면에서는 한국보건사회연구원의 1995

년 조사와는 달리 자신의 건강에 별 지장이 없다고 느끼는 사람이 많은 것이 특이할만한 차이점이다. 취업 면에서 노령 장애인이 가장 선호하는 근로형태는 시간제로 나타나고 있으며 취업과 관련하여 가장 바라는 것은 취업알선이며, 취업알선기관에 바라는 사항은 직종의 개발로 나타났다.

둘째, 노령 장애인의 직업재활 욕구와 태도에서 각각의 요인들이 어떠한 차이가 있는지를 파악한 결과 의료비 유무와 장애등록 여부, 장애인종합복지관과 같은 기관 인식에 따라 차이가 있음이 나타났다. 이를 통해 알 수 있는 것은 의료비용의 과다한 지출을 위해서 취업이 이루어지기를 희망하는 장애인의 취업욕구가 큰 것을 알 수 있다.

셋째, 연령이나, 장애발생 시기, 기관이용 횟수, 노인법의 필요성, 취업의사, 취업이나 재취업 훈련의사 등은 직업재활 욕구와 태도에 차이가 있음을 유의하게 예측하는 변인으로 밝혀졌다. 또한 변수간의 상호작용 분석을 통해 연령, 장애유형, 장애원인, 생활비, 의료비, 보장구의 사용, 직업유무, 취업경험, 취업의사, 기관이용 등이 노령 장애인의 직업재활 욕구와 태도에 미치는 효과가 유의한 것으로 나타났다.

넷째, 노령 장애인의 직업재활 욕구에 가장 영향을 크게 미치는 변수로는 연령과 장애급수, 그리고 취업경험과 장애인종합복지관과 같은 기관의 인식으로 나타났다.

이상의 연구결과는 다음과 같은 결론을 내릴 수 있다.

첫째, 자신의 건강이 취업을 하는 데에 별 지장이 없다고 응답한 노령 장애인 비율이 높게 나타난 결과는 건강상태에 따른 취업이 이루어질 수 있도록 하는 등의 차별적인 취업정책이 이루어져야 할 것임을 의미한다.

둘째, 노령 장애인들이 시간제 근로형태를 가장 선호하는 것으로 나타났음으로 하나의 일거리를 다수의 사람들에게 시간제로 골고루 취업시켜 일을 분배하는 것이 바람직한 방법이라고 본다.

셋째, 변수간의 상호작용 효과를 분석한 결과, 노령 장애인의 욕구에 부응하기 위해서는 하나의 요인을 해결하는 것이 아니라 총체적인(일반적, 경제적, 보건생활적, 직업적인 특성)면을 함께 고려한 광범위하고 다각적인 지원이 이루어져야 할 것이다.

2. 제 언

이상의 연구결과를 토대로 노령 장애인의 직업재활 활성화 전략을 위해 다음과 같이 제언을 하고자 한다.

첫째, 노령 장애인의 높은 취업의사와 취업알선에 대한 욕구에 부응하도록 다양한 직종의 개발과 직업훈련이 이루어져야 할 것이다. 이를 위해 한국장애인고용촉진공단이나 장애인종합복지관 등에서 노령 장애인을 대상으로 한 욕구조사가 우선적으로 활발하게 이루어져야 한다.

둘째, 노령 장애인의 취업을 위하여 직업훈련보조금 지급 등의 활발한 경제적 유인정책이 마련되어져야 한다.

셋째, 본 연구결과에서도 나타났듯이 사회가 인구고령화에 따른 노령 장애인 증가에 대한 관심과 계속적인 후속연구가 이루어짐과 동시에 체계적 대책마련이 필요하다.

넷째, 본 연구의 대상은 장애인종합복지관이나 주간보호센터 등에서 서비스를 받고 있는 장애인에 집중적으로 조사가 이루어졌다. 그러나 현재 재활서비스를 받고 있지 않는 노령 장애인구가 훨씬 많을 것으로 추정됨으로 재활기관의 서비스를 받고 있지 않는 대상자들에 대한 연구가 이루어져야 한다.

　다섯째, 본 연구에서는 노령 장애인구와 일반 장애인구를 구별 짓지 않고 함께 조사한 제한점에 있어 향후 각각의 집단에 대한 연구가 이루어져야 할 것이다.

참고문헌

강위영, 나운환 (2001). 직업재활개론. 서울: 나눔의 집.

강위영 (1991). 장애인 직업재활대책에 관한 연구. 직업재활연구, 1, 5-28.

권례경 (1999). 노인취업활성화 방안에 관한 연구. 미간행 청주대학교 행정대학원 석사학위청구논문.

권선진, 김항주, 전학석 (2001). 장애인구 대상별 특성과 정책과제. 서울: 한국보건사회연구원.

김상호, 김형수 (2003). 빈곤노인의 생산적 고령화 방안에 관한 연구. 한국노년학회 23(3), 23-237.

김성순 (1990). 고령화사회와 복지행정. 서울: 홍익재.

김한준. (1998). 변환적 리더십이 직무성과에 미치는 영향: 구조방정식 모델의 검증. 미간행 중앙대학교 대학원 박사학위 청구논문.

김형수 (1996). 장애노인의 현황 및 특성. 한국노년학회, 16(2), 162-174.

나운환 (2000). 재활행정 및 기획론. 서울: 홍익재.

남권우 (1998). 장애인고용활성화 연구. 한국장애인복지시설협회.

노동부 (1999). 노동백서. 노동부 관련기관 배포 안내자료.

노동연구원 (2003). 산재근로자를 위한 사회적응 프로그램 모델개발. 서울: 한국노동연구원.

노임대 (2003). 장애근로자의 직업성공에 영향을 미치는 요인 연구. 미간행 대구대학교 대학원 박사학위 청구논문.

노형진 (2002). 조사방법 및 통계분석. 서울: 형설출판사.

박석돈 (1997). 노인욕구 변화와 고령자 고용에 관한 연구. 노인학연구, 1, 3-49.

박석돈 (2000). 산업교육 및 훈련. 대구: 도서출판 중외.

박석돈 (2001). 중증장애인 고용촉진정책. 직업재활사업수행기관 신규인력연수자료집, 109-132.

박영란 (2001). 가족내 노인의 요양보호 실태와 사회적 지원방안. 노인요양의 실태와 사회적 보호방안 토론회 자료집, 15, 27-39.

보건복지부 (2000). 2000년도 노인복지사업 국고 보고사업 안내. 서울: 보건복지부.

보건복지부 (2002). 장애인실태조사 결과. 서울: 보건복지부.

선우덕 (2002). 노인장애인을 위한 장기요양대책의 모색. 노인장애인을 위한 장기요양 대책 2002재활 세미나. 서울: 국립재활원.

성규탁 (1994). 사회복지 행정론. 서울: 법문사.

신승연 (1999). 노인복지욕구조사 및 정책과제. 평택대학교 논문집, 13, 183-202.

윤경아, 이윤화, 이익섭 (2000). 장애노인의 사회복지서비스 욕구에 관한 연구. *Journal of the Korea Gerontological Society, 20*(3), 77-91.

윤진 (1985). 성인·노인심리학. 서울: 중앙적성출판사.

이곤수 (2002). 장애인고용정책집행의 평가: 집행부실과 문제점 진단. 한국정책과학학회, 5(3), 281-303.

이금자 (2001). 한국노인복지법의 발전적 구상. 미간행 대구대학교 사회복지개발대학원 석사학위 청구논문.

이달엽 (1996). 장애인의 삶의 질과 권리. 대구대학교 재활과학연구소 발표 논문, 167-196.

이달엽 (1998). 재활과학론. 서울: 형설출판사.

이달엽 (2001). 연구와 통계방법. 대구: 대구대학교 출판부.

이병준 (1999a). 준 고령자직업훈련 프로그램개발연구. 한국직업능력개발원.

이병준 (1999b). 21c 노령자사회를 대비한 노인교육 활성화 방안연구. 한국직업능력개발원.

이상욱 (2001). 대구·경북지역 장애인고용 실태 조사연구. 직업재활연구, 11(2), 1-10.

이승욱 (2002). 정신장애인, 가족, 재활 스텝들의 직업재활에 대한 인식 연구. 미간행 대구대학교 대학원 석사학위 청구논문.

이원덕 (2002). 고령화 시대의 노동시장 정책. 서울: 한국노동연구원.

이이정 (1998). 일본의 고령자 교육정책의 연구. 서울: 민속원.

장상희 (1983). 대도시 노인들의 생활 만족도에 관한 연구. 부산대학교 사회조사연구, 1, 49-64.

장지연 (2002). 고연령근로자의 경제활동과 은퇴. 고령화시대의 노동시장정책에 관한 KLI-서울대-OECD 국제세미나 발표논문집.

장창엽 (1996). 장애유형별 중증장애인 고용활성화 방안. 장애인고용, 33.

전영평 (1995). 장애인 고용촉진을 위한 행정전략의 평가. 한국행정학보, 29(1), 279-300.

전영평, 이곤수 (1999). 장애인복지와 정부개입의 논리. 사회정책논총, 11(1), 7-28.

전영평, 이곤수 (2002). 장애인 복지와 정부 개입의 논리. 서울: 한국노동연구원.

전용호 (1994). 장애인복지론. 서울: 학문사.

정경희, 조애저, 오영희, 변재관, 변용찬, 문현상 (1998). 1998년도 전국 노인생활 실태 및 복지욕구조사. 한국보건사회연구원.

정기원, 권선진, 계훈방 (1995). 19995년도 장애인 실태조사. 서울: 한국보건사회연구원.

한국뇌성마비복지회 (1995). 뇌성마비와 관련 병세를 가진 사람들의 노령화. The International Cerebral Palsy Society Symposium 논문집.

한국보건사회연구원 (1996). 장애노인의 현황과 정책과제. 보건복지포럼.

한국보건사회연구원 (2001). 2000년도 장애인 실태조사. 서울: 한국보건사회연구원.

한정란 (2002). 노인교육과 세대통합: 세대공동체 교육. *International Journal of Adult & Continung Education, 5*, 91-108.

허재준, 김장호, 신영수 (1999). 고령화 사회의 고용정책: 선진국의 경험과 우리나라의 정책과제. 노동부.

허재준, 전병유 (1998a). 고령자 노동시장: 현황과 정책과제. 서울: 한국
    노동연구원.
허재준, 전병유 (1998b). 우리나라 임금의 연령프리미엄 구조. 노동경제
    논집, 21(1), 23-57.
황진수 (2000). 고령자직업 교육 및 직업훈련. 노인복지정책연구업서,
    17, 182-209.

〈외국문헌〉

福田惠·伊藤神子·佐藤眞一 (2000). 高齡者の ケアと行動科學. *日本老年
    行動科學會*, 7(1). 44-53.
佐藤眞一 (2000). *年齡·高齡者の こころ 事典*. 東京: 中央法規出版社.
厚生省 (1995). *厚生白書*. 東京: 厚生省.
厚生省 (2001). *將來人口推計*. 東京: 厚生省.
手塚直樹 (1995). *障害者福祉論*. 東京: 光生館.
岡本祐三 (1995). 醫療와 福祉의 新世代. *노인복지에 대한 심포지엄 연
    제집*. 한림대학교 노인보건의료센터.
伊藤寬 (2002). 日本の 高齡者雇用實態, 高齡者勞動市場の特性と政策
    課題: *제3차 KLI-JIL 국제워크숍*.
成明玉譯 (1999). *老人福祉入門*. 서울: 대학출판사.
全國社會福祉協議會 (2000). *老人問題研究*. 東京.
日本總務聽長官官房高齡社會對策室 (1995). *高齡者の 生活と意識に
    對する國際比較調査*.

Birdi, K., Warr, P., & Oswald, A. (1995). Age differences in three
    components of employee well-being. Applied Psychology: *An
    international Review*, 44(4), 345-373.
Birren, J. E. (1990). *The promise of productive aging*: From biology to
    social policy, Measuring Our Psychological Performance. NY:

Springer Publishing Co.

Butler, R. N. (1990). *The promise of productive aging: From biology and to social policy.* NY: Springer Publishing Co.

Butler, R. N., & Schechter, M. (1995). *Productive aging.* In G. L. Maddox(Ed), The encyclopedia of aging: A comprehensive resource in gerontology and geriatrics. NY: Springer.

Clark, A., Oswald, A., & Warr, P. (1996). Is job satisfaction u-shaped in age? *Journal of Occupational and Organizational Psychology, 69*(1), 57-81.

Cowgill, D. (1992). The aging of population and societies. *The Annals of the American Academy of Political and Social Science.* 415.

Dedrick, E. J., & Dobbins, G. H. (1991). The influence of subordinate age on managerial actions. An attributional analysis. *Journal of Organizational Behavior,* 12(5), 367-377.

Drake, R. F. (1999). *Understandind Disability Policies.* London: Macmillan Press LTD.

Dychtwald, K. (1999). *Age Power: How the 21st Century Will Be Ruled by the New Old.*

George, L. K. (1980). *Quality of Life in Older Persons.* Human Science Press.

Habib, P. (1990). Population Aging and the Economy. *Handibook of the aging and the social sciences.* Sandiago: Academic Press.

Harris, D. K., & Cole, W. E. Sociology of Aging. 고령화 사회. (최신덕 역). (1994). 서울: 경문사.

Kiernan, W. E., Schalock, R. L., & Knuston, K. (1989). Economic and demographic trends influencing employment opportunities for adults with disabilities. In W. E. Kiernan & R. L. Schalock(Eds.), *Economics, industry, and disability.* Baltmore, MD: Paul H. Brooks.

Kuypers, J. A., & Bengtson, V. L. (1973). Social labeling theory.

Psychology and Aging, 3, 233-244.

Lee, D. Y., & Lee, S. W. (2002). A Study on the construct validity of picture test inventories. *Journal of Vocational Rehabilitation*, 12(2), 243-261.

Lewis, K. (1989). Persons with disabilities and the aging factor. *Journal of Rehabilitation*, 55(4), 12-13.

Liang, J., Lawrence, R. H., Bennett, J. M., & Whitelaw, N. A. (1990). Appropriateness composites in structural equation models. *Journal of Gerontology*, 45, 52-59.

McNeil, J. (1997). *Americans with Disabilities*: 1997. Online: http: //www. census. gov/hhes/www/disable/sipp/disa97/asc97.html

Okamoto, Y. (1992). Health care for the elderly in Japan: Medicine and welfare in an aging society facing a crisis in long term care. *British Medical Journal*, 403-407.

Oliver, M., & Campbell, J. (1996). *Disability politics*. London: Routledge.

Oliver, M. (1996). *Understanding Disability: From theory to Practice*. London: Macmilan Press. LTD.

Rosen, B., & Jerdee, T. H. (1995). *The persistence of age and sex stereotypes in the 1990s: The influence of age and gender in management decision making*. Washington DC: American Association of Retired Persons, Public Policy Institute.

Rubin, S., & Roessler, R. (2001). *Foundation of the vocational rehabilitation process (5th ed.)*. Austin, Texas: Pro-ed.

Sheppard, H. L. (1970). *Toward on industrial gerontology: An introduction to a new field of applied research and service (Ed)*, Cambirdge, Mass: Schenkman.

Stern, H. L., & Miklos, S. M. (1995). The aging worker in a changing enviornment: Organizational and individual issues. *Journal of Vocational Behavior, 47*, 248-268.

Welford, A. T. (1958). *Aging and human skills*. Oxford: Oxford University Press.

Zola, I. K. (1989). Aging and disability: Toward a unified agenda. *Journal of Rehabilitation, 55*(4), 6-8.

OECD (2002). Home Economic Effects of Ageing,
http://www.oecd.org/EN/home/O.,EN-Home-658-nodirectorate-no-n0,2002.
http://www.kig.or.kr 한국노인문제 연구소.
http://www.stat.go.kr 통계청.
http://www.gallup.co.kr 한국갤럽조사연구소.

· 저자 ·

박혜전   •약 력•
대구대학교 가정학사(가정관리)
대구대학교 이학석사(직업재활)
대구대학교 이학박사(직업재활)
대구대학교 시간강사
대구대학교 재활과학대학원 시간강사
강남대학교 시간강사
현 고신대학교 재활복지학과 초빙교수
현 한국뇌성마비복지회 대경지회 비상임간사
현 칠곡군장애인체육회 자문위원

•주요논저•
「우리나라 장애인 고용정책의 특징과 그 임상적 함의」
「청각장애인 진로성숙도 척도개발을 위한 기초연구」
「청각장애인의 진로성숙요인에 관한 모형연구」
외 다수

노령 장애인의 취업 욕구에 관하여

· 초판 인쇄	2008년 4월 30일
· 초판 발행	2008년 4월 30일
· 지 은 이	박혜전
· 펴 낸 이	채종준
· 펴 낸 곳	한국학술정보㈜
	경기도 파주시 교하읍 문발리 513-5
	파주출판문화정보산업단지
	전화 031) 908-3181(대표) · 팩스 031) 908-3189
	홈페이지 http://www.kstudy.com
	e-mail(출판사업부) publish@kstudy.com
· 등 록	제일산-115호(2000. 6. 19)
· 가 격	19,000원

ISBN   978-89-534-8670-6 93300 (Paper Book)
          978-89-534-8671-3 98300 (e-Book)